JN085949

「ウイルス以外のコロナ」一大コレクション

コロナマニア

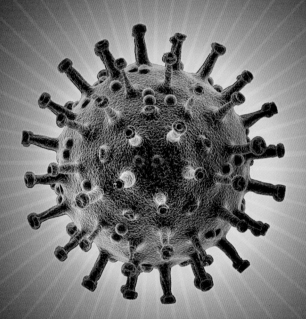

TAKANORI IWATA
岩田宇伯

PUBLIB

まえがき

世界の「コロナ」大集合！

　「コロナ」といっても、全人類をパニックに陥れたあの「コロナウイルス」ではない。それ以前からある「コロナ」と名付けられた企業、モノ、人、メディアといった面々だ。

　それらは、ラテン語の「王冠」あるいは「太陽コロナ」を由来として「コロナ」と名乗っていた。権力の象徴で高貴な王冠、希望とエネルギーに満ち溢れた太陽を連想させるポジティブなイメージを狙ったネーミングだ。ところが、コロナウイルスのパンデミックで、なんとも微妙な状況に追い込まれてしまった。後から来た憎きウイルスの方が有名になってしまい、ネガティブなイメージが先行するという悲惨な結果に。「コロナ」というキーワードを聞いたり見たりしただけで、ウイルスの方をつい連想する状況となった。コロナウイルスに後出しじゃんけんで負けたような形だ。

「ヤベェ」「縁起悪い」。

　実際「コロナ」という名前を見た不届き者から、SNSで前述のような揶揄や中傷された企業、店舗もある。長野の「コロナ食堂」ではイタズラ電話。新潟の大手冷熱機器メーカーの「コロナ」では、従業員の子がいじめられているということで、新聞に全面広告を出したほどである。各地で風評被害といえるような事件が発生、一部はニュースになった。

　いわゆる「言霊信仰」があるとされる我が国だけかと思いきや、海外でも同様であった。オーストラリアでは、「コロナ」という名前の少年が学校でいじめにあう。イギリスでは、「コロナビール」のブランドイメージスコアが低下したといったニュースも伝えられた。

　オーストラリアの「コロナ」君をはじめ、それらは何も落ち度はなく、全く理不尽としか言いようがない。「なんで俺が？」「なんで我が社が？」といった心境であろう。もともとそういう名前であっただけで、本書のサブタイトルにある通り「ウイルス以外のコロナ」でしかないのだ。当のコロナウイルスに文句を言っても聞いてくれるはずもなく、踏んだり蹴ったりである。

　このような理不尽な目にあっていると思われる世界の「コロナ」をひたすら集め、可視化したのが本書である。

　本書では、イエローページ、観光ポータルサイトなど様々なデータベースにア

クセスし、「コロナ」と名付けられたものを収集した。企業、ブランド、商店、地名といったものでは、およそ400。音楽映画関連で200といったところである。他もすべて合計すると918。もちろん、これらは全てではない。もっと多くのデータベースを掘り起こせば、さらに出てくるはずだ。

　本編に関連し、「コロナ」というネーミングを軸にしたグッズレビュー、訪問記といったコラムも掲載。それぞれのコラムでは、少しはマジメに考現学的に掘り下げてみた。コロナウイルスにやられっぱなしでは、せっかくポジティブイメージで「コロナ」とネーミングしてくれた先人達に申し訳が立たない。

　「俺コロナ」事件および有名ゲイホテル「コロナクラブ」の分析ではBIツールを使用。まさに資源のムダ遣いといえるが、それぞれ興味深い傾向が浮かび上がる。「俺コロナ」は事件簿としても一覧にまとめてみた。

　また「コロナ」というネーミングのため、誹謗中傷といった理不尽な目にあっている企業や店舗、そしてデマを流された店舗へのインタビューも敢行。読者各位におかれては、彼らの気持ちを少しでも共有していただきたい次第である。

　特別寄稿として、言語マニア秋山知之氏、ヨーロッパ史に詳しいハマザキカク氏によるコラムも掲載。それぞれの立場からの「コロナ」に関する学術的考察は、非常に価値のあるものだ。知的好奇心が刺激されること請け合いである。

　またオマケとして、世界と中国のコロナ便乗ソングも掲載。コロナウイルスのゾンビ映画や謎のバンドTシャツといった不謹慎便乗商法をコラムで紹介。

　と、かなり散らかった内容であるが、本書レベルで「ウイルス以外のコロナ」を集めたものは、インターネット上でもなかなか見受けられない。もちろん書籍では初の試みである。ウイルスのせいで笑うに笑えない事態となった世界の「コロナ」に対し、本書の読者から、少しでも応援の気持ちが届けられればと思う。

※音楽のバンド名や曲名に関しては、データベースに登録されているものをそのまま記載しているので、大文字・小文字もそれに依拠している。出身地に関してはアーティスト自身が音楽データベースに登録している地名に依拠している。したがって国名の後に記載されている地名の行政単位は州や市など、アーティストによって異なる。

※外国企業の所在地は登録されているデータベースの地名に依拠している。したがって国名の後に記載されている地名の行政単位は州や市など、企業によって異なる。

アイコンの意味

- abc スペル
- 📍 所在地
- 🌐 URL
- ■■ ジャンル
- ▦ サブジャンル
- 🗓 年

ラテン語？ギリシア語？「コロナ」の語源をたどる

執筆：秋山知之（言語マニア）

　本書では「コロナ」という名を冠してしまった会社や商品が多数紹介されている。最初に名付けた人々は、まさか「コロナ」が2020年に全人類が恐れ、忌み嫌う言葉になってしまうとは思ってもいなかっただろう。しかし、そもそもなぜこれほど多くの人々が、自分たちの商品やサービス、果ては子どもを、自信と希望たっぷりに「コロナ」と名付けてしまったのだろうか？　ここでは「コロナ」の語源を探りながら、その世界的な人気の理由を解き明かしてみたい。

元々は太陽コロナ

　コロナウイルス（coronavirus）という用語は、1968年に初めて学術誌「ネイチャー」で使われた。命名したのは、発見者であるウイルス学者でスコットランド出身のジューン・アルメイダ博士とイングランドのデイビッド・ティレル博士。ネイチャー誌のもとの論文には、「太陽コロナ（solar corona）を思わせる外観」という記述がある。ティレル博士は発見したウイルスが「後光のようなものに囲まれていた」ため、辞書を見て「ラテン語のcoronaを採用した」と自著でも記している。「コロナ」という名称によるイメージ悪化の影響を受けてしまった方々も、名づけ親であるこの偉大な科学者たちを恨むわけにはいくまい。なお、英語の「coronavirus」はスペースなしの1単語であり、この場合の「corona」は独立した単語ではない。「アデノウイルス」や「ノロウイルス」などほかのウイルスの名称と同様だ。

　「コロナ」は「冠」という意味のラテン語が由来だとよく言われているが、先述のとおり、命名者がその形状をなぞらえたのは「太陽コロナ」のほうだった。太陽コロナとは太陽のまわりの大気のことで、皆既日食のときには眩しく光る太陽コロナを肉眼で見ることができる。その輪のような形状が冠のように見えることから、ラテン語で「冠」を意味するcorona（コロナ）の名を借りているのである。も

ともとラテン語で「コロナ」と呼ばれていたのは、中世以降のような宝石が埋め込まれた純金製の王冠というより、花や葉でできた装飾用の「輪」で、今でいうガーランドやリースに近い。ローマ皇帝アウグストゥスの彫刻が頭にかぶっているあれだ。

英語の「クラウン」などヨーロッパの各言語に受け継がれる

　「コロナ」は、ほかの多くのラテン語彙がそうであったように、ヨーロッパの各言語に受け継がれ、借用された。スペイン語では今でもつづりが同じ corona（コロナ）が「冠」という意味の単語で、王冠のマークで有名なメキシコのビールの名前にもなっている。英語では音が変わり、crown（クラウン）となった。日本では冠のエンブレムでおなじみの高級車のブランドにもなっている。ラテン語の「コロナ」を起源とする通貨の単位だけでも、デンマークとノルウェーの krone（クローネ）、スウェーデンの krona（クローナ）、アイスランドの króna（クローナ）、チェコとスロバキアの koruna（コルナ）、エストニアの kroon（クローン）などがある。

本来は高貴で権力のある冠など縁起のいい言葉

　これだけ例を見ていくとわかるように、「コロナ」は高貴で権力のある冠や、輝かしくエネルギーに満ちた太陽を想起させる縁起のいい言葉なのだ。どう転んでも、どんなにうがった目で見ても、悪く解釈しようがない。国際的な権威も伝播力も強いラテン語が起源ということもあり、世界各国の人々がこぞって縁起をかつぎ、自分たちの事業や商品を「コロナ」と名づけたのも無理はないわけだ。それが 2020年になって、多くの命を犠牲にしたり、平和の祭典を延期したり、経済に深刻な被害を与えるものの名前になるとは、一体誰が予想しただろうか。名づけたほうはとんだ迷惑である。

更に辿ると古代ギリシア語の「曲がったもの」が由来

　さて、「コロナ」という言葉の起源をさらにさかのぼってみたい。ラテン語「corona」は、実は古代ギリシア語 κορώνη（コローネ）か

らの借用語だ。このため、コロナウイルス関連の報道では「名前の由来はギリシア語」と書かれていることもある。あながち間違いではないが、先述のようにコロナウイルスの命名者たちはラテン語としてのcorona を採用したので、直接の由来はラテン語である。では、古代ギリシア語でも「コロナ」は権力や太陽を想起させる縁起のいい言葉だったのだろうか?

　答えはおそらく否である。古代ギリシア語の「コローネ」の使われ方で最も多く見つかっている例は、なんとカラスやミズナギドリなど「くちばしの曲がった鳥」を意味する言葉だ。その次に多く見つかっているのが、ドアの取っ手や弓の端、船の船尾など、「曲がったもの」を意味する例だ。紀元前 8 世紀の詩人ホメロスの叙事詩『オデュッセイア』にも「ドアの取っ手」という意味でこの言葉が出てくる。冠も曲がったものには違いないが、実際に「冠」という意味で古代ギリシア語「コローネ」が使われている例は、カラスや取っ手に比べるとかなり少ない。このことから、「コローネ」のもともとの意味は、「曲がったもの」という抽象的なものであったことが推測できる。

　文字として残されている「コロナ」の起源は、この古代ギリシア語「コローネ」が最古だ。ここから前は何も記録が残っていないので、学者の推測の域を出ない。ただ、歴史言語学者の間では、古代ギリシア語「コローネ」の起源は、インド・ヨーロッパ祖語で「曲げる」あるいは「曲がる」を意味する語根 ker (ケル) から派生した kerew (ケレウ) だということになっている。この言葉が長年さまざまな影響を受けて変化し、文法的な要素が加えられ、古典ギリシア語で「曲がったもの」という意味の名詞「コローネ」に進化したというのが有力な説だ。

　なぜ「コローネ」の元が「ケレウ」になるのかは直感的に理解しがたいが、そのように仮定すると、古代ギリシア語のほかにケルト語、サンスクリット語、イタリア語などほかのインド・ヨーロッパ系の言語に進化していった「子孫」の発音の辻褄が合うようだ。さらに、この「ker」の子孫にはラテン語で「書物の棚」を意味する scrinium (スクリーニウム)のように語頭に「s」の音がついている言葉もあるため、

環境によっては sker（スケル）であった可能性もあると歴史言語学者たちは推定している。したがって現在、「曲がったもの」を意味すると推測されているインド・ヨーロッパ祖語の語根は「(s)ker-」のように s がカッコつきで表記されている。

　ここまでさかのぼると、太陽コロナや王冠のきらびやかなイメージはない。しかも、この「(s)ker-」から派生した英単語を調べてみると、その一つになんと「cancer」（病気のガン）がある。「cancer」は英語で星座の「蟹座」という意味でもあるが、もともとラテン語で「蟹」という意味で、ガンによって肥大した血管が蟹のツメのような外観になることに由来している。会社や商品を「コロナ」と命名する際にインド・ヨーロッパ祖語とその子孫まで調べ上げ、「ガン」に結びつくので回避した人がいたかどうかはわからない。いずれにしても、「コロナ」と命名したほうにおよそ非がないことは確かだ。

中国以外は英語の「coronavirus」を借用し、風評被害が世界に拡大

　「コロナウイルス」という言葉の歴史をタテ軸で極限までたどってみたが、現在使われている諸言語のヨコ軸はどうだろうか。調べてみると、ほぼすべての主要な言語が英語「coronavirus」を借用しており、「コロナ」という発音に続いて各言語で「ウイルス」を意味する言葉が続いている。ただし、修飾語が被修飾語の後に来る規則が特に厳しいアラビア語、インドネシア語、タイ語、ベトナム語などは「ウイルスコロナ」のように逆の順序になっている。「コロナ」というラテン語の音を採用していない唯一の例が、意外ではないが中国語だ。中国語でコロナウイルスは「新冠病毒」と表記し、発音は北京語で「シングゥンビンドゥー」、広東語で「サングンベンドク」。「コロナ」の音が入っていないため、とばっちりを受けるのは漢字が同じ北海道の新冠（にいかっぷ）町くらいであろう。ただ、中国語以外は「コロナ」という音をそのまま借用しているので、「コロナ」ブランドはその全地域において悪影響を受けていることになる。「コロナウイルス」が各言語で違う名称であれば、「コロナ」という言葉の悪評の広がりは、言葉の壁で食い止められたかもしれない。

第 1 章

国内店舗・企業

　コロナウイルスの影響で、わが国でも「緊急事態宣言」が出されるなど経済が全面停滞。そのあおりで、元々「コロナ」と名前を付けていた店舗や企業に風評被害があったのかどうか気になるところだ。「コロナ」と命名された店舗・企業は会社概要や店構えを見ていくと老舗が多い、最近ではあまり流行っていないキーワードなのであろう。実際いくつかの店舗や企業を訪問してみたのだが、ブランドイメージをすでに確立したり、地域で愛されたりしているので、じゅうぶんファンは付いていると思われる。

　いわゆる「言霊」信仰のある我が国だが、名前による忌避より以前に、経済全体のシュリンクによる影響のほうが大きいように思えるがいかがだろうか。

　リストアップしていて気づいた点がある。「太陽コロナ」をイメージした電気関係の業種は理解できるが、美容院、床屋といったヘアサービスに「コロナ」という店が目立つのはなぜか、非常に気になる。また、個人商店の多くは、トヨタ「コロナ」が好調な販売実績を上げていた、1960年代から80年代（高度成長期からバブル以前）にかけて創業したと思われるところが多い。

　「コロナ」不況で特に個人商店など厳しい状況に置かれていると思うので、是非とも「食べて応援、使って応援」ということで経済活動をサスティナブルにしていきたいものだ。

レストランコロナ・コロナのテラス

📍 北海道岩見沢市　　🔲 飲食店　　🔲 イタリアン

🌐 http://www.iwamizawa-town.gr.jp/~corona/

創業は昭和25年（1950）以来岩見沢市民に親しまれている中心街の老舗レストラン。市民会館「まなみーる」に支店「コロナのテラス」を出店。宅配、仕出しも。

公式サイト

コロナード

📍 北海道札幌市　　🔲 サービス　　🔲 不動産

🌐

札幌、小樽中心に展開の賃貸、分譲マンション。団地スタイルの大型物件が多い。「大島てる」にも掲載されている物件があるので、気にする方は要チェックだ。

Google マップ

株式会社コロナオイル

📍 北海道札幌市　　🔲 サービス　　🔲 燃料

🌐

北海道では家の外に大きな灯油タンクを常備するのが当たり前。各家庭に灯油を配達するサービス店も多い。こちらの店ではリフォーム、建築のサービスも展開。

Google マップ

コロナ理容所

📍 岩手県一関市　　🔲 サービス　　🔲 理容/美容院

🌐

こちらは一関市中心部から外れた山間部の国道沿いにある床屋。ファサードや外壁を何度か改装している痕跡が見受けられるが、ところどころ見えるトタン板や窓のイラストからすると相当の老舗だ。

Google マップ

理容コロナ

📍 岩手県一関市　　🔲 サービス　　🔲 理容/美容院

🌐

一関といえば著名なジャズ・ミュージシャンもライブするジャズ喫茶「ベイシー」。こちらは、そのベイシーの開業と同じころ建てられたと思われる床屋だ。直線基調の70年代初期の尖ったデザイン。

Google マップ

有限会社コロナ電工高畠

abc

📍 山形県東置賜郡　　🔳 サービス　🔳 電器

山形県の童話作家で「日本のアンデルセン」とも呼ばれている浜田広介、その記念館近くにある電気工事店。電気工事全般を請け負い、地域のインフラを支える。

Google マップ

美容室コロナ

abc

📍 福島県河沼郡　　🔳 サービス　🔳 理容 / 美容院
🌐 http://www.corona-bange.com

古くからありそうな美容院だが、ホームページもあり、いち早くキャッシュレスにも対応。ポップやポスターも情報量が多い。隣にはアパートコロナ荘。春日八郎の「別れの一本杉」歌碑が近くにある。

公式サイト

コロナ理容所

abc

📍 福島県西白河郡　　🔳 サービス　🔳 理容 / 美容院

平成の大合併で上手くまとまらなかったのか、飛び地になっている西白河郡。こちらの床屋は 1980 年代風、3 色ポールのデザインもカクカクしている。

Google マップ

株式会社コロナ

abc

📍 新潟県三条市　　🔳 企業　🔳 冷熱機器
🌐 https://www.corona.co.jp/

ファンヒーター、エアコンでおなじみのコロナ。社員の子供がいじめられているということで、「コロナ」の誇りを新聞に全面広告を出し、話題となった。

公式サイト

コロナ床や

abc

📍 新潟県長岡市　　🔳 サービス　🔳 理容 / 美容院

長岡市中心部から少し外れた県道沿いにある床屋。サインのロゴからすると 1970 年代と思われる。「理容室」ではなく「床や」のネーミングセンスが光る。

Google マップ

コロナ美容院

📍 新潟県柏崎市　　▦ サービス ▦ 理容 / 美容院
🌐 https://www.s-corona.jp

地域で複数店舗展開する大型店。バリアフリーに改装したシニア向けサービス「ハートフルスペース」など、地域の実情に即した店づくり。

公式サイト

コロナニット

📍 富山県射水市　　▦ 企業 ▦ 繊維製品

持ち家率 1 位、正規雇用率 2 位、待機児童ゼロの富山県。射水市は富山と高岡の大都市に挟まれたエリア。こちらはニット製品の製造を請け負う工場だ。

Google マップ

CORONA

📍 石川県能美市　　▦ サービス ▦ 理容 / 美容院

赤い壁がおしゃれな美容院、古くはなさそうだ。石川県能見といえば、ニューヨークヤンキースの松井秀喜生誕地、近くには「松井秀喜ベースボールミュージアム」がある。

Google マップ

コロナ美容室

📍 福井県勝山市　　▦ サービス ▦ 理容 / 美容院

1970 年代はじめにスペイン風邪ならぬスペイン風瓦が流行った時期がある。こちらもそれぐらいに建てられたのだろう。勝山といえば恐竜、恐竜博物館はぜひ立ち寄りたいところだ。

Google マップ

コロナ電機株式会社

📍 群馬県高崎市　　▦ サービス ▦ 電器

昭和の頃よくあった古い借家風の戸建てだが、事務所になっているわけでもない。トタンに「登録電気事業者」のプレートがかかっているので一人親方っぽい。

Google マップ

コロナ美容室

📍 群馬県藤岡市　　　■■ サービス　■■ 理容 / 美容院

周辺の高崎、前橋、伊勢崎、太田に比較すると圧倒的に
マイナーな藤岡市。平地の少ないのも理由だろうか。こ
ちらの美容院は住宅街にあるが閉業の可能性も。

Google マップ

コロナ電気株式会社

📍 茨城県ひたちなか市　　■■ 企業　■■ 電子機器
🌐 http://www.corona-el.co.jp/default.htm

医療用、バイオ用の光学測定機器「マイクロプレートリー
ダー」の製造販売、またそのソフトウェア開発も。イル
ミネーションの「コロナ産業」は関連会社だ。

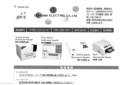
公式サイト

モンテコロナ

📍 茨城県牛久市　　　■■ サービス　■■ 自転車

周辺は筑波山、霞ケ浦とサイクリングコースが多数ある
エリア、有名選手も多く輩出している。長屋テナントの
奥でひっそりと営業している自転車店。

Google マップ

コロナ産業株式会社

📍 茨城県鉾田市　　　■■ 企業　■■ 装飾品
🌐 https://coronasangyo.co.jp

昭和 27 年設立。商業施設、観光地、公園などの屋外大
規模イルミネーションの施工。また、クリスマスやハロ
ウィンといった一般向けイルミネーションも展開。

公式サイト

コロナ美容室

📍 千葉県館山市　　　■■ サービス　■■ 理容 / 美容院

『南総里見八犬伝』の舞台、館山。建物は複雑なカーブ
を多用、そしてブロックガラスと昭和ミッドセンチュ
リー様式の美容院だ。1 階が住居、2 階が美容院となっ
ている。

Google マップ

ビューティーサロン・コロナ

📷

📍 千葉県市川市　　　　　▪️ サービス ▦ 理容 / 美容院

📷

住宅街のマンション 1 階。石板を張り、リフォームしているが、窓枠のカーブや柵のデザインから 1960 年代の低層マンションだ。店自体の作りはそこまで古くはない。

Google マップ

コロナ技研工業株式会社

📷

📍 千葉県松戸市　　　　　▪️ 企業　　▦ プラスチック

🌐 http://coronagiken.co.jp/

プラスチック製品設計製造を軸に、医療機器、理化学機器のプラスチック、ゴムパーツ。さらに衛生検査キット、実地の店舗検査、コンサルティングサービスを行う「清潔」を支える。

公式サイト

ファルファラコロナ

📷 farfallacorona

📍 千葉県松戸市　　　　　▪️ サービス ▦ 理容 / 美容院

🌐 https://farfalla-corona.com

おしゃれな外観の美容院だ。こちらの店名「corona」の由来は、「王冠」「太陽コロナ」ではなく、音楽記号のfermata の俗称で、音を少しのばすといった意味だそう。

公式サイト

株式会社コロナ宣広社

📷

📍 千葉県松戸市　　　　　▪️ 企業　　▦ 印刷

🌐 http://www.corona-pr.co.jp/

電車の行先方向幕、銘板他　道路情報案内板、標識など公共交通機関の部品を製造。機能性薄板合わせガラス「セフィーガ」は電車のドアの上の液晶パネルにも採用されている。静岡と松戸に工場。

公式サイト

コロナサイン企画

📷

📍 埼玉県さいたま市　　　▪️ サービス ▦ 看板

📷

ストリートビューではすでに建売住宅の建設現場となっているため廃業の可能性が。ヤフオクにこちらが制作したドラッグストア用の電飾看板が出品されている。

Google マップ

ソフタル・コロナ・アンド・プラズマ・ゲーエムベーハー日本支社

⊙

📍 埼玉県越谷市　　　🔳 企業　　🔳 機械

🌐 https://www.ctiweb.co.jp/soran/company/737

紙、シート等基材の表面を処理する、コロナ放電処理機、アルダイン大気圧プラズマ処理機、リニアプラズマ放電処理機などの各種表面処理装置を販売。

公式サイト

コロナ美容室

⊙

📍 埼玉県上尾市　　　🔳 サービス　🔳 理容 / 美容院

⊙

住宅街の民家を改装した美容院だが、1960 年代後半によくあるドアだ。色褪せたヘアデザインのポスターは 1970 年代メイクに 80 年代ヘアー。サインもその当時のデザインだ。

Google マップ

エレガンザコローナ

⊙

📍 東京都荒川区　　　🔳 飲食店　🔳 イタリアン

⊙

新三河島商店街にある気軽なイタリアンレストラン。テントのロゴには店名の由来となった「王冠」が。手ごろな値段で毎週立ち寄れる、ピザがおいしそうだ。

Facebook ページ

コロナ美容院

⊙

📍 東京都荒川区　　　🔳 サービス　🔳 理容 / 美容院

⊙

隅田川に近い荒川区の下町。住宅街の路地にある美容院。建物自体はかなりの年数がたっているが、サインの電話番号が 4 桁にかわっているので 90 年代に作り直したようだ。

Google マップ

コロナ

⊙

📍 東京都杉並区　　　🔳 飲食店　🔳 喫茶

⊙

看板のロゴは幾何学模様にデフォルメ、「コ」「ロ」「ナ」それぞれの文字の上にはアッパーラインが入るという凝りよう。タイルレンガのレトロ外観とあわせ、食事メニューも充実の古くからの喫茶店。

Google マップ

有限会社コロナリネンサービス

📍 東京都杉並区　　　■ 企業　　■ リネンサプライ

ホテル、医療施設、エステティックサロンなどにシーツ、タオル、浴衣、テーブルクロス、各種ユニフォームをレンタルする業態。こちらはリネンサプライ品のクリーニング工場も併設している。

Google マップ

コロナール戸部 株式会社

📍 東京都千代田区　　■ 企業　　■ アパレル
🌐 http://coronal-tobe.com

高級プレタポルテ婦人服の販売会社。おもに展示会でのサロン販売だ。マダム向けの落ち着いた服が中心。東京・神奈川・名古屋・京都・大阪で開催。

公式サイト

古炉奈

📍 東京都千代田区　　■ 飲食店　　■ 喫茶

アキバの電波会館 2 階にあった昭和テイストの喫茶店。1966（昭和 41）年創業、40 年にわたり親しまれてきたが、惜しくも 2009 年閉店、業態が変わりメイドカフェとなった。

Google マップ

コロナ封筒株式会社

📍 東京都台東区　　　■ サービス　　■ 紙製品

東京下町、封筒を中心とした紙製品をあつかう。封筒の製造は断裁や角抜き、製袋、口糊加工と大きく 3 つの工程になるとのことだが、それなりに専用機械の投資が必要。

Google マップ

株式会社コロナ社

📍 東京都文京区　　　■ 企業　　■ 出版
🌐 https://www.coronasha.co.jp

科学図書専門の大手。1927 年創業、理工学系専門出版の道を歩み、土木、バイオ、自然科学全般まで分野を広げる。公式ツイッターアカウントに「お心遣いくださりありがとうございます」と意味深な言葉が記されている。

公式サイト

コロナハウス株式会社

🔤

📍 東京都豊島区　　🔲 企業　　🔲 太陽光発電

⚙

ガス器具，ソーラーシステムの企業であるようだが、住所の場所はマンション。こちらを登記「場所」としているか、このマンションの1室に事務所を構えている模様。

Google マップ

株式会社コロナ電業社

🔤

📍 東京都北区　　🔲 企業　　🔲 電子機器

🌐 http://www.corona-dengyo.co.jp/

主に業務用の防犯カメラ、災害対策用品を製造、家庭用もあり、アマゾンにも出店している。冷熱機器メーカーの「コロナ」と混同されるためか、ホームページに注意書きがあった。

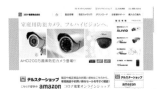
公式サイト

サロン・ドゥ・コロナ

🔤

📍 東京都目黒区　　🔲 サービス　🔲 貸ギャラリー

🌐 http://www.salon-de-corona.com/gallery.html

都内有数の素敵な街「代官山」にて、イベント、セミナー、ミニコンサート会場を提供。2013年からは会場の一角に貸しギャラリーのサービスを開始、芸術家を支援する。

公式サイト

コロナ商事株式会社

🔤

📍 神奈川県横浜市　　🔲 サービス　🔲 不動産

⚙

タウンページによれば、横浜市内の高台にある新興住宅街の一般住宅で看板がない。一人親方で、登記だけこちらにしてあるのだろうか。

Google マップ

コロナ堂本店

🔤

📍 神奈川県鎌倉市　　🔲 サービス　🔲 宝飾品

🌐 https://coronado.jp/

1946年創業の大船の宝飾店。2007年に店舗を全面改装、1階は宝石、時計、メガネ、2階はブライダルサロンと、補聴器の聴力測定室も完備。地元密着型の老舗。

公式サイト

有限会社コロナ鉄工所

📍 神奈川県茅ヶ崎市　　🏢 企業　　🏭 金属加工

茅ヶ崎といえばサザンオールスターズ桑田佳祐の出身地、そしてサザン伝説の「茅ヶ崎ライブ」。こちらの鉄工所は、大手非鉄金属メーカー工場の敷地内に常駐している模様。

Google マップ

ニューコロナ株式会社

📍 神奈川県厚木市　　🏢 企業　　🏭 ボイラー

工業用の燃焼装置を製造している街工場であったようだが、ストリートビューでは看板は残ってはいるものの、隣の自動車整備工場の中古車置き場となっている

Google マップ

コロナ

📍 神奈川県川崎市　　🏢 サービス　🏭 理容 / 美容院

麻生区、小田急駅前商店街の一角の低層ビル1階。建物は看板などに隠れてわかりづらいが、サッシやファサードの様子から1960年代と思われる。床屋によくある時計付きサインも古い。

Google マップ

コロナテニスクラブ相模原

📍 神奈川県相模原市　　🏢 サービス　🏭 テニス
🌐 http://www.coronatc.com

横浜のKMGテニススクールが経営する相模原校。今となっては貴重な街中屋外テニススクールだ。駐車場50台と郊外スクールとしても十分。

公式サイト

スナックコロナ

📍 神奈川県足柄下郡　　🏢 飲食店　🏭 スナック

湯河原駅前のスナック。1970年代初頭からあるような古い2階建て商店長屋、といっても2軒だけだが。「昼カラ」の電飾サインがあるので、地域のお年寄りの憩いの場でもあろう。

Google マップ

コロナフットボールクラブ湘南平塚

📍 神奈川県平塚市　　■■ サービス　■■ サッカー

🌐 http://www.coronafc.com/tops/hiratsuka.html

全面人工芝、ナイター設備完備のサッカーコートを有する少年サッカースクール。コートのレンタルでフットサル、サッカーの試合も可能だ。広大な敷地を利用し、ベースボールアカデミーも運営中。

公式サイト

コロナパークBandCafe

📍 静岡県伊東市　　■■ サービス　■■ ライブハウス

🌐

伊豆高原別荘地のライブハウス＆カフェ。伊豆在住のミュージシャンや近所の音楽好きが集まり、セッションしているスポット。貸しギャラリー、貸しスタジオ、ワークショップも可能。

Google マップ

株式会社コロナ電設

📍 静岡県湖西市　　■■ 企業　■■ 電気工事

🌐 http://corona-elec.co.jp/about.html

一般的な電気設備設計・施工、自動制御装置(FA)の設計・製造・組立・電装工事及びメンテナンスまで請け負う。日本を代表する自動車メーカー、電機メーカーへの納入実績あり。

公式サイト

カメラのコロナ

📍 静岡県三島市　　■■ サービス　■■ 写真

🌐 https://www.d-corona.com/

1946年創業、カメラ販売のほかスタジオもある街の大型店、柿田川湧水群の近く。各種イベント撮影や幼稚園などへ出張撮影に加え、ドローンでの空中撮影も可能。

公式サイト

コロナ工業株式会社

📍 静岡県静岡市　　■■ 企業　■■ 建築

🌐 http://www.corona-interior.co.jp/

商業施設から一戸建てまで内装のスペシャリスト。本社にはカーテンからキッチンまで、現物を取りそろえたショールームを併設。1968年創業。

Google マップ

コロナ製作所

📍 静岡県静岡市　　🔲 企業　🔲 家庭用品

🌐 http://www.corona-ss.jp

販売数20万個突破！ドアストッパーのベストセラー「ウルトラストッパー」シリーズを製造販売する清水の企業だ。サイズ展開もあるため、家庭から工場まで使用できる優れものだ。

公式サイト

可楽娜

📍 静岡県磐田市　　🔲 サービス　🔲 プラモデル

磐田市といえば静岡のローカルステーキチェーン「さわやか」発祥の地、「げんこつハンバーグ」はぜひ試していただきたい。こちらのプラモデル店は惜しくも閉店。

Google マップ

コロナ

📍 静岡県浜松市　　🔲 サービス　🔲 クリーニング

政令指定都市浜松、北部は長野県と県境を接するほど広いが、こちらは浜松インター近くの旧市街地にあるクリーニング店。看板の様子から1980年代っぽい。

Google マップ

ジーパン屋コロナ（567）

📍 静岡県富士市　　🔲 サービス　🔲 アパレル

駅前商店街の老舗。このエリアも郊外型ショッピングセンターの影響を受け、シャッターが閉まっている店舗が多く見受けられるが、こちらは長年地元で愛されるジーンズショップ。学生服の扱いもある。

Google マップ

カフェ 光環 Corona

📍 山梨県北杜市　　🔲 飲食店　🔲 喫茶

🌐 https://www.facebook.com/corona.hokuto/

サントリー白州蒸溜所のある北杜市。「光環」を「CORONA」と読ませるこちらのレストランでは、地元の食材を使った欧風メニューとドリンクやケーキがおススメ。

Facebook ページ

コロナ食堂

📍 長野県佐久市　　　　　🔳 飲食店　🔳 和洋食

コロナ騒ぎで、いたずら電話に悩まされたと報道された佐久市臼田の定食屋。民芸風な外観で癒される。ぜひツーリングで立ち寄りたい。インタビュー記事あり。

Google マップ

コロナ美容室

📍 長野県小諸市　　　　　🔳 サービス　🔳 理容／美容院

昭和の美容院のキャッチコピーといえば「パーマ」「着付け」。かつての看板だけが残っている。廃業後クリーニングの取次店を経営しているようだ。

Google マップ

コロナ

📍 長野県上田市　　　　　🔳 飲食店　🔳 喫茶

上田の繁華街ふくろうまち（袋町）、昭和35（1960）年創業と上田市の喫茶店の草分け的存在だ。自家焙煎で注文を受けてから豆を挽く。2階にはカラオケコーナーがあり、地元のお年寄りのサロンとなっている。

Google マップ

コロナ技建株式会社

📍 長野県上田市　　　　　🔳 企業　🔳 建設
🌐 http://www.corona-giken.co.jp/

1971年創業、上田のローカルゼネコン。工場・店舗といった大型建築、またグループの「コロナ住宅」では住宅建築。製品・工法を開発する「日工開発」、さらに不動産部門と全方位。

公式サイト

コロナ美容室

📍 長野県長野市　　　　　🔳 サービス　🔳 理容／美容院

長野市、戸隠飯綱山ふもとにある赤い三角屋根のかわいらしい美容院だ。旧街道に広がる住宅街、善光寺にも近いエリア。

Google マップ

株式会社コロナ商事
abc
📍 長野県長野市　　🏢 企業　　🏢 商社
🌐 http://www.corona-s.com

武田信玄と上杉謙信が戦った川中島にある家具インテリア用品専門商社。ひな人形、羽子板といった季節商品から、引き出物まで多数扱う。グループの「コロナ創建」では不動産住宅事業も。

公式サイト

株式会社コロナ技研
abc
📍 長野県北安曇郡　　🏢 企業　　🏢 金属加工

長野県は精密機械工業が多い地域。こちらの企業も安曇野の松川沿いにて、金属加工を請け負っている。工場兼事務所建物の様子から 1970 年代からここにあるようだ。

Google マップ

古炉奈
abc
📍 長野県千曲市　　🍴 飲食店　　🍴 うどん
🌐 http://corona.g3.xrea.com

辛みの効いた大根おろしとともに食べる「おしぼりうどん」の元祖。創業 100 年の老舗だ。うどん、つゆだけではなく、調味料の味噌やトッピングの薬味も自家製にこだわる。

公式サイト

コロナ美容室
abc
📍 岐阜県安八郡　　🏢 サービス　　🏢 理容 / 美容院
🌐

濃尾平野の最北端、安八郡にある美容室。周囲は田んぼか田んぼをつぶして建てたアパートだ。サインの電飾やロゴからすると 1970 年代後半っぽい。

Google マップ

有限会社コロナー
abc
📍 岐阜県安八郡　　🏢 企業　　🏢 繊維製品
🌐 https://www.corona-gloves.com

太陽コロナをイメージしたロゴマークだが、「コロナー」と伸ばすのがポイント。手袋製造、信頼のメイドインジャパン。感染予防手袋もある、CORONA の手袋でCORONA 撃退。

公式サイト

コロナ理容店

📍 岐阜県羽島市 　　■■ サービス ■■ 理容 / 美容院

周囲には寺院、旧跡の多い美濃路の脇往還。駒塚道と竹鼻街道のわきにある。建物はいかにも旧街道の名残のある造りだ。サインの電飾はやはり 70 から 80 年代風。

Google マップ

コロナ美容院

📍 岐阜県郡上市 　　■■ サービス ■■ 理容 / 美容院

奥美濃白鳥は越美街道と交差する要衝。市街地の外れにある古い美容院だ。サインのフォントやイラストからすると 1970 年代からあるように推測される。

Google マップ

コロナ理容室

📍 岐阜県中津川市 　　■■ サービス ■■ 理容 / 美容院

中津川から下呂の方に抜ける街道にあるはずだが、少し先に移転し、営業しているようである。このエリア、集落が点在し、人口が少ないのでローカルの床屋は貴重であるのだが。

Google マップ

コロナ美容室

📍 岐阜県飛騨市 　　■■ サービス ■■ 理容 / 美容院

飛騨古川の美容院、かつて国道 41 号線の旧道にあるので、歴史は古そうだ。小さな町だが、実は高山よりも風情があるのでおすすめ。町を流れる宮川は日本海へ。

Google マップ

コロナ

📍 愛知県あま市 　　■■ 飲食店 ■■ 喫茶

愛知県西部の甚目寺街道にある古いたたずまいの喫茶店。ながらく、地元の常連客でにぎわっていたが、店主体調不良のため休業中の張り紙が。すでに閉業しているようであった。

筆者撮影

コロナ制御株式会社

📍 愛知県安城市　　　🏢 企業　　🏭 電子機器
🌐 http://corona-d.co.jp/

公式サイト

工場の生産ラインのオートメーション化を担う 制御盤・操作盤の設計・製作、そして設置といった一連の電気制御ソリューションを提供。製造業の盛んな愛知県には欠かせない業種である。

コロナ美容室

📍 愛知県安城市　　　🏢 サービス　🏭 理容 / 美容院

筆者撮影

ストリートビューでは古い建物だが、実際は新しい建物に代わり生まれ変わっている。オーナーの代替わりでもあったのだろうか。住宅街の路地にある。

コロナ印刷合資会社

📍 愛知県一宮市　　　🏢 企業　　🏭 印刷

Google マップ

せんいの街一宮、住宅街の民家の一角に印刷工場を構えている。ホームページがないので料金など不明だが、地元で長らく商売をしているようだ。

コロナ理容

📍 愛知県刈谷市　　　🏢 サービス　🏭 理容 / 美容院

筆者撮影

トヨタ車体、トヨタ紡織といったトヨタ系企業の本社のある刈谷。こちらの床屋はタイル張りのデザインなどから推測すると 1970 年代からある地域の老舗。

コロナワールド

Korona world
📍 愛知県小牧市　　　🏢 企業　　🏭 総合レジャー
🌐 http://www.korona.co.jp

公式サイト

愛知県小牧市が本社、パチンコ、ボウリング、温泉、映画館などを運営。近年は愛知県のみならず、東北や九州にも出店。社名変更前は「株式会社コロナ」。

コロナ美容院

📍 愛知県西尾市 　　　　▥ サービス ▥ 理容 / 美容院

筆者撮影

再開発で西尾駅周辺はすっかりキレイになってしまった。その西尾駅近くだが、すでに看板がなく、営業はしていないようだ。古いポスターの痕跡にかつての名残があるのみ。

フードショップコロナ

📍 愛知県豊川市 　　　　▥ 企業 ▥ スーパーマーケット

筆者撮影

地元密着型のスーパーマーケット、東三河地方に数店舗展開している。出店は住宅街のど真ん中だ。コラムにも記載したが、お弁当をはじめ、生鮮食品がお買い得。コラムあり。

コロナ美容院

📍 愛知県豊田市 　　　　▥ サービス ▥ 理容 / 美容院

筆者撮影

クルマの街豊田市の市街地にある美容院。出窓、サインなどから 1980 年代はじめのテイスト。時計付きサインの電飾も素晴らしい。営業しているかどうかは不明だ。

メガネのコロナ

📍 愛知県豊田市 　　　　▥ サービス ▥ メガネ

筆者撮影

街のメガネ屋さんだが、街道筋にあるため店舗は大きめだ。コロナ美容院とは 160m の距離と非常に近い。関係あるのだろうか気になるところだ。

喫茶コロナ

📍 愛知県名古屋市西区 　　▥ 飲食店 ▥ 喫茶

筆者撮影

1970 年テイストのエモい外観、すでに閉店しずいぶん経っているようだ。偵察に行ったところ、内部に灯りがついていたので、人が住んでいる気配はあった。

コロナクラブ

abc Corona Club

📍 愛知県名古屋市中区　　🔳 企業　　🔳 ホテル

🌐 http://www.corona-club.net

日本最大級のゲイホテル、屋上プールなど充実した設備を誇る。人数カウントのツイートがおもしろい。親会社は有名なディスカウントショップ、キンブル。コラムあり。

公式サイト

コロナ美術印刷株式会社

abc

📍 愛知県名古屋市北区　　🔳 企業　　🔳 印刷

🌐 http://www.corona-ap.com

小さな会社だが、企画と制作からDTPと印刷まで、印刷に関わる全工程を請け負う。広色域4色プロセスセットインクのワイドカラー印刷が得意とのこと。

公式サイト

株式会社コロナバイヤス

abc

📍 愛知県名古屋市北区　　🔳 企業　　🔳 繊維製品

名古屋市北区、高速道路より北側の国道41号両脇にはさまざまな業種の工場がある。バイヤス（バイアス）とは服飾資材の「斜め織」製品。テープ、リボンなどが代表的だ。

Google マップ

グループホームコロナ

abc

📍 三重県津市　　🔳 サービス 🔳 介護／福祉

🌐

浄土真宗高田派本山の専修寺がある一身田近くのグループホーム。2004年開設とわりと新しい施設なのに「コロナ」というネーミングは珍しい。

Google マップ

コロナ理容店

abc

📍 三重県鈴鹿市　　🔳 サービス 🔳 理容／美容院

🌐

鈴鹿市といえばサーキットをはじめ、いくつか工場のあるホンダの拠点。そのホンダ工場の近くにある床屋。従業員の人たちも利用するのだろうか。

Google マップ

株式会社コロナ社

abc

📍 滋賀県大津市　　　　🔲 サービス 🔲 電器

峠を越えればすぐ京都の大津、県庁所在地でもあり大都
市だが、渋滞がひどい。におの浜近くにある街の電気屋
さん。当然電気工事、リフォームも請け負う。

Google マップ

コロナカメラ

abc

📍 滋賀県彦根市　　　　🔲 サービス 🔲 写真

🌐 http://www.corona-c.net/

ゆるキャラ「ひこにゃん」よりも推したいのが謎のボー
ドゲーム「カロム」の彦根。古い商店街の一角にある写
真屋だ。カメラ、撮影以外にも iPhone 修理、携帯電話
販売も。

公式サイト

個別指導コロナ

abc

📍 滋賀県野洲市　　　　🔲 サービス 🔲 学習塾

🌐 http://kobetsu567.com

指導歴 20 年以上、滋賀県初、定員制個別指導がウリの
学習塾。このエリアで最も偏差値の高い高校は、隣接す
る守山市の立命館守山高校、公立では守山高校だ。

公式サイト

コロナ美容室

abc

📍 和歌山県新宮市　　　　🔲 サービス 🔲 理容 / 美容院

文豪、佐藤春夫、中上健次の出身地新宮。住宅街、店名
のフォントや 1960 年代風窓枠のカーブなど癒される
が、閉業の可能性も。オーナーの高齢化で廃業が多い。

Google マップ

コロナ

abc

📍 和歌山県和歌山市　　　　🔲 サービス 🔲 コーヒー

住宅街の自家焙煎工房、民家の駐車場にプレハブ小屋を
建てただけの店。ヤマト運輸のノボリがあり、全国発送
可能なようだが、通販サイトは用意されていないようだ。

Google マップ

コロナ美容室

📍 和歌山県和歌山市　　🔲 サービス　🔳 理容 / 美容院

紀伊半島を海沿いにほぼ 1 周する国道 42 号線、「死に」号線と揶揄されるほど事故が多い国道だ。和歌山市内では中央通りと呼ばれているエリアにある古い美容院。「パーマ」のサインが時代を感じる。

Google マップ

ホテル 567 （コロナ）

📍 奈良県生駒市　　🔲 サービス　🔳 ラブホテル
🌐 https://ikoma-hotel-567.com

国道 163 号沿い、生駒と交野の中間地点にあるラブホテル。お値打ちプランも多数用意。「食事いらんねん」宿泊プランでは平日 3990 円とお得。また、部屋に無料で使える「電マ」も置いてある。

公式サイト

コロナ美容室

📍 大阪市西淀川区　　🔲 サービス　🔳 理容 / 美容院

レンガタイル張りの品のいい美容院だ。サインには「パーマ」のロゴが。フォントや全体のデザインからすると 1970 年代。建物の窓枠のカーブもその時代を反映している。

Google マップ

コロナマルダイ株式会社

📍 大阪市中央区　　🔲 企業　🔳 繊維製品
🌐 http://coronamarudai.co.jp/company.html

戦時中の 1941 年創業。アパレル製品の芯地の開発、製造を行っている服飾材料メーカー。やはりこちらもソウル、上海ときて、ベトナムに進出している。

公式サイト

サンコロナ小田株式会社

📍 大阪市中央区　　🔲 企業　🔳 繊維製品
🌐 http://www.sunoda.co.jp/

テキスタイル、フィラメントを扱う大手繊維商社。独自開発のカーボンファイバー「Flexcarbon®」は陸上シューズのソールや新素材ギターに採用され、話題となった。

公式サイト

コロナマーク店

📍 大阪市東住吉区　　🟦 サービス　🟦 繊維製品

トヨタのクルマのような名前だが、アパレル製品に縫い付ける、ブランドラベルや洗濯表示ラベルを取り扱う店。残念ながら閉業のようだ。

Google マップ

スリーコロナ株式会社

📍 大阪市東淀川区　　🟦 企業　🟦 印刷
🌐 http://www.three-corona.com/

カタログ、ポスターといった印刷物のほか、各種包装資材も得意とする会社。一般的な包装資材に加え、食品専用のラベル、パック、また工事現場用の資材も。

公式サイト

大阪コロナホテル

📍 大阪市東淀川区　　🟦 企業　🟦 ホテル
🌐 http://osakacoronahotel.co.jp/

「コロナホテル縁起悪そう」「怖い」などのスクリーンショットと「コロナウイルスが憎い・・・」と泣き顔絵文字でツイート。7.2万リツイートとともに応援メッセージが届く。インタビュー記事あり。

公式サイト

株式会社フロリスト・コロナ

📍 大阪市平野区　　🟦 企業　🟦 花き
🌐 https://floristcorona.com/

関西圏を中心に生花販売及び生花卸売業を営む会社。花きの卸売りを中心に、直営フラワーショップの運営。また、スーパーマーケットなどでのフラワーコーナー委託販売を手掛ける。

公式サイト

コロナ・デ・アサール・フラメンコスタジオ
　Corona de Azahar

📍 大阪市北区　　🟦 サービス　🟦 ダンス教室

梅田から東へ 1㎞ほどの繁華街にあるフラメンコ教室。スペインの民族舞踊なのでスペイン語の「Corona」を店名に採用したと思われる。何かと話題に上るスーパー玉出の隣。

Google マップ

コロナ印刷株式会社

abc

📍 大阪市淀川区　　🏢 企業　　🔳 印刷

🌐 http://www.corona-print.co.jp

印刷物制作だけではなく「ディレクション」「デザイン」「レシピ開発」「撮影」「イラスト制作」「校正」といったサービスまで手掛ける。事例には大手法人も。

公式サイト

有限会社コロナ工業

abc

📍 大阪府茨木市　　🏢 企業　　🔳 塗装

🌐 http://corona-k.com/profile.html

内装建築一般 内監・施工管理業務の請負。さらに屋上防水工事、工場、厨房などの床シリカル・エポキシ塗装工事といった舗装工事まで手掛ける。

公式サイト

コロナカメラ

abc

📍 大阪府高石市　　🏢 サービス　　🔳 写真

🌐 https://corona-takaishi.com/

古そうな店が並ぶ駅前商店街にある、ロゴがレトロでかわいい街のカメラ屋さん。看板の「コロナ」の「ロ」の字は花のようなデザインとなっている。泉北エリアに支店がある模様。

公式サイト

株式会社コロナ電化

abc

📍 大阪府守口市　　🏢 サービス　　🔳 電器

🌐

タウンページには掲載されていたが、すでに廃業しているようだ。店舗部分はクリニックになり、住居部分の「コロナハイツ」にかつての名残がある。

Google マップ

---

studiocorona

abc

📍 大阪府大阪狭山市　　🏢 サービス　　🔳 ダンス教室

🌐 http://studio-corona.com/

ヒップホップダンスの教室。アメリカのラップグループ「Tres Coronas」の曲とかかかるのだろうか。インストラクターは実力派ぞろいのようだ。

公式サイト

有限会社コロナ印刷社

📍 大阪府東大阪市　　🔳 企業　　🔳 印刷

大阪を横断する阪神高速 13 号線沿いにある印刷会社。
この辺りは印刷所、紙加工工場が点在しており、印刷関
係の企業が多い。また、町工場も多く、関西経済を支え
る重要なエリアだ。

Google マップ

有限会社サン・コロナ

📍 大阪府東大阪市　　🔳 企業　　🔳 工具

東大阪にあるハンマーや斧などの工具グリップの製造や
加工を行う会社。グラスファイバーハンマー柄は日本で
はここだけで製造。原料から成型加工まで社内一貫作業
している。

Google マップ

有限会社コロナ製作所

📍 大阪府八尾市　　🔳 企業　　🔳 電子機器

金属加工関係の工場が多い八尾市。こちらは昭和 34
年（1959）創業の老舗街工場だ。製造現場で使う鍛造
用、焼付塗装用の加熱装置、乾燥装置が得意。

Google マップ

有限会社コロナハウジング

📍 大阪府豊中市　　🔳 企業　　🔳 不動産
🌐 http://www.5671ban.com

地域密着型、町の不動産屋。土地、建物、駐車場、賃貸
から事業用物件まで豊中市、庄内・服部の不動産物件を
多数扱う。

公式サイト

コロナ美容室

📍 大阪府枚方市　　🔳 サービス 🔳 理容 / 美容院

寝屋川市境に近い、国道からわき道に入った住宅街の小
さな美容院。看板は残っているものの、ドアや窓は住宅
用のものに変わっているため、営業はしていないようだ。

Google マップ

コロナ婦人服事務服白衣店

📍 京都市中京区　　　■■ サービス　▦ 制服販売

京都河原町でも最も人出が多い通り、大丸京都店裏手の錦市場の交差点にある小さなユニフォーム店。閉業の可能性もある。

Google マップ

株式会社コロナ

📍 京都府京都市　　　■■ サービス　▦ 写真

京都市内中心部。新品、中古のカメラ販売をはじめ証明写真、ブライダルなどの出張撮影といったサービス。また天体望遠鏡などの光学製品にも強いローカル店。

Google マップ

CORONA・winebar・and・dining

📍 兵庫県尼崎市　　　■■ 飲食店　▦ ワインバー

尼崎駅前に広がる商店街は歩道も広く、古臭い店がない。食べログなどによるとマスターのワイン知識が素晴らしいとのこと、店のマークは「王冠」だ。

Google マップ

たからづかコロナ

📍 兵庫県宝塚市　　　■■ サービス　▦ 理容 / 美容院

大阪のベッドタウン宝塚市、JR、阪急、高速道路とアクセスのよい立地だ。割と新しめの低層マンションの1階にある美容院、橋を渡れば宝塚歌劇場と手塚治虫記念館がある。

Google マップ

有限会社コロナ無線電器

📍 鳥取県鳥取市　　　■■ サービス　▦ 電器

タウンページに掲載されているが、ストリートビューではかつて入口であったあたりは壁になっており、看板の痕跡も見当たらない。わずかにファサードに商店であった名残が見受けられる。

Google マップ

株式会社コロナ農業振興

🔤
📍 鳥取県東伯郡　　　▦ サービス ▦ 農業
◎

住所が正しいかどうか不明で、全く関係なさそうな物件が表示される。「コロナホール」という建物もあるが実態不明。第3セクター法人っぽいのだが。

Google マップ

コロナ理容店

🔤
📍 島根県益田市　　　▦ サービス ▦ 理容 / 美容院
◎

日本海に面する益田市、こちらの床屋は市街地から西に5kmほどの漁師町にある。看板が下げられ、床の3色サインのみ残っていることから閉業しているようだ。

Google マップ

有限会社コロナ

🔤
📍 島根県益田市　　　▦ 企業　　　▦ 繊維製品
◎

ダイワボウレーヨン益田工場内にある関連企業。製品名・ブランドでも紹介したが、ダイワボウレーヨンでは「e:CORONA」を展開している。

Google マップ

コロナ美容室

🔤
📍 広島県安芸郡　　　▦ サービス ▦ 理容 / 美容院
◎

郡部といっても川を挟んで広島市に隣接しているため、意外と都会なエリア。マンションや戸建ての並ぶ住宅街にある美容院だが、休業中か？

Google マップ

コロナ喫茶店

🔤
📍 広島県広島市　　　▦ 飲食店　　▦ 喫茶
◎

広島市最大の繁華街八丁堀に近い喫茶店。店のロゴマークは戦後専売局のタバコ「コロナ」を思わせる丸で囲んだデザインだ。昭和のたたずまいの残る喫茶店。

Google マップ

コロナ写真店

📍 広島県広島市　　　🔲 サービス　🔳 写真

児童図書『ズッコケ三人組』に出てくる「大川」のモデルとなった太田川と、昭和初期より工事が開始された太田川放水路の間の島にある街の写真屋さん。

Google マップ

コロナ縫製

📍 広島県世羅郡　　　🔲 企業　🔳 繊維製品

三次、庄原とそこそこ大きな街がある広島県の山間部。こちらは世羅町の縫製工場であったようだが、ストリートビューではすでに更地となっている。

Google マップ

コロナ美容院

📍 山口県宇部市　　　🔲 サービス　🔳 理容 / 美容院

宇部市といえば石灰石やクリンカーを運ぶ日本一長い私道「宇部興産道路」で有名だ。こちらはレンガタイル貼りの美容院だが、ポスターやサインもなく閉店している可能性が高い。

Google マップ

コロナ美容室

📍 山口県山口市　　　🔲 サービス　🔳 理容 / 美容院

山口市でも瀬戸内海寄りにある美容院。街道沿いでも手前の商店の影となりわかりづらく、結構大きめだ。県名と同じ名前の山口市だが、じつは県庁所在地ではない。

Google マップ

コロナ美容室

📍 山口県山陽小野田市　　🔲 サービス　🔳 理容 / 美容院

波穏やかな瀬戸内海沿いにある。テントのロゴが剥がれ、かすかに「コロナ」と確認できるが、営業しているかは不明だ。

Google マップ

コロナ美容室

📍 山口県山陽小野田市　　🔳 サービス 🔳 理容 / 美容院

ファサードはカーブした店舗テントや、丸い窓がかわいらしい外観。建物そのものは昭和中期の木造平屋建てで、背後には蔵が見える。看板が出ていないのだが、営業しているのだろうか。

Google マップ

コロナ美容室

📍 山口県周南市　　🔳 サービス 🔳 理容 / 美容院

周南市でも山間部に入った盆地にある美容院。サッシのデザインなどから 90 年代に建てられたようだ。ネーミングから創業はさらに古い可能性も。

Google マップ

ニューコロナ美容室

📍 山口県防府市　　🔳 サービス 🔳 理容 / 美容院

ニューコロナというわりにはオールドスクール過ぎる。1970 年代によく建てられた鉄筋コンクリートの陸屋根だ。看板は残っているが、サインなどは片付けられている。

Google マップ

コロナ工業株式会社

📍 徳島県吉野川市　　🔳 企業　　🔳 水回り品
🌐 https://www.corona-net.com/index.html

吉野川市といえば「幸福の科学」大川隆法氏生誕の地。丘の上には巨大な「聖地エル・カンターレ生誕館」がある。こちらは水素水浄水器、24 時間風呂の中堅メーカーだ。

公式サイト

コロナ音響社

📍 愛媛県東温市　　🔳 サービス 🔳 電器
🌐 https://koronaonkyo.jimdofree.com

「音響社」とあるが、1970 年代のオーディオブームの時から続いているのだろうか。電気工事以外にも、キッチンリフォーム、給湯器、ボイラーの取り付けといった水周りも対応できる街の電器屋さん。

公式サイト

コロナ美容室

📍 高知県安芸市　　　■■ サービス ■■ 理容 / 美容院

室戸市と高知市の中間点安芸、海沿いの住宅街にある美容院だ。周辺は美容院の数がやたら多い。国道55沿いに古い旧街道の街並みが残っている

Google マップ

コロナビューティサロン

📍 高知県香美市　　　■■ サービス ■■ 理容 / 美容院

高知平野の奥座敷、土佐山田、平野はここまで北側は四国山地だ。こちらは市街地の美容院、アパートの1階部分が美容院となっているので同じオーナーであろう。

Google マップ

コロナシャツ

📍 高知県高知市　　　■■ サービス ■■ アパレル製品

高度成長期あたりまで背広やシャツなど「誂え」が普通であったが、いまや街の「テーラー」は激減した。こちらは「お誂えシャツ専門」で頑張っている店。

Google マップ

株式会社コロナ電化店

📍 高知県高知市　　　■■ サービス ■■ 電器

高知市内、国道32号線は路面電車の路線が並走、「ごめん」行きの市電が有名だ。はりまや橋に近い、大手電機メーカーの看板を掲げた街の電器屋さん。

Google マップ

コロナ美容室

📍 高知県南国市　　　■■ サービス ■■ 理容 / 美容院

ペギー葉山のヒット曲「南国土佐を後にして」とはあまり関係ない南国市。こちらの美容院は真新しい外観で近年できたようだ。裏手にはビンテージウェアの専門店がある。

Google マップ

コロナ理容店

📍 福岡県春日市 　　　■■ サービス ■■ 理容 / 美容院

住宅街の一角にあるレンガタイル張りの床屋。1970
年代後半に建てられたのだろうか。大き目の「コロナ」
とある、今時珍しいネオンサインが立派だ。

Google マップ

コロナ美容

📍 福岡県大川市 　　　■■ サービス ■■ 理容 / 美容院

福岡県は玄界灘、瀬戸内海、そして有明海に面している。
こちらは有明海側にある古い美容院だ。木製のサッシな
ど昭和 30 から 40 年代のたたずまいだ。

Google マップ

コロナ理髪館

📍 佐賀県佐賀市 　　　■■ サービス ■■ 理容 / 美容院

佐賀市の中心部にほど近い、国道から少し入ったところ。
看板のロゴは 1970 年代風だが、建物は新しく、排気
ダクトの形状から 90 年代あたりに建て直しをしている
ようだ。

Google マップ

有限会社コロナ商事

📍 佐賀県小城市 　　　■■ 企業 　　■■ 油脂製品

マイナーな佐賀県でもさらにマイナーな小城市、名物は
羊羹らしい。平成の大合併で、有明海まで広がった。こ
ちらは山間部にある機械油商社。

Google マップ

コロナ理容

📍 大分県中津市 　　　■■ サービス ■■ 理容 / 美容院

からあげの聖地として知られる大分県中津市、福岡県に
近いエリアだ。こちらの床屋は民家の戸建てと一体化し
ているが、床屋部分の白い壁が 80 年代ウェストコース
ト風だ。

Google マップ

ニューコロナ美容室

📍 大分県別府市　　　　■■ サービス ::: 理容 / 美容院

温泉町別府の住宅街にあるローカル美容院、といっても美容院の周辺はあまり関係ない様だ。サインは後から作り直したようだが、店の外観そのものは 1970 年代に流行ったヨーロッパ風スタイルだ。

Google マップ

コロナ美容室

📍 大分県由布市　　　　■■ サービス ::: 理容 / 美容院

1970 年代に流行ったファンシーグッズのような赤いヨーロッパ風瓦のファサードに、丸い窓枠がかわいい。看板は四角いタイルで組み合わせたモザイクだ。

Google マップ

コロナ美容室

📍 長崎県諫早市　　　　■■ サービス ::: 理容 / 美容院

すでにシャッター街となってしまっている古いアーケード街「アエル通り」のわきにある美容院。丸い窓枠、ステンドグラスシールなど 1970 年代の外観。電飾サインが 5 角形なのもポイント。

Google マップ

ブライダルコロナ

📍 熊本県宇土市　　　　■■ サービス ::: 理容 / 美容院

カット、パーマ、着付けといった昭和の定番業態であったが、2018 年「ヘアサロン・コロナ」「着物＆ドレス・コロナ」として新装開店。現代的な店に生まれ変わった。割と大型店。

Google マップ

ビューティーコロナ

📍 熊本県菊池郡　　　　■■ サービス ::: 理容 / 美容院

熊本市から阿蘇方面へ。ホンダ熊本製作所、熊本空港のある大津町。国道 57 号線旧道沿いにある「パーマの店」、住宅街にかかる入口のローカル美容院。

Google マップ

ビューティーコロナ

📍 熊本県熊本市　　　　🔲 サービス 🔳 理容 / 美容院

オレンジ色の店構えが印象的だ。このテナント長屋にも美容院がほかに1軒、病院を挟んだもう一つのテナント長屋にも美容院があり、激戦区だ。

Google マップ

ジグソーパズルのコロナ

📍 鹿児島県鹿児島市　　🔲 サービス 🔳 雑貨

タウンページにジグソーパズル専門店として出てきたが、ストリートビューでは真新しい会計事務所のビルとなっている。閉業したのか、このビルに入居しているかは不明。

Google マップ

株式会社コロナ・エネルギー

📍 鹿児島県日置市　　　　🔲 企業　　🔳 エネルギー

🔗 http://corona-energy.jp/

薩摩半島のほぼ中央、錦江湾の反対側の日置を中心にガソリンスタンドを展開する企業。鹿児島まで15㎞、鉄道も通っているベッドタウンとして発展している地域。

公式サイト

ニューコロナ

📍 沖縄県宮古島市　　　　🔲 サービス 🔳 理容 / 美容院

宮古島創世神話や人蛇婚説話ゆかりの御嶽の隣のピンク色のビルの1階。日本最南端案件かとおもいきや、看板やポスターはないので、すでに廃業しているようだ。

Google マップ

コロナ美容室

📍 沖縄県那覇市　　　　🔲 サービス 🔳 理容 / 美容院

タウンページに掲載されていたものの、すでに閉店のようだ。跡地はコインパーキングとなっている。対馬丸記念公園、波の上ビーチに近いエリア。

Google マップ

中傷と励まし… 耐える「コロナ食堂」
店名に余波 店主「思いとどまって」

送信ボタンを押す前に
5秒でいいから考えてっていうだけ

NBS 長野放送 2020 年 5 月 30 日（土）10:05 配信

味蔵コロナ食堂にインタビュー

2020 年 5 月ニュースに

　長野県東信エリアの要衝佐久市、その南部、平成の大合併で編入された旧臼田町エリアで長年店を構え、地元住人に愛される店「味蔵コロナ食堂」。「食べログ」のユーザー投稿によれば、「ソースカツ丼」、巨大なサイズの「かき揚げ定食」が名物らしい。こちらも「コロナ」ウイルスと同じネーミングであったため、ネットで揶揄されたり、イタズラ電話がかかってきたりと風評被害に見舞われた。

　すでに毎日新聞、長野放送といったメディアがこの風評被害の状況をニュースに取り上げたため、耳にした事のある読者もいると思う。

　念のためにおさらいしておこう。全国紙が取り上げたのは毎日新聞の2020 年 5 月 23 日付の記事が最初。日本全国の毎日新聞地方支局により、コロナ禍と戦う企業や商店を取材した『コロナに負けない！』というリレーシリーズの一つである。こちらの記事によれば、2020 年 3 月ごろより、頻繁に無言電話がかかってきたり、ネットで心ない書き込みが見られるようになったとされている。

　3 月頃といえば、4 月の中国の習近平国家主席来日、野球のセ・パ両

リーグ開幕戦、さらには
東京オリンピックも延期
と、数多くのイベントの
中止・延期が決定され、
パンデミックが現実的に
なり、日本全国に緊張感
が漂い始めた頃だ。3月
末の国民的タレント志村

毎日新聞 2020 年 5 月 23 日

けん氏の死亡で空気感は
一気に澱んだ重苦しい方向に進んでいった。
　毎日新聞の報道から一週間後の 5 月 30 日、地元テレビ局長野放送にて、
日本全国から「味蔵コロナ食堂」に応援メッセージが寄せられている、とい
う明るいニュースが伝えられた。また 7 月 7 日には毎日新聞が 5 月 23
日の記事の反響を後追い取材。話題になったことにより、改めて地元住人
からの支持や、遠方からの来客、応援の手紙などが届けられている様子を
伝えた。

近況などを電話取材した
　その後、メディアからのニュースが途絶え気味になっていたため、今更
であるが、改めて「味蔵コロナ食堂」店主の須藤仁志氏に近況などを電話
で伺ってみた。

　── 5 月に風評被害にあっていると、新聞などでニュースになりまし
た。最近の状況はいかがでしょうか。心無い中傷、揶揄などまだあり
ますでしょうか？

　須藤「はい、ネットの中傷なんかは、『テラスハウス』
の女の子が亡くなってから一斉に引いたみたいです」

　『テラスハウス』の女の子とは、SNS 上で誹謗中傷のバッシングを大量
に受け、自殺した木村花さんのことである。木村花さんの自殺が報道され
たのは、奇しくも毎日新聞がこのお店の苦境をニュースにしたのと同じ

日。これらが助け舟になった感じだ。

　ネット黎明期から、叩いていた相手が逆襲に転じ、名誉毀損など実際に訴訟を起こしたりすると、ネットイナゴ達もしばらくの間おとなしくなるのだが、「喉元過ぎれば」ということか、何年経ってもこういった問題は次から次へと発生し、なかなか解消しない。通信インフラの充実、スマホの普及でネット人口、情報量が増え、さらに悪化の一方であるような印象を受ける。昔であれば仲間内、ご近所といった小さなコミュニティで完結する「陰口」「村八分」といった現象が、全て可視化され、全国レベルで伝播していく時代になってしまった。

　——例えば物理的な被害などありませんでしたでしょうか？　ガラスを割られる、落書きをされるなど。

須藤「そういった直接的な物理的被害はなかったけど、困ったのは無言電話ですね」

　——ニュースになって以降、全国の方々から色々応援があったそうですが

須藤「ええ、お手紙とかいただきました」

　——その後、今でもそのような応援メッセージとかは来るのでしょうか？

須藤「お手紙もそうですが、結構お店の方まで直接出向いていただき、気遣ってもらってます」

　——今までの報道から、お店の名前の由来は太陽コロナということと、今後もこの店名に誇りを持って営業されていくということでしょうか？

須藤「はい！」

——どうもお忙しい中、ご協力ありがとうございました。

　先々代から数え 70 年続く老舗の看板に対する愛であろうか、自信に満ちた力強い返答であった。

捨てたものではない人情
　「災い転じて福となす」という慣用句がある。本来は、自分に降りかかってきた災難を利用し有利な方向に導く、といった意味。意識高い系風に言えば「ピンチこそ最大のチャンス」だ。
　とはいえ、全世界が巻き込まれたコロナウイルス騒ぎ、これを「災い転じて福となす」とするのは、凄まじくハードルが高い。ましてや、一人あるいは家族で経営しているような商店、飲食店には為す術もない。さらにそこで、たまたま「コロナ」ウイルスと同じネーミングというだけで風評被害となると、店主の苦悩が計り知れないものとなるのではないか。悪人が叩かれるのは仕方ない。しかし店主は何も悪いことはしていないのだ。悪人どころか、地域コミュニティで愛される善良な人物ばかりである。でなければ狭い商圏で何十年も商売を続けるのは不可能だ。
　「自粛警察」「俺コロナ」そして「風評被害」、他人事ではあるものの、コロナ禍で気分が落ち込むようなニュースを多く聞いた。
　しかし、その一方で多くの人が「風評被害」に困っている店舗、企業に手を差し伸べたというニュースに、暗い気持ちを救われた人々が多くいるのも事実。しかも、ニュースを見たというだけの、ふだん接点があるわけではない善意の人々による応援である。こういった人情が生きているというだけでも、我が国もまだ捨てたものではないと感じる。

取材協力：味蔵コロナ食堂

大阪コロナホテル🐻【公式】
@CORONAHOTELJP

😭😭😭
コロナウイルスが憎い...

・2時間
大阪のホテル予約してるんだけどコロナ
ルって名前だったことに今気づいた。
ー！

@ryutaro_
新大阪の近くにあるホテル
かいうの見つけて草

今コロナホテルにいるんだが

HattoriM @HattoriM・1日
新型コロナウイルス肺炎の研究進展ま
め

12/8 最初の症例
1/6 新型コロナウイルスとの発表...

○9

@ry
新大阪駅前にコロナホテル
起わるそう

午後0:42 · 2020年1月27日 · Twitter for iPhone

7.5万 件のリツイート　**2,428** 件の引用ツイート　**22万** 件のいいね

国内トレンドにも登場した嘆きツイート

大阪コロナホテルにインタビュー

嘆きのツイートがバズる

2020 年 1 月 27 日。

　「皆様…
　コロナウイルスと当館、大阪コロナホテルは全く関係あり
ません…！！！
　ありませんよぉ…！！！！！」(原文ママ)

　たまたま「コロナ」ウイルスと同じネーミングのホテルによる嘆きツイー
トが注目された。そして、このツイートの 2 時間後、

「コロナウイルスが憎い・・・」(原文ママ)

三つ並んだ泣き顔の顔文字と、ホテル名を揶揄した中傷ツイートのスクリーンショットとともに投稿されたこのツイート、1日で7万を超えるリツイートを得て、当日の国内トレンドにも登場、大いにバズった。

バズったツイートにぶら下がるのは「クソリプ」というのが相場であるが、こちらのツイートには「クソリプ」を遥かに凌ぐ「コロナホテルさんは悪くない」「負けるな！」「頑張って下さい！応援してます」といった温かい応援のメッセージがリプライされた。逆に「クソリプ」したら炎上しそうなほどポジティブなツリーとなった。

このツイートに関し、他のメディアでは報道されていないポイントが一つ。多くの応援メッセージがぶら下がったツイートであるが、「大喜利」大会にもなった。本書のコラムでも紹介した「トヨタコロナ」「コロナワールド」、はたまた菓子パンの「コロネ」などの画像を貼ってボケるリプライが多く登場。リプライがまだ少ない初期には、「大阪コロナホテル」アカウントも一緒にボケるなど、お笑いの本場、大阪ならではのノリを披露。本書コラムにも登場する「安城コロナワールド」の公式アカウントがメンションを投げるなど、個人だけではなく、同じ悩みを抱える企業も巻き込む形となった。このツイートにより、風評被害を逆手にとり、認知度を高めたのではないだろうか。

「Go To キャンペーン」のジレンマ

2020年7月15日、ネット系メディア「J‐Cast ニュース」に再び「大阪コロナホテル」の名前が登場した。風評被害に続き、政府の「Go To トラベルキャンペーン」に対するジレンマを嘆いたツイートに関しての記事だ。

「緊急事態宣言」や「自粛」の空気で大打撃を受けた旅行業界および周辺経済へのテコ入れ政策である「Go To キャンペーン」。しかし、ここにはジレンマが。生き延びるため、業界の売り上げは必要だが、一方で感染拡大のリスクもある。この二つを巡り明快な答えを見つけられない悩みを吐き出した「大阪コロナホテル」のツイートが、またしても人々の共感を

大阪コロナホテル🎩【公式】@CORONAHOTELJP 7月14日
#GoToキャンペーン中止にしてください がずっとトレンド入りしておりますね…。
これ、凄く難しくて、正直ホテルサイドからすると、罪付込め、「今」困っている施設がたくさんあります。
運営サイドからすれば、「今」1円でも多く売り上げが上がる見通しが立つ、というのが非常に有難いです。
♡ 2　↺ 120　♡ 329

このスレッドを表示

大阪コロナホテル🎩【公式】@CORONAHOTELJP 7月14日
返信先: @CORONAHOTELJPさん
今じゃない！感染のリスクが増えるだけ！
その分のお金を医療従事者に！
全部すごく分かるんですよね…。
日々色んなお客様を受け入れる我々ホテル従業員としても、怖いものは怖いです…。
リスクと売り上げと、、、ほんとに紙一重の選択の連続です。
♡ 1　↺　♡

大阪コロナホテル🎩【公式】@CORONAHOTELJP 7月14日
あ〜ん！難しい！！！
とにかく何がどう転がろうとも、感染対策をきちんとしながら、会社を潰さない為に、腹をくくり直していく。
私個人と致しましては、当ホテルの情報発信とぶたぶたしい投稿、揶揄にほっこりして頂ける様なハイセンス？ツイートを続けていく所存です！
宜しくお願い致します！
♡ 4　↺ 81　♡ 181

政府の「Go To キャンペーン」に対し、複雑な思いを嘆いたツイート

呼んだ。

　中国のように独裁政府が強力な命令系統をもってして、全てを統制すれば 話が早いが、ここは日本、いちおう法治国家であり民主主義国家である。また、このコロナ禍における他国の状況や日本政府の対応を見て、「国」「個人」「民族」とはいったい何なのか、と改めて思いを巡らせた方も多いはずだ。

その後の様子を含め電話取材

　連日の感染者数増加のニュース、さらに「Go To キャンペーン」で混乱した8月も終わるかという頃、改めて「大阪コロナホテル」に近況などを伺ってみた。突然の電話取材に対応いただいたのは、広報を担当する藤井康平氏。今まで多くのメディア取材に応じてきた「大阪コロナホテル」の顔といっていい方でもある。

――1月末、大阪コロナホテルのツイートがバズりました。その後の状況などを伺いたいと思います。
また、大阪の「まいどなニュース」「J-Cast ニュース」などの記事も拝見しました。それらの記事にある通り、ホテル名の由来は「太陽コロナ」ということでよろしいでしょうか？

藤井「すでに当時のスタッフがいないもので100%の回答ではないですが、その通り太陽コロナが由来と聞いております。」

――心無いツイートといった風評被害が1月にありました。最近はいかがでしょうか？

藤井「以前はそういったツイートや電話があったりしましたが、たまに経緯を全く知らない人が「こんな名前のホテルあったんだ」ぐらいのツイートを見かけるぐらいですね」

——あからさまな中傷は減ったということでしょうか。

藤井「そうですね、あからさまな中傷というものはなくなりましたね」

——あのツイートがバズった後、多くの応援が寄せられました。大阪コロナホテルへの応援メッセージなど最近の様子はいかがでしょうか?

藤井「そうですね、ツイートのあとがピークでしたが、最近でも、やはり宿泊のお客様から「Twitter 見たよ」「頑張ってください」といったありがたい言葉を頂いております。そういった形で、スタッフもお客様から勇気づけられながら運営を続けております」

——中傷とは別に物理的な被害とかはありませんでしたでしょうか?例えば落書きをされるなど。

藤井「幸い、そういった物理的な被害はございませんでした」

——メディアの記事にもありましたが、今後もコロナという看板を誇りに営業されるということでしょうか?

藤井「はい、間違いございません、50 年の歴史もありま

すし」

——少し脱線します。「コロナ」というお店や企業を調べていくと、やはり50年前、40年前に創業したところが多いように思います。当時流行っていた言葉でしょうか？

藤井「どうなんでしょう。ラテン語で言うところの王冠、あるいは太陽コロナをイメージした言葉ということで、わかりやすいということもあります。当時大阪万博もありましたし、太陽イメージがかなりポジティブな意味にとらえられていたのではないでしょうか？　あくまで私の想像ですが」

——ありがとうございます。大阪万博といえば「太陽の塔」もありましたね。

藤井「ええ」

——質問は以上でございます、お忙しい中ご対応いただき、ありがとうございました。

藤井「また何か気になることがあればお気軽にご連絡ください」

——ありがとうございます。

　ということで、多少の雑談を交えながら、近況を伺うことができた。急な申し出にも関わらず、さらに多忙の中、折り返しのご連絡ということで、対応いただいた藤井氏にあらためて感謝したい。

マスコットキャラはブタ、お見事、SNS運用

　「大阪コロナホテル」のツイッター、プロフィールを見ると2015年からスタートとなっているが、他メディアの記事にあったように2020年1月に運用体制をリニューアル。それまでは、どの企業でもありがちなイベントやメニューの案内を不定期にツイートするだけであったが、「コロナホテル 動きます。」の宣言通り、大幅にキャラを変え、ツイートは毎日、内容も従来通りの案内に加え、わりとどうでもいいツイートも増加、親しみを増した。冒頭で紹介したバズリは、その体制がスタートした矢先のことであった。

　キャラといえば「大阪コロナホテル」のマスコットキャラは「ブタ」、屋上看板などに描かれている帽子をかぶった「ブタ」の名は「ジェントン君」、地元テレビ番組での公募で名づけられた。なんでもオーナーが「ブタ」グッズのコレクターということで、ホテル内に様々な「ブタ」キャラグッズを配置し「ブタさん推し」でホテルに色を付けている。もちろんツイッターでもそれらの「ブタ」グッズを紹介したり、「ブタ」のネタがあればメンションを投げるといった運用だ。最近では前述の「ジェントン君」をあしらったトートバッグを発売するなど、新しい領域にも踏み込んでいる。

　いずれにせよ、積極的なSNS運用で風評被害を封じ込めたという側面は、偶然の部分があったかもしれないが、ファインプレーとしか言いようがない。人々の善意に刺さったということだ。SNS運用で困っている企業なども十分ヒントを得られる事例ではないだろうか。また、コロナ禍を乗り切るため、緊張感を全社一丸となって共有している部分も作用していると思われる。

　せっかくなので、大阪で宿泊する際は応援の意味も込め「大阪コロナホテル」を利用してみるのはいかがだろうか。「ジェントン君」をはじめ、かわいい「ブタさん」が出迎えてくれるはずだ。

取材協力：大阪コロナホテル

大阪コロナホテルでは、頻繁にブタさん推しツイートが

コロナワールドに行ってきた

緊急事態宣言前に訪問（前編）

地方都市の陰キャには敷居が高い

　地方都市でのたしなみであるボウリング、カラオケ、パチンコの類を一切やらない人は、これから紹介するような総合アミューズメント施設などに、なかなか足を向けることが少ないのではないだろうか。そして、上記のレジャーのほかゴルフ、クルマがセットでついてくるのが地方都市における若者の典型的ロールモデル。一人で遊べるパチンコぐらいならまだしも、仲間と集まって遊ぶボウリングやカラオケなどは地方都市の陰キャにはかなりハードルが高い。

　とはいえ、美術館やライブハウスなどあまりインドア施設がない地方都

市では、多くの人にとって、こういった総合アミューズメント施設は「イオンモール」同様かなり重宝する。その気になれば丸1日滞在して遊び倒すことも不可能ではない。丸1日は無理だとしても、パチンコ、温泉などを組み合わせれば、食事を挟んで半日ぐらいは軽く時間を消費できるのだ。

大手アミューズメント企業コロナワールド

　愛知県には「コロナワールド」という総合アミューズメント施設がいくつもある。名前を直訳すると「コロナ」の「世界」なので、このコロナ騒動のさなか、風評被害などなかったか気になるところだ。

　公式サイトの企業情報によれば、創業は大正時代の映画館にさかのぼるという老舗中の老舗。高度成長、バブルの波に乗り、多角化、多店舗化を経て、近年は日本全国各地のロードサイドへの出店を中心に事業を拡大している愛知県小牧市の企業だ。小牧インターを降りたすぐの所に本店がある。愛知県以外の方に説明すると全国チェーン「ラウンドワン」と同じような業態と言えば、お分かりいただけやすいと思う。

　ここでひとつ気をつけてほしいことがある。実はコロナワールドの「コロナ」の綴りは「Korona」であるということ。「C」ではなく「K」なのだ。商標上の問題で「C」を避けたのか、あえてゲルマン語に多い綴りを採用したのかその辺りは謎である。特許情報プラットフォーム（J-PlatPat）によると、登録4264205（商願平09-124729）となっており、平成9年（1997）以前は継承情報もないため商標登録はなかったようだ。

　また、平成27年（2015）に「株式会社コロナ」から「株式会社コロナワールド」に社名変更されたことも付け加えておきたい。

安城コロナワールドへ

　2020年4月初頭、愛知県内の「コロナ」という店を探すため西三河方面に調査に出かけた際、安城コロナワールドに立ち寄ってみた。安城はヨーロッパの農業大国デンマークにならい、「日本のデンマーク」を自称している農業地帯だ。コロナワールドの出店戦略の通り、三河安城駅のある辺りではなく、中心街から数キロ先の郊外に広大な敷地を有し、パチンコ、映画、温泉などをワンストップで楽しめる施設となっている。また、その

関東でクラスター発生、北米では倒産の「Gold's Gym」も入居

広さを生かし、一角を他のチェーン店企業にテナントとして貸し出しするなどなかなか商売上手だ。こちらの安城コロナワールドにもフィットネスジム、焼き鳥、ハンバーガーの大手全国チェーンがテナントとして入店している。

「コロナ」という名称による風評被害が気になったが、それ以前に、日本全国を覆った外出自粛の空気で人出がなくなってしまったことによる打撃の方が明らかに大きく感じた。ちょうどタレントの志村けん氏がコロナで死亡というニュースが流れた直後であったため、世の中の空気は一気に悲観的なものとなった時期である。この少し前、飲食店を経営している知人も普段の7割程度まで客数が減ってしまったと嘆いていた。

安城コロナワールドでは、建物を生かしアーケード状になっている

安城コロナワールドをはじめ、各店舗の「コロナの湯」は天然温泉

コロナの湯でまったり

　この安城コロナワールドでは立体駐車場の高さを利用し、いくつかある建物をアーケードで結び、ショッピングモールのような贅沢な空間となっている。

　パチンコ、ゲームコーナーを覗いてみたがさすがにガラガラだ。BGMとゲーム機のピコピコ鳴る音が虚しく響き渡る。シネマコーナーも予約は中止し、当日客のみということであったが、人が入っている気配は全くない。世の中の空気感ひとつで経済が大打撃を受けるという光景を目の当たりにした。リーマンショック、東日本大震災でもここまでの悲壮感はなかったはずだ。テナントに関東方

国道1号線から見た
コロナワールド中川店

面で感染が発生し、アメリカではコロナの影響で倒産した「Gold Gym」
が入店しているのもアイロニーを感じる。

　そういえばよくよく考えてみたらコロナワールドに来るのは初めて。何
か体験していかなくてはと思い、「コロナの湯」に浸かることにした。い
わゆるスーパー銭湯である。

　受付を通ると、「道の駅」のような地元の新鮮野菜を売るコーナーがあ
る。他のスーパー銭湯でも見かけたので流行っているのだろう。大きな湯
船はほぼ貸し切り状態、他に地元のお年寄りと見受けられる人が数名いる
だけだ。お客さんが少ない中、これだけ大きな施設を営業するということ
は、企業側にとっても大きな負担であろう。かといって休業して日銭が一
切入ってこないようになるのもマズい。いずれにせよこのコロナワールド
をはじめ、多くのコンシューマーサービス事業者は詰んだ状態に追い込ま
れた。

　そして、この翌週、4月12日コロナワールド本社は全店舗営業休止を
決定する。

ついコロナウィルスを
連想してしまう案内板！

緊急事態宣言解除後に訪問（後編）

コロナワールド、待望の営業再開

　政府の緊急事態宣言を受け、大体のところが5月6日まで営業自粛をしていたが、その後も様子を見ながら営業自粛中であった。コロナワールドでは、ゴールデンウィーク明け、感染者の少ない地方から徐々に営業を再開、愛知県は5月16日よりソーシャルディスタンスをコントロールしやすい温泉と映画館から営業を再開。翌週5月23日にはカラオケ以外すべて営業再開となった。6月19日は十分な対策を行ったうえ、全店舗でカラオケ再開。一か月以上かけ、ようやく平常の営業体制に持って行くことができたようだ。

　5月末、営業再開のニュースを知り、さっそく中川コロナワールドを訪問してみた。営業再開から一週間後の土曜日のことである。ホントのこと言うと、ティラピアやバスの新しい釣り場を探しに行くついでだったのだが、スマホが壊れて、先をあきらめ、コロナワールド訪問のみとなってし

まったのだ。

中川コロナワールドへ

　中川コロナワールドのある名古屋市中川区。「俺コロナ」が出た中川区山王は名古屋駅に近い都市部だが、中川コロナワールド辺りになる庄内川以西は随分田舎臭くなる。基本名古屋は庄内川を渡ったら田んぼがあるような土地柄。中川区の評判としては、当然ながら山の手奥様が成城石井で買い物するような世界とは違い、どちらかといえばガラの悪い区というのが名古屋市民の認識だ。区内最大のショッピングセンター、イオンモール名古屋茶屋の駐車場にはオラついたヤンキーファミリーが乗ったアルファードが何台もやってくる、もちろん子供の後ろ髪は狼カットだ。そう、名古屋の地勢は東京23区の東西が入れ替わったようなイメージを思い浮かべていただければわかりやすい。ただ、このあたりも環状2号線の工事が進み、随分垢ぬけてきた。環状2号線が全線開通したら、またさらに都市開発は進んでいくのだろう。まさにコロナワールドの出店戦略と一致した地域である。

人出が戻ってくるのはいつだろうか

　土曜日というのに駐車場はガラガラである。中国のニュースでは外出自粛解禁後、観光客が景勝地に殺到したという映像が流れたのだが、ここ名古屋市中川区ではどうやら勝手が違うようだ。

　わずかに地元の方と思われるお年寄りがパチンコ、温泉に入っていく姿を見かけた。しかしながら、お昼時だというのにフードコートには客の姿は一切なし。ちなみにこちらのフードコートに入店しているとんかつ屋は本書でもインタビューした「コロナ食堂」とともにニュースとなった長野県千曲市のうどん店「古炉奈」と同名の「手打ちとんかつ古炉奈」だ。

　さらに上のフロアでは、昨年筆者が中国の動画サイトで鑑賞した『新喜劇之王』が公開中であった。日本でも有名なチャウ・シンチーが製作、中国及び香港で大ヒットを放ったこの映画だが、中川コロナワールドのシネマコーナーは全く人の姿が見られなかった。同フロアにあるボウリング場も2、3名のお客さんがプレーしているだけで、スタッフはかなり手持ち無沙汰のようであった。

中川コロナワールドは、ボウリング場、映画館も同じ建物内にある巨大施設だ

　ここから、いかにして元の賑わいを取り戻すか。課題は数多くあれど、根本はマインドの問題かと思われる。マスコミが煽るたびに、半年一年といったタイムラグの後、社会が委縮していく過程をリーマンショックの時に数字とともに実感したので尚更だ。監視カメラは勘弁してほしいが、こういった負の空気感に負けない民衆の図太さと、危機の際、政府が力強いメッセージを出せるお隣の中国が少々羨ましくも感じる。

追記：客足が戻ってきた！
　どうしても「手打ちとんかつ古炉奈」を体験したく、さらに1ヶ月後、7月上旬に中川コロナワールドへ再訪した。といっても中川コロナワールド近くにある大型タイヤショップへ用事のついでであるが。お昼ご飯の時間に合わせ、出発した。
　筆者宅からは片道30kmとかなり距離があり、ちょっとしたツーリング気分となるが、名古屋市内の中心街を突っ切るため風情は全くない。近くにコロナワールドがあればいいのだが、最も近い隣接する豊田市のものはパチンコのみなのが残念だ。
　前回訪れた時と違い、平日にもかかわらず本館立体駐車場の1階は8

割ほど埋まっている。駐車場への出入りなど、人の動きも明らかに多い。早速エスカレーターを上り2階のフードコートへ直行、フードコートでも10人ぐらいの客がすでに食事を楽しんでいた。

このフードコートに「手打ちとんかつ古炉奈」という店があるわけではない。おそらく看板がかかっているということは、かつて別々のコーナーとして存在していた可能性がある。現在は券売機で食券を購入し注文、受け渡しコーナーは一つである。平日割引としてカツ丼が680円だったので注文してみた。

こちらのメニューはいずれも大盛気味、680円のカツ丼で丼ものチェーン店のカツ丼の大盛りと同等の分量である。コストパフォーマンスはかなり良い部類だ、味も悪くない。食事の後、上のフロアにエスカレーターで登りシネマコーナー、ボウリングコーナーの様子を観察してみた。シネマコーナーでは上映数も増え、券売機、売店の窓口が全部解放され、スタッフも数人常駐している体制にまで復活していた。ボウリングコーナーでは地元のサークルと思われるグループが20人ほど練習中、ようやく客足が戻ってきたことを実感。コロナワールドでは営業再開を記念し、全店挙げてのキャンペーンを実施中であった 。

二郎系ラーメンとカツ丼。この手の施設のフードコートにしては上出来

激安！フードショップコロナのコロナ弁当

「コロナ」という名の店さがし

　愛知県といえば「俺コロナ」。あまりにも逮捕者続出のため、県民性の問題では？と分析するニュース記事まで登場するほど。コロナ禍において新たな地元名物として認知されてしまった感がある。なかにはアミューズメント施設「コロナワールド」、トヨタが名車「コロナ」を生産していた、そして日本最大のゲイホテル「コロナクラブ」といった有名どころがあるためだと、本気なのかネタなのかよくわからない言説まで出る始末だ。

本編にリストしたが、たしかに「コロナ」というネーミングの店舗および企業が愛知県はダントツに多い。ナゼかはいまだ解明できていない。

　尾張、西三河の「コロナ」と名のつく所には、ひととおり廻ってみたが、東三河に3店舗展開する地元密着型のスーパー「フードショップコロナ」を発見した。同一県内とはいえ、片道50kmはある場所なのでなかなか腰が上がらない。

思い立って三河の音羽へ

　ストリートビューや他人のブログを見たところで、実際の空気感といった体験でしか得られない感覚は掴めない。やはりこの目というか五感に焼き付けない限りは腹落ちもないであろう。そこで、とある日に「フードショップコロナ」の本店のある音羽まで出かけることにした。

　高速道路を使えばいいものだが、ここはひとつ下道オンリーの縛りを入れ、新たに発見した信号のない田舎道で岡崎まで。岡崎からは天下の国道1号線で東へ向かう。音羽蒲郡インターを過ぎたあたりで、山の上の住宅街へ進む。並ぶお屋敷の建築様式から推理すると昭和の高度成長期ぐらいにできた新興住宅街だ。周囲には工場以外何もない陸の孤島のようなとこ

年季の入った本店入り口

ろに開発された地区、ここがちょっと伏線になっている。

　「フードショップコロナ」はそんな住宅街の入り口辺りにお店を構え、住宅街の台所事情を支えている。ここからクルマで5kmほど走れば街道沿いにスーパーマーケットがあるのだが、高齢化となったこのような住宅街では、歩いて行ける距離の「フードショップコロナ」のようなローカルスーパーがかなり重宝される。コンビニチェーンは採算が取れないため、絶対に出店しないような場所だ。前述したとおり、陸の孤島のようなエリアでは、こういう店はなくてはならない存在である。

　惣菜のお弁当を狙い正午ごろ到着したのだが、こちらの本店では、残念ながらお弁当は売っていなかったのでお菓子などを購入。支店のある小坂井方面へ向かう。

280円でこれは……

　30分ほどして、10kmほど離れた小坂井町の住宅街にある「フードショップコロナ」小坂井店に到着。本店に比べ3倍ほどと、かなり大きなスーパーとなっている。と言っても株式上場をしているようなスーパーのような巨大さではなく、ローカルスーパーとしてはそこそこの規模ということだ。

　一通りお店の中をぶらついてみたが生鮮食品、日配品などかなりお値打ちで、地元に愛されるスーパーであることがよくわかる。こちらの小坂井店でようやくお弁当

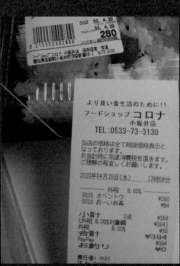

牧野店では看板の崩壊が進行中

に巡り会えた。しかも大きなおかずが入って280円と驚きの価格。この価格のお弁当だとはんぺんやちくわなどでごまかす場合もあるが、妥協はしていない。現在マクドナルドのフィレオフィッシュが単品340円ということを考えるとかなりのコストパフォーマンスである。

　早速、ペットボトル茶（88円、伊藤園）と一緒にお弁当を購入し、クルマの中でのランチタイムと相成った。

さらに豊橋へ

　日を改め、「フードショップコロナ」のコンプリートを目指し、豊橋牧野店へ訪問してみた。さすがに東尾張から愛知県最東端の豊橋まではかなりの距離となり、往復すると丸1日を要する。いや、高速道路を使えば半日で用事は済ませられるが、ここは前述したとおり下道縛りで豊橋を目指す。あまりこちらの方面は訪問したことがないので、豊橋市街地の地理は正直疎い。とりあえずナビの示すまま「フードショップコロナ」を目指す。新幹線も停まる大都市であるにもかかわらず、未だに路面電車が市内

を走る癒しの風景を見ることができる。途中、暗梁の上に建てられた「水上ビル」群を横目に先へ進む。

　こちらの「フードショップコロナ」も住宅街の一角にお店を構えている。規模は小坂井店より若干小さい程度か。SNSで話題となった四国の崩壊看板スーパー「ﾝｮﾞﾊｰﾞ」のように一部文字が外れていたりと、なかなか味わいのある店構えである。こちらでも280円のお弁当とペットボトル茶を購入し、近くの緑地公園にてひとりピクニック大会を開催。アウトドアランチはチープな食材やお弁当でも、なぜか高級レストランの数千円するランチよりも美味しく感じるためやめられない。

小規模ローカルスーパー再考

　こうした地元の台所を支えるローカルスーパー、しかも規模としては小さい部類に入る個人商店、もしくはチェーン展開しても数店舗といった食品専門スーパーは、イオングループなどの大手GMSや、ドミナント戦略で同一地域に数十店舗以上を出店する大型スーパーとは違う方向性を持っ

ていないと、生き残りがなかなか厳しいのは自明。現実問題、筆者居住地域の小規模ローカルスーパーで倒産廃業してしまったところは、思い出すだけで片手分はすぐ埋る。

　日本政策金融公庫総合研究所が発表した『中小地場スーパーの生き残りをかけた取り組み』というレポートでは、中小地場スーパーを、「店舗運営・販売戦略」「商品戦略」「店舗展開」「人材戦略」の四つの視点を軸に、「大都市圏ニッチ型」「地方都市圏ニッチ型」「地方都市圏ドミナント型」と分類。それぞれ、大都市圏立地でかつ特定の層に訴求した「付加価値追求型」、地方都市圏立地で付加価値とローカルニーズ両対応の「中間型」、地方都市圏立地でローカルニーズに対応する「バリュー型」という意味になる。日本各地の食品スーパーの事例を紹介しながら、これらを明確にPRした中小地場スーパーであれば、大手との競争に巻き込まれることなく、生き残りの可能性は十分にあるのではないかという提言をまとめたレポートだ。

　今回はたまたま「フードショップコロナ」という名前の食品スーパーを訪問してみたが、やはりこちらの店舗もごく小さな商圏、そしてお買い得価格を維持し、近隣の人々から愛されるという戦略をとっている。上記日本公庫総研レポートでいえば「地方都市圏ドミナント型」だ。ますます高齢化となる社会に向かっている我が国、特に地方では高齢化と合わせて人口減少も加速ぎみ。このような小さいながらも歩いて行ける近所のスーパーは、今後、近隣の冷蔵庫代わりのほか、地域社会のコミュニティーセンターとしての機能も担い、重要な地域ハブとなってくるのではないかと思われる。この地域の灯を消さないためにも、積極的にこういった小さなローカルスーパーを利用していきたいものだ。

64

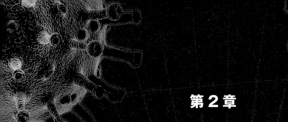

第 2 章

海外店舗・企業

　ヨーロッパ、ラテンアメリカ諸国のイエローページを覗いてみたのだが、「Corona」を冠した店舗や企業は日本以上に莫大な数があるため、おもに飲食店、ホテルなどのサービスを中心にピックアップしてみた。ネタもとは国をまたいで検索できるホテル予約サイト、観光ガイドといった旅行ポータル系サイトだ。

　やはりラテン系の国、スペイン、メキシコあたりが強い。そして、もともとスペイン人入植地であったアメリカ西部に多い。ニューメキシコ、テキサスなどのメキシコ料理店の店名に「Corona」が多いのは、イタリア料理店にあの名勝と同じ「Amalfi（アマルフィ）」という名の店がやたら多いのと同じく定番のようだ。

　本来の意味「王冠」に由来するネーミングのほか、人名、地名といった固有名詞からのネーミングも見受けられた。とくに、カリフォルニア州コロナ市においては当地の地名を冠した店舗企業名が大量にあったため、ある程度厳選してみた。前述したとおり各国のイエローページを探せば、様々な業種の「Corona」が控えている。コロナ禍が落ち着き、海外旅行がしやすくなった際には、異国の街中の「Corona」を探してみるのはいかがだろうか。

コロナ・ビレッジ・メキシカン・レストラン

abc Corona Village Mexican Restaurant

📍 アメリカ　アイダホ州　　　　🏳 レストラン

🌐 https://corona-village.com

田舎街キシミーの大型スーパーのテナントに入っている
メキシコ料理店。UberEATS デリバリーあり。最近コ
ロナビールのカクテル「コロナリータ」をメニューに加
えた。

公式サイト

ドス・コロナス

abc Dos Coronas

📍 アメリカ　オハイオ州　　　　🏳 レストラン

🌐

エリー湖沿岸の大都市クリーブランドから、内陸部へ
30kmほどの田舎、ノースフィールド州道 82 沿いの平
屋モールにあるメキシコレストラン。周辺はいかにもア
メリカの街道筋という景色。

公式サイト

コロナ・メキシカン・レストラン&バー

abc Corona Mexican Restaurant and Bar

📍 アメリカ　オレゴン州　　　　🏳 レストラン

🌐 https://www.coronamexicanrestaurant.com

オレゴンらしい森が続くレイクオスウィーゴ街道沿いの
メキシコ料理店。ファミレスタイプ。スロットマシンが
置いてある、運試しの後はバーで一服。ケータリングも
受付中。

公式サイト

カーサ・コロナ

abc Casa Corona

📍 アメリカ　カリフォルニア州　　🏳 レストラン

🌐 https://www.facebook.com/casacoronabar

田舎町リッジクレストの国道沿い。メキシコ料理。割と
お値打ちなメニュー。タコス $10 ぐらいから。腹いっ
ぱい食っても一人 $50 行かないぐらい。

Facebook ページ

カーサ・コロナ

abc Casa Corona

📍 アメリカ　カリフォルニア州　　🏳 レストラン

🌐 https://www.casacorona.com

サンフランシスコとロサンジェルスの中間の街フレズ
ノ。郊外ショッピングセンターの一角にあるメキシコ料
理店。ケータリング、パーティーの大量注文、オンライ
ンオーダーも可能。

公式サイト

コロナ・クラブ

Corona Club

📍 アメリカ　カリフォルニア州　　🍽 宴会場

コロナ市でコロナクラブということだが、結婚披露宴や
パーティーなどを請け負う総合宴会場。街道沿いの陸橋
わきにあるが高級感は全くない。庶民向けのバンケット
ルーム。

Google マップ

コロナ・クラブ

Corona Club

📍 アメリカ　カリフォルニア州　　🍽 シガークラブ

バカビルの会員制シガークラブ。ショッピングセンター
の一角にある。高級クラフトビール、ワインやおつまみ
も提供。まさに大人のラウンジだ。

Google マップ

コロナ・ビレッジ

Corona Village

📍 アメリカ　サウス・ダコタ州　　🍽 レストラン

🌐 https://www.facebook.com/Corona-Village-387152618083775/

ミッチェルの街道沿いにあるレストラン。ファミレスタ
イプ。グルテンフリー、ヴィーガン料理あり。近くの「ト
ウモロコシ宮殿」が気になる。

Facebook ページ

コロナ・インシュランス

Corona Insurance

📍 アメリカ　シカゴ　　🍽 保険

通りにはメキシコのガイコツの旗が、下町っぽい西26
番街の保険代理店。リトルビレッジ地区のこの周辺は、
なぜか保険代理店がひしめく競合の厳しいエリア。

Google マップ

コロナス・デ・オロ

Coronas De Oro

📍 アメリカ　テキサス州　　🍽 レストラン

🌐 https://coronasdeorotx.com

オースティンとウェーコの中間点ベルトン。品のいい郊
外ショッピング街のメキシコ料理店。ランチコンボは
＄6.25から、ハーフパウンドの「コロナバーガー」は
＄7.95。

公式サイト

コロナス・メキシカン・レストラン

ⓐ Coronas Mexican Restaurant

📍 アメリカ　テキサス州　　🍴 レストラン

🌐 https://www.coronasonline.com

ロックデールのメキシコ料理店。3 店舗展開。オンラインオーダーも可能。ランチメニューは $5.99 からと庶民の財布にも優しい。自慢の「コロナススペシャリティ」メニューもあり。

公式サイト

ジャーディン・コロナ

ⓐ Jardin Corona

📍 アメリカ　テキサス州　　🍴 レストラン

🌐 https://www.jardincoronarestaurant.com/home

オースティン周辺で 4 店舗展開するメキシコ料理店。ディナーはもちろんのこと、モーニングメニュー、ランチメニューもある。ランチコンボ $ 8.99 とお値打ちな価格。

公式サイト

コロナス・インシュレーション

ⓐ Corona's Insulation

📍 アメリカ　ニューメキシコ州　　🍴 内装

🌐

アルバカーキ、ドンロレンゾの内装を請け負う個人店。さすがアメリカの田舎らしく、大きな敷地に建材を押し込んだガレージ。敷地には定番の大きなピックアップトラック。

Google マップ

コロナズ・メキシカン・グリル

ⓐ Corona's Mexican Grill

📍 アメリカ　ブルームフィールド　　🍴 レストラン

🌐 http://coronasmexicangrill.com/strasburg/

デンバー周辺に 3 店舗展開するメキシコ料理レストラン。インテリアも高級感がある、ブリトー $10 より。また、悪魔の形を模した大食いチャレンジメニュー「コロナ・デル・ディアブロ」もある。

公式サイト

キング・コロナ・シガー・カフェ・アンド・バー

ⓐ King Corona Cigars Cafe and Bar

📍 アメリカ　フロリダ州　　🍴 レストラン

🌐 https://kingcoronacigars.com

タンパのシガー＆カフェバー。シガーとは逆ベクトルの健康的な朝食メニューもある。キューバ産スペシャリティコーヒーなど、フロリダならではのメニューをそろえている。

公式サイト

コロナ・シガー・カンパニー

 Corona Cigar Company

📍 アメリカ　フロリダ州　　　🚬 たばこ

🌐 https://www.coronacigar.com

有名な葉巻専門店。YouTubeにて葉巻のレビュー、ノ
ウハウを紹介するチャンネルを開設、人気となっている。
またオリジナルの「コロナ」ブランドの葉巻をプロデュー
ス。

公式サイト

コロナ・ビーチ・ハウス

 Corona Beach House

📍 アメリカ　フロリダ州　　　🍽 レストラン

🌐 https://www.coronabeachhousemiami.com

地元レストラン企業が運営するマイアミ国際空内のハン
バーガーショップ。もちろんメニューにはブリトーやタ
コスも。待ち時間、コロナビールと一緒にキメたい。

公式サイト

コロナ・プロパティ・ホールディングス

 Corona Property Holdings, LLC

📍 アメリカ　フロリダ州　　　🏠 不動産

🌐 http://www.coronaproperty.us

いかにもフロリダの田舎といったケープコーラルの不動
産屋。湿地帯を埋め立てたようなエリアだ。日本の不動
産屋と違うのはオンライン決済ができるということ。

公式サイト

カーサ・コロナ・メキシカン・レストラン

 Casa Corona Mexican Restaurant

📍 アメリカ　マサチューセッツ州　　🍽 レストラン

🌐

魔女で有名なセーラムの近く、マーブルヘッドのメキシ
コ料理店。地域に根差した小さな店だがトリップアドバ
イザーの得点は4.5と高評価。ベジタリアン料理も提
供。

Google マップ

コロナ・クラブ・アト・ザ・メドウ

 Corona Club at the Meadow

📍 アメリカ　ミネソタ州　　　🚬 シガークラブ

🌐 https://www.coronaclubr.com

ロチェスターの会員制シガークラブ。ゆっくり葉巻をた
しなみながら、会話を楽しむ大人のための社交クラブだ。
ただし所在地は田舎の街道沿い。どのような紳士が来る
のだろうか。

公式サイト

テキリア・コロナ

🌐 Taqueria Corona

📍 アメリカ　ルイジアナ州　　　🔳 レストラン

🌐 http://www.taqueriacorona.com

ニューオーリンズ市内に３店舗展開するメキシコ料理
店。タコスは皮から肉があふれている。毎年恒例のニュー
オーリンズ・ジャズ＆ヘリテージ・フェスティバルに
も出店。

公式サイト

コロナ・ビレッジ

🌐 Corona Village

📍 アメリカ　ワイオミング州　　　🔳 レストラン

🌐 https://www.coronavillagerestaurant.com

今年で創業20年を迎えるメキシコ料理店。厳選され
た素材とメニューで地域の人気店。メニューには大量に
載ったチーズやデカい肉の自慢料理が、カロリーが高そ
うだ。

公式サイト

コロナ・シアター

🌐 Corona Theatre

📍 カナダ　モントリオール　　　🔳 劇場

🌐 https://www.theatrecorona.ca/en/

1912年完成、幾度と閉鎖の危機を乗り越え、当時の
姿のままいまも演劇、コンサート、映画など発表の場と
なっている。また映画のロケ、写真撮影向けの貸し切り
サービスも。

公式サイト

ヴィネドス・コロナ・デル・ヴァレ

🌐 Viñedos Corona del Valle

📍 メキシコ　バハカリフォルニア　　　🔳 レストラン

🌐 https://www.facebook.com/bodegacoronadelvalle/

ワイナリー併設のレストラン。ブドウ畑を眺めながらオ
リジナルワインを堪能できる。メキシコ料理、無国籍料
理。予算は一人当たり＄100、高級店だ。場所柄アメ
リカ人客相手の商売なのか、価格はすべて＄表記である。

Facebook ページ

コロナ・スポーツ・バー

🌐 Corona Sport Bar

📍 メキシコ　バハカリフォルニアスル　　　🔳 レストラン

🌐

ロス・カボス国際空港内のレストラン。タコス、ハンバー
ガーといった軽食が中心。しかし、トリップアドバイザー
でのコメントは味、価格に対しボロカス、腹痛になった
との投稿も。

Google マップ

マリア・コロナ・レストラン
🔤 Maria Corona Restaurant
📍 メキシコ　バハカリフォルニアスル　　🍴 レストラン
🌐 https://mariacoronarestaurant.com

バハカリフォルニア最南端の人気レストラン。メキシコ
伝統料理の店。創業は1917年メキシコシティ。マリア・
コロナ婆さんから数えて3世代目の老舗。

公式サイト

アバロテス・ラ・コロナ・デ・ラ・ビクトリア
🔤 Abarrotes La Corona de la Victoria
📍 メキシコ　メキシコシティ　　🛒 スーパーマーケット
🌐

個人食料品店。いまだ昔のワーゲンバスが多数走ってい
る雑然とした下町の店。一応公式サイトもあるが、問
い合わせフォームと地図しか掲載されていない、やる気
のなさ。

公式サイト

サロン・コロナ
🔤 Salon Corona
📍 メキシコ　メキシコシティ　　🍴 レストラン
🌐 http://www.saloncorona.com.mx

1928年創業の老舗、6店舗展開。様々な具をトッピ
ングしたタコスセットなど、メキシコならではの味を楽
しめる。スペシャルな伝統料理「チリアンノガダ」が気
になる。

公式サイト

スーパー・コロナ
🔤 Super Corona
📍 メキシコ　メキシコシティ　　🛒 スーパーマーケット
🌐 https://super-corona.negocio.site

こちらも個人食料品店だ。入口が狭すぎるのは強盗対策
だろうか。さりげなく看板にコロナビールを配置してい
るところがあざとい。手抜きのホームページも癒される。

公式サイト

デポジット・コロナ
🔤 Deposito Corona
📍 メキシコ　メキシコシティ　　🛒 スーパーマーケット
🌐

シンプルな店構えだが、コロナビールを全面アピールし
た看板の酒屋。コロナビールの販促支援でもあるのだろ
うか。メキシコシティには、同名、似た名前の酒屋が何
軒かある。

Google マップ

バンサント・コロナ
Vinsanto Corona

📍 メキシコ　メキシコシティ　　📦 スーパーマーケット

有名建築家の記念館「ルイス・バラガン邸と仕事場」近
く、下町の酒屋だ。店名ロゴにコロナビールのフォント
を使い、さりげなくコロナビールの絵を看板に描くのは
定番のようだ。

Google マップ

コロナ・デル・マー・ホテル＆アパートメンツ
Corona del Mar Hotel & Apartments

📍 ベリーズ　サン ペドロ　　📦 ホテル

🌐 http://www.coronadelmarhotel.com

中米の小国ベリーズのリゾートホテル。メキシコから続
くアンバーグリス半島の飛び地のような街。プライベー
トビーチもあり、ビーチウェディングも可能。

公式サイト

ホテル・ペンション・コロナ
Hotel Pension Corona

📍 パナマ　パナマシティ　　📦 ホテル

パナマシティの安ホテル。ゲストハウスのドミトリルー
ム並みに安いが、シングルから。外観は中途半端に古臭
いアパート。セントラル通りなので立地はよい。

Google マップ

ホテル・ラ・コロナ
Hotel La Corona

📍 エクアドル　オロン　　📦 ホテル

🌐 https://la-corona-hotel-boutique.business.site

B&B タイプのホテル。Trip Advisor にはハダカ電線が
はい回るシャワールームの写真なんかが投稿されてい
る、ユルユルの宿。

公式サイト

ホテル・コロナ・レアル
Hotel Corona Real

📍 エクアドル　グアヤキル　　📦 ホテル

🌐 http://www.hotelcoronareal.com

太平洋側、エクアドル最大の都市にして最大の港湾都市
グアヤキル、グアヤス川河口の街だ。ホテル外観などか
ら、割と新しめのホテルのようだ。クラスは三ツ星と庶
民の味方。

公式サイト

カーサ・コロナ

🌐 Casa Corona

📍 エクアドル　マチャラ　　　🏨 ホテル

◎

太平洋を望む町マチャラのちょっと高級なホテル。通りからはお屋敷にしか見えない。プール、ヨガスタジオ、バーベキューといったアトラクションもホテル内にあり。

Google マップ

ホテル・コロナ・レアル

🌐 Hotel Corona Real

📍 コロンビア　サンフランシスコ　　　🏨 ホテル

🌐 https://hotel-corona-real-san-francisco.negocio.site

首都ボゴタから北へ60km、山あいの村、サンフランシスコの安ホテル。ベッドは一人暮らしの若者が使っているようなパイプベッドと、設備に期待は禁物。斜面に広がる集落は独特の味わいがある。

公式サイト

ビスタ・コロナ・コパン

🌐 Vista Corona

📍 コロンビア　ボゴタ　　　🍴 レストラン

🌐 https://vistacorona.komercia.co

ブラジルにあるものと同様、あのコロナビールのパイロット店。コロナビールに合うメキシコ料理を中心のメニュー。また、コロナビールグッズも販売している。

公式サイト

コロナ・クラブ・エクストリーム・パーク

🌐 Corona Club Xtreme Park

📍 コロンビア　ポパヤン　　　🏁 レース場

🌐 https://www.facebook.com/coronaclubxtremepark

コロンビアコーヒーの産地カウカのレースサーキット。オフロード、ターマックとあり、充実している。バイク、カート、自転車で楽しめる施設。南米はエクストリームスポーツが盛ん。

Facebook ページ

ラ・コロナ・アパート＆ホテル

🌐 La Corona Apart & Hotel

📍 ボリビア　コチャバンバ　　　🏨 ホテル

🌐 https://www.lacoronahotel.com/en-us

アンデス山脈のふもとの田舎ホテルだが一応4つ星。ふもとといっても標高2600mだ。長期滞在も可能な設備となっている。街から神々しいアンデスの山々を望むことができる。

公式サイト

オスタル・コロナ・ブランカ

🔤 Hostal Corona Blanca

📍 ボリビア　スクレ　　　🔲 ホテル

🌐 https://hostalcoronablanca-sucre-bolivia.es.tl

アンデス山脈ふもとの田舎町、ダサいオッサン服を売っている洋服屋の奥にある安ホテル。洋服屋と入口が混然一体となっているため、同じ経営かもしれない。

公式サイト

スーパメルセド・ラ・コロナＳＡ

🔤 Supermercado La Corona SA

📍 パラグアイ　　　　🔲 スーパーマーケット

🌐 https://www.facebook.com/Supermercado-La-Corona-SA-106529951045873/

何も記載がないので、住所がどこかわからないスーパー。食品からバイクまで何でも販売。南米らしい青いケーキも作ってくれる。店の中でギターを弾く店員がいたりして緩い。

Facebook ページ

ソルベテス・コロナ

🔤 Sorvetes Corona

📍 ブラジル　エスピリト・サント州　🔲 レストラン

🌐

田舎町だが内陸部の交通の要衝セントロのソルベネッテ。「ソルベ」の名の通り冷たいデザートが中心だ。周囲は賑やかな商店街、店の前には住民のバイクが多数止まっている。

Google マップ

ホテル・グラン・コロナ

🔤 Hotel Gran Corona

📍 ブラジル　サンパウロ州　　　🔲 ホテル

🌐

サンパウロ市中心街、ビジネスにも観光にも便利な立地にあるホテル。レストラン、バーも併設。バンケットルームもあるため、結婚披露宴といったパーティーも OK。

Google マップ

ビスタ・コロナ・コパン

🔤 Vista Corona - Copan

📍 ブラジル　サンパウロ州　　　🔲 レストラン

🌐 https://www.vistacorona.com/brasil-copan/

あのコロナビールのパイロット店。当然ブラジルといえど、出てくるおつまみはメキシコ料理だ。サーフボードにライムと完全にコロナの世界。音楽イベントもあり。

公式サイト

コロナ・ラウンジ・パブ

CORONA LOUNGUE PUB

📍 ブラジル　バイーア州　　🍴 レストラン

🌐 https://www.facebook.com/coronalounguepub/

リゾート地カナヴィエイラスの海の家風パブ。目の前は大西洋、ヤシの樹が並ぶビーチが10km近く続く。リゾートといえど道路は舗装されておらず、ビーチからの砂にまみれている。

Facebook ページ

ポサーダ・コロナ・フェリーア

Pousada Corona Ferrea

📍 ブラジル　バイーア州　　🏨 ホテル

🌐 https://www.facebook.com/pousadacoronaferrea

大西洋沿いのリゾート地、カナヴィエイラスのB&B。古いアメリカ映画に出てくるような安モーテルの造りだ。目の前は大西洋に面したビーチ、日の出を拝めるシチュエーション。

Facebook ページ

ポサーダ・コロナ・デ・ペドラ

Pousada Corona De Pedra

📍 ブラジル　バイーア州　　🏨 ホテル

🌐

ブラジル中部、バイーア州の田舎町レンソーイスのペンション、レストランも併設されているようだ。町近くのレンソーイス川は奇岩、滝が連続する景勝地。

Google マップ

コロナ・ホステル

Corona Hostel

📍 ブラジル　ミナスジェライス州　🏨 ホテル

🌐

何もなさそうな田舎町ポソス・デ・カルダスの民宿。看板が一切出ていないので怪しいゲストハウスに見えるが、れっきとした二つ星ホテル。敷地内には石窯やバーベキューコーナーもある。

Google マップ

コロナ・ホテル

Corona Hotel

📍 アルゼンチン　コルドバ　　🏨 ホテル

🌐

いちおう二つ星ホテルだが、トリップアドバイザーには塗装が剥がれ、カビだらけのシャワールームと雨漏りの写真が投稿されている安ホテル。旅慣れたツワモノ向けホテルだ。

Google マップ

ホテル・コロナ・マール・デル・プラタ

🔵 Hotel Corona Mar del Plata

📍 アルゼンチン　ブエノスアイレス　🔳 ホテル

◎

タンゴの巨匠の名を冠したアストル・ピアソラ国際空港からも近い、ビーチが続く街マール・デル・プラタの安ホテル。隣のホテルもビジネスホテル風だが、さらにショボい。

Google マップ

ラ・コロナ

🔵 La Corona

📍 アルゼンチン　ブエノスアイレス　🔳 レストラン

◎

ピザレストラン＆カフェ。落ち着いた店内だ。アルゼンチンの人は大量に肉を喰らうためか、ステーキメニューもあるようだ。いずれも日本人からしたら「バカ盛り」。

Google マップ

ホテル・コロナ

🔵 Hotel Corona

📍 チリ　イキケ　　　　　　　🔳 ホテル

チリ北部の何もなさそうな街イキケのいかにもな安ホテル。トリップアドバイザーの得点も 2.0 と低い。"Cleanliness" ポイントに至っては最低であるため、宿泊する際は覚悟を。

Google マップ

コロナ

🔵 Corona

📍 チリ　サンチアゴ　　　　　🔳 デパート

🌐 https://www.corona.cl

大手小売業チェーン Multitiendas Corona S.A. が、チリ国内に店舗を展開するデパート。サンチアゴの本店はクラシックなヨーロッパ風。

公式サイト

ザ・コロナ

🔵 The Corona

📍 イギリス　ブラックプール　🔳 ホテル

🌐 http://www.coronahotelblackpool.co.uk

ブラックプールの観光地、サウスビーチに面する可愛らしいホテル。ビジネスホテルだが、パブもあり、イベントも。B&B、ゲストハウスと名乗っているが 4 つ星ホテル。

Google マップ

ベスト・ウェスタン・コロナ

📷 Best Western Corona

📍 イギリス　ロンドン　　　🏨 ホテル

🌐 https://www.coronahotel.co.uk

ウェストミンスター寺院、バッキンガム宮殿にも徒歩圏内。古いアパートを改装したホテル、白塗りのアパートがずっと続く通りだ。景観条例なのか、看板が小さいので見落とさないように。

公式サイト

コロナ・エナジー

📷 Corona Energy

📍 イギリス　ワトフォード　　　🏨 電力

🌐 https://www.coronaenergy.co.uk

明らかに手抜きの企業ホムペ、そして真新しいビルへ入居。日本でも電力自由化でテレアポ営業の胡散臭い会社がたくさんできたが、イギリスでも同様だろうか。

公式サイト

ブティック・ホテル・コロナ

📷 Boutique Hotel Corona

📍 オランダ　ハーグ　　　🏨 ホテル

🌐 https://www.corona.nl

あの有名リゾート地スケベニンゲンまでなんとか徒歩圏内。ホテル前のカフェテラスで市電を観ながらくつろげる。17 世紀に建造された建物で入口は 3 つある。

公式サイト

ラ・コロナ

📷 La Corona

📍 ドイツ　アンスバッハ　　　🏨 レストラン

🌐 https://www.lacorona.de

ドイツ南部、バイエルン州アンスバッハのイタリア料理店。インテリアには地元芸術家の作品展示、ホールでの音楽会などを開催するなどアート寄りのレストラン。

公式サイト

リストランテ・コロナ

📷 Ristorante Corona

📍 スイス　ベリンツォナ　　　🏨 レストラン

🌐 https://www.ristorantecorona.com

峠一つ越えればもうイタリアというスイスの山村のレストラン。もちろんイタリアン。豪華なアーチの下にあるテラス席、200 名収容のバンケットルームと設備も充実。

公式サイト

ホテル・コロナ

Hotel Corona

デンマーク　ヘアニング　　　ホテル

http://herningcityhotel.dk

ユトランド半島の真ん中、トリップアドバイザーでは
「Hotel Corona」のままだが、最近「Herning City
Hotel」と名前を変えたようだ。インテリアは北欧モダ
ンデザイン。

公式サイト

コロナ・バーリ＆ビリヤルディ

Corona Baari & Biljardi

フィンランド　ヘルシンキ　　　レストラン

https://www.facebook.com/CoronaBaari/

古いレンガ造りの工場のような建物の一角に店を構える
プールバー。看板が通りから一切見えないのは景観条例
のためだろうか。周囲も企業の控えめなサインがあるだ
けで殺風景。

Facebook ページ

カフェ・ル・コロナ

Cafe le Corona

フランス　パリ　　　レストラン

https://menuonline.fr/lecorona

ルーブル美術館の裏辺り。小さな商店が並ぶローカル風
味あふれる通り。ハンバーガーやソーセージといった軽
食中心。それでもハンバーガーが20ユーロ弱の価格で
外食価格は高い。

公式サイト

ホテル・コロナ・オペラ

Hotel Corona Opera

フランス　パリ　　　ホテル

https://www.paris-hotel-corona-opera.com/en/

オペラ座、ラファイエットギャラリー近く。古いアパー
トの外観と違いインテリアはパステルカラーの緑と紫を
基調としたモダンデザイン。ラウンジにはバー併設。

公式サイト

ホテル・コロナ・ロディエ

Hotel Corona Rodier

フランス　パリ　　　ホテル

https://www.hotelcoronaparis.com/en/

パリ北駅南側。ギュスターブ・モロー美術館まで徒歩5
分。サクレ・クール寺院のあるモンマルトルの丘まで徒
歩10分と街歩きも楽しそうだ。4人泊まれるファミ
リースイートルームがあるのも旅行者の味方。

公式サイト

ラ・グラン・コロナ

Le Grand Corona

📍 フランス　パリ　　　　　　　🍴 レストラン

Google マップ

アルマ橋のたもとにあるカフェ。軽食からグランドメニューまで、深夜営業もしているので夜はバー。「クレープ・ヌテラ」というチョコレート味のクレープは絶品とのこと。

ホテル・コロナ・クローネ

Hotel Corona Krone

📍 イタリア　ガルデーナ　　　　🏨 ホテル
🌐 https://www.hotel-corona.it/en/hotel.html

公式サイト

ユネスコ世界遺産のドロミテ。オーストリアに近いマウンテンリゾート。周辺にはスキー場がいくつもあり、ホテルからリフトまですぐ。100年以上の歴史を持つ老舗ホテルだ。

コロナ・ガス

Corona Gas

📍 イタリア　サルディーニャ島　　🏭 ガス
🌐 https://www.coronabombolegas.com

公式サイト

1955年、マリオ・コロナ氏がカリアリにて創業したガス会社。壊れた看板や塗装のはがれた事務所を気にせず、地域のインフラを一手に担うミッションを遂行。

カロッツェリア・コロナ

Carrozzeria Corona

📍 イタリア　トリノ　　　　　　🔧 自動車整備工場

Google マップ

工房という意味の「カロッツェリア」という名前は自動車整備工場としては定番ネームなのか。入口が狭い様だが、大型セダンやSUVなどの出入りができるのか気になる。

サンタ・コロナ

Santa Corona

📍 イタリア　ピエトラリーグレ　　🏥 病院

Google マップ

街路樹の植栽がヤシの樹と、温暖そうなフランスに近い地中海沿いの町、それほど大きな病院ではない。駐車場入り口の大きなアーチが特徴的だ。

コロナ・レアル

🔤 Corona Reale
📍 イタリア　ピエモンテ州　　　　🏢 レストラン
🌐 http://www.coronareale.it

公式サイト

モンカルボの旧城壁の中にたたずむレストラン。家族経営で、典型的なピエモンテ料理を提供、ヴィンテージのワインは 500 種類在庫しているというからワイン通も満足。

コロナス・カフェ

🔤 Coronas Cafe
📍 イタリア　フィレンツェ　　　　🏢 レストラン
🌐 https://www.faceboo.com/coronascafefirenze

Facebook ページ

円形のコーンを某ネズミキャラに見立てたミッキー盛りジェラート、そしてこれは危険と思わせるデブ活デザート。いずれもデザインの国らしく盛り付けもかわいらしい。

ホテル・コロナ・ディタリア

🔤 Hotel Corona D'Italia
📍 イタリア　フィレンツェ　　　　🏢 ホテル
🌐 https://www.hotelcoronaditalia.com

公式サイト

フィレンツェ旧市街、駅から 5 分サンロレンツォ地区の好立地、周辺はレストランや商店も多く、街歩きも楽しそうだ。19 世紀初めに建てられたクラシックホテル。

カロッツェリア・コロナ・コラード

🔤 Carrozzeria Corona Corrado
📍 イタリア　フラスカティ　　　　🏢 自動車整備工場
🌐

Google マップ

店名が日本のカーオーディオのようでカッコイイ。整備の評判はなかなかいい様だ。店の前に停めてあるフィアットとスマートが修理の際に貸し出す代車だろうか。

ホテル・コロナ・ドロ 1890

🔤 Hotel Corona d'Oro 1890
📍 イタリア　ボローニャ　　　　🏢 ホテル
🌐 https://www.hco.it

公式サイト

ボローニャ駅近く、古い石畳の路地にたたずむ古いホテル。サンフランチェスカ大聖堂、美術館にも徒歩圏内。ホテル内レストランの写真だけでご馳走様。

ホテル・ジャンニ・コロナ

🔵 Hotel Garni Corona

📍 イタリア　メナッジョ　　🔲 ホテル

🌐 https://www.hotelgarnicorona.com

名勝コモ湖のほとりにたたずむ可愛らしいホテル、3世
代続く老舗だ。内部のレストランもイタリアの民家をイ
メージしたインテリア。このロンバルディア州では感染
による死者が多すぎ軍隊が出動した。

公式サイト

コロナ・ホテル

🔵 Corona Hotel

📍 イタリア　ローマ　　🔲 ホテル

🌐 http://www.hotelcoronaroma.it

意外と安いホテル。ローマの中心部にあり、コロッセオ
徒歩5分と好立地である。一本裏通りにあるので静か
な環境だ。18世紀に建てられたアパートであるが、装
備は現代的となっている。

公式サイト

ジェラテリア・アルチジャネレ・コロナ

🔵 Gelateria Artigianale Corona

📍 イタリア　ローマ　　🔲 レストラン

🌐

ローマでひそかに人気のグルメ志向ジェラートショッ
プ。冷たいデザートやケーキ類なども販売。小さな店な
ので見落とさないように。お勧めはスムージー風ドリン
ク「グラニータ」。

Google マップ

トレス・コロナス

🔵 Tres Coronas

📍 スペイン　アンダルシア　　🔲 レストラン

🌐

地中海沿岸のフエンヒロラ、団地の中庭に面しているの
で、通りからは分かりにくい店だ。この通り、団地の1
階に商店が入居し中国の景色のようだ。何の3冠王か
気になる。

Facebook ページ

ホテル・コロナ・デ・アタルフェ

🔵 Hotel Corona de Atarfe

📍 スペイン　アンダルシア　　🔲 ホテル

🌐 http://www.hotelcoronadeatarfe.com

グラナダ郊外アタルフェのホテル、1階にはなぜかタ
トゥーショップ、インテリアは可愛らしい。冬には冠雪
したシエラネバダ山脈を眺めることができる。

公式サイト

コロナ・ブランカ

ⓐ Corona Blanca

📍 スペイン　グランカナリア島　🏨 ホテル

◎ https://coronablanca.com

カナリア諸島、グランカナリア南岸マスパロマスのホテル。その名の通り、白いホテルだ。レンタサイクル、フィットネスジムなどもあり、滞在中のアクティビティも充実している。

公式サイト

コロナ・ロハ

ⓐ Corona Roja

📍 スペイン　グランカナリア島　🏨 ホテル

◎ http://www.coronaroja.com

マスパロマス、1階にはスーパーや飲食店がテナントとして入る、滞在型ホテル。それほど高くはない。ビーチからわずか100m、施設内にテニスコート、サッカーピッチあり。

公式サイト

ラ・コロナ

ⓐ La Corona

📍 スペイン　セビーリャ　🏨 レストラン

◎ https://www.facebook.com/lacoronatapas

セビーリャ大聖堂、博物館など観光スポット目白押しのセビーリャ旧市街区のカフェバー。バンズにベーグルを使ったハンバーガーがおいしそう。誇らしげにレインボーフラッグが掲げてある。

Facebook ページ

ラ・コロナ

ⓐ La Corona

📍 スペイン　バレンシア　🏨 レストラン

◎ https://www.restaurantelacorona.net

少し内陸部に入った田舎町のレストラン。ビアール城壁の下エリア。伝統的なアリカンテ料理を専門としている、自慢のメニューだが、写真がヘタクソで台無しだ。

公式サイト

ラ・コロナ・ディ・アラゴン

ⓐ La corona de Aragón

📍 スペイン　バレンシア　🏨 レストラン

◎

大通りに面したグリルレストラン、カフェテラスだが、トリップアドバイザーでの評価がボロカスで、バレンシアでのランキングがほぼビリに近いのが気になる。

Google マップ

ラ・コロナ・ドイッチェ・クイッチェ

La Corona Deutsche Kueche

📍 スペイン　バレンシア　　🔲 レストラン

ピナル・デ・カンポベルデ。商業施設が並ぶ街道沿いの
ドイツ料理店だ。料理の写真を見るとローカライズされ
たドイツ料理のようだ。隣は中華、そして周辺は各国料
理店が並ぶ激戦区。

Google マップ

ラス・コロナス・バー・レストランテ

Las Coronas Bar Restaurante

📍 スペイン　バレンシア　　🔲 レストラン

🌐 http://restaurantelascoronas.com

地中海に面したリゾート地アルテア、イビザ島も近いエ
リアでバカンスシーズンは多くの人でにぎわう。レスト
ランらしく王冠マークはナイフ、フォーク、スプーンを
モチーフとしている。

公式サイト

ホテル RH・コロナ・デル・マー

Hotel RH Corona del Mar

📍 スペイン　ベニドルム　　🔲 ホテル

🌐 https://www.hotelrhcoronadelmar.com

バレンシア地方、地中海に面した街の滞在型ホテル。周
囲は商店街や飲食店も多いため、長期滞在も十分可能な
環境。手前に別のホテルがあるためオーシャンビューは
海側の上層階のみ。

公式サイト

スーパーメルカド・カン・コロナ

Supermercado Can Corona

📍 スペイン　マヨルカ島　　🔲 スーパーマーケット

規模としては、個人商店の食料品店だ。小さく「SPAR」
の看板も掲げている。マヨルカ島のさらに田舎の街中に
ある。石畳が続く山道でなかなか風情のあるフォルナ
ルッチという村。

Google マップ

クレッサ・コロナ・ホテル

Cressa Corona Hotel

📍 ギリシャ　クレタ島　　🔲 ホテル

🌐 https://cressasuites.com

クルマがすれ違えないほどの細い路地裏のホテル。アダ
ルトオンリーのラグジュアリーホテルだ。テラスからは
旧市街が一望、そしてビーチまで徒歩 5 分なのがウリ。

公式サイト

コロナ・パシフィック

🔤 Corona Pacific

📍 ブルガリア　ブルガス　　　　🏴 レストラン

🌐 https://www.facebook.com/Corona-Pacific-756162017740248/

国会沿岸のリゾート地ブルガスのサニービーチレストラン。団地の一角に店を構える。ビーチまでは歩いて10分程度、バカンスシーズンにはビーチにカクテルハウスの出店も。

Facebook ページ

コロナ

🔤 Korona

📍 ルーマニア　クラヨバ　　　　🏴 ナイトクラブ

ミュージッククラブとあるが、踊れる店なのだろう。写真を見たところ女性客がほぼいなかった。インテリアの光るアーチが特徴。まったく謎で本当に「隠れ家」な店。

Google マップ

カーサ・コロナ

🔤 Casa Corona

📍 ルーマニア　ブラショヴ　　　　🏴 ホテル

🌐 https://www.casacorona.ro/ro

ルーマニアのほぼ中央、キッチン、洗濯機も装備されたB&B滞在型ホテルだ。ちびっこ向けパーティールーム"Spatiu Petreceri Copii" も併設されている。

公式サイト

コロナ・クラブ

🔤 Corona Club

📍 ポーランド　ラドムスコ　　　　🏴

🌐

業種を表す看板もなく、地元ガイドサイトにも情報がないためナゾの店だ。窓もしっかりあるため、事務所っぽい。名古屋のコロナクラブと同業だとは思えない。

Google マップ

クラブ・ホテル・コロナ

🔤 Club Hotel Corona

📍 ロシア　カザン　　　　🏴 ホテル

🌐 https://koronakazan.ru

タタールスタンの街カザン。割と大きめなホテルでバンケット、オプショナルツアーなど一通りのサービスは整っている。公式サイトのポップアップがうるさい。

公式サイト

コロナ
 Corona
 ウクライナ　オデッサ 　　　 ホテル
 https://coronahotel.com.ua/ru/

公式サイト

団地のようなホテル。エントランスはスーパーなどの商
店がテナントで入っている。アパートメントとあるので
長期滞在も可能。観光地アルカディアビーチまで歩いて
すぐ。

ベスト・ウェスタンホテル・ラ・コロナ・マニラ
 Best Western Hotel La Corona Manila
 フィリピン　マニラ 　　　 ホテル
 http://www.bestwesternhotelmanila.com

公式サイト

こちらもチェーンホテル Best Western のホテル。か
なり豪華だ。マニラ港に沈む夕日を見ながら散歩できる
ロケーションだ。King Suite の豪華プランも選べる。

ホテル・ラ・コロナ・デ・リパ
 Hotel La Corona de Lipa
 フィリピン　リパ 　　　 ホテル
 https://hotellacoronalipa.com

公式サイト

カラオケ、プール、結婚式場、貸し会議室、レストラン、
バーとなんでもありのホテルだが、外観は安っぽいビジ
ネスホテル。

コロナ・イン
 Corona Inn
 マレーシア　クアラルンプール 　　　 ホテル
 http://www.coronainn.com.my

公式サイト

「皇冠酒店」とあるので中華系の経営だろうか。ファサー
ドには中国式の赤ちょうちん、1 階には「コロナカフェ」。
周辺は多くのホテルが立ち並ぶエリア。

コロナ・ゲスト・ファーム
 Corona Guest Farm
 ナミビア 　　　 ホテル
 http://coronaguestfarm.com

公式サイト

ちょっと内陸部に入ったナミブ・ナウクルフト国立公園
周辺で 1 番人気のホテル。トリップアドバイザーの得
点も満点に近い。この地を訪れた世界中の旅行者が高評
価。

メディアが取り上げた世界の「コロナ」風評被害

特別寄稿：秋山知之（言語マニア）

　「コロナ」という名前で昔から商売をしてきた当事者は、いったい新型コロナウイルス感染症（COVID-19）の風評被害をどのように受け、その名前について実際どう考えているのか？　ここでは海外のメディアが報じている興味深いニュースをいくつか紹介したい。

ビールだけではなかった！コロナ新商品の広告が炎上

　イメージダウンの犠牲になったブランドの代表格は、間違いなくメキシコのビール「コロナ・エキストラ」（107 ページ参照）であろう。米国では「コロナビールの販売会社がウイルスの名前を『バドライトウイルス』に変えさせるために 1,500 億ドルを提示した」というジョークまで出回ったほどだ（バドライトはコロナの競合商品）。しかも、米国でコロナビールを販売するコンステレーション・ブランズ社は 2020 年 2 月というパンデミックの真っただ中に「コロナ・ハードセルツァー」という新商品の発表を控えていた。ハードセルツァーとは人気上昇中の糖質ゼロのチューハイのような炭酸アルコール飲料で、コンステレーション・ブランズはこともあろうに「Coming ashore soon.（上陸間近。）」というキャッチコピーをつけた広告を 2 月 24 日にツイッターに投稿。すぐさま「不謹慎だ」「時期を考えろ」「不吉なキャッチコピーだ」といったコメントで炎上した。現在この投稿は削除されており、同社はこのコピーを封印したようだ。コンステレーション・ブランズの広報担当者は CNBC ニュースに対し、新型コロナウイルスの影響を受け

Corona USA @coronaextrausa
Introducing Corona Hard Seltzer. Four delicious flavors. One splashy entrance.

COMING ASHORE SOON.
0g CARBS | 0g SUGARS | 90 CALS

3.7M views

てしまった人々を見舞う気持ちを示した上で、「お客さまはこのウイルスと弊社事業に関連性がないことを理解している」とコメントしている。

米国のケーブル製造会社 Covid「社名を変えるつもりはない」

　世界保健機関（WHO）のテドロス事務局長は 2020 年 2 月 11 日に新型コロナウイルス感染症の正式名称「COVID-19」を発表した際、「地名、動物、個人名や団体名は避けつつ発音可能な名称にした」と報道陣に説明した。たしかに「コロナ」よりは被害の範囲が小さそうだ。ところが、WHO が見ぬふりしたのかはわからないが、「Covid」という名前の会社（http://www.covid.com）が米国アリゾナ州テンペにある。Covid 社は 1982 年に創業したオーディオビジュアル機器用のケーブルなどを製造する企業。WHO が病名を発表した当日、すかさず米国のニュースサイト「スレート」がオランダの展示会に出張中だった社長のノーム・カーソン氏をインタビューしている。病気と名前が同じという理由だけで取材されているい迷惑だろうが、宣伝の機会にもなると判断したためか、カーソン社長は快く応じている。同社長はほぼ 40 年間この社名で商売をしており、今後も変えるつもりはないと語っている。設立当初からビデオのケーブルを製造していたこともあって「Vid Co」という社名を考えていたが、当時同名の法人があったため、ひっくり返して「Covid」にしたのだそうだ。ま

Covid 社公式サイト

さかこれが世界中が恐れるウイルスの名前になるとは思っていなかっただ
ろう。

「ウイルスが過去最高の広告」エジプトのコロナチョコレート

ビールのコロナが世界的なブランドなのに対して、給湯器のコロナは日本のローカルブランドだ。もっとほかの国でローカルブランドが影響を受けた例があるか調べてみると、エジプトの1919年創業の老舗チョコレート

Corona 社の Facebook ページ

メーカーがあった。エジプトだけでなく、中東のアラビア語圏では現在も「コロナ」ブランドのチョコレートバーやココアが広く販売されている。このブランドへの影響について、サウジアラビアの英語紙アラブ・ニュースがコロナの販売マネージャーであるアフメド・シャーバン氏を2020年3月にインタビューしている。シャーバン氏によると、むしろコロナチョコレートの売上はパンデミックの発生以降伸びており、ユーモアを交えて「ウイルスが過去最高の広告」とまでコメントしている。エジプトではその後、感染者が急増して5〜6月にかなりの死者が出てしまったので、3月だから言えたことであろう。「ISIS」というブランドだったベルギーのチョコレートは、イスラム過激派の影響で「Libeert」という名前にブランド変更したが、1919年からずっとエジプトで愛されているコロナチョコレートは今後改名しそうにない。

「コロナアパート」の売れ行きが心配なインドの不動産デベロッパー

先述の3例はパンデミックの風評被害の影響はあっても改名しなかったが、さすがに「コロナ」という名前を封印せざるを得なくなった例をインドの経済メディア「マネーコントロール」が報じている。被害を受けたのは、インド北部の都市グルグラムで2010年に創業された不動産デベ

ロッパー、コロナ・ビルドコン。創業者であるジャグメンダル・グプタ氏へのインタビューによると、同氏は自分の姓をあえて社名にせず、顧客がマイホームを購入したときの達成感を、燃えさかる太陽コロナにたとえて名づけたという。新型コロナウイルス感染症の発生後、コロナ・ビルドコンは不運なことに「コロナ・グリーンズ」という 226 世帯の大規模なアパート群を建てたばかりで、マーケティング担当から「名前のせいで買い手がつかないかもしれない」という指摘を受けた。実際に買い手はそこそこついているそうだが、グプタ氏は新しく売り出す物件はブランディングを考慮して「コロナ」とつけないことを検討しているという。コロナというアパートに住むとコロナウイルスに感染すると考えている人はいないだろうが、ことあるごとに住居がネタにされるかもしれないという買い手側の精神的なハードルは無視できないのであろう。

検索流入で売上が急増したイスラエルの屋外家具メーカー

　ラテン語の影響があまりなさそうなイスラエルでも、「コロナ」を屋号に掲げる複数の企業への取材記事を 2020 年 3 月 1 日に大手英語紙エルサレム・ポストが掲載している。1992 年設立の印刷会社「コロナ・プリントプレス」の創業者イーライ・コーエン氏は同紙に対し「売上に影響はないが、よく知っているお客さんたちの笑いのネタにはなった」と説明、「コロナっていう言葉は小さい声で言わないとね！」などと冗談を言われると語っている。名前の由来は、コピー機の部品として知られる「コロナワイヤー」だったという。発光の外観が太陽コロナに似た「コロナ放電」を利用した部品だ。エルサレム・ポストは、「コロナ」ブランドの屋外家具を製造・販売するケテル社にも取材した。担当者によると、イスラエルで「corona」をグーグル検索すると同社のガーデンチェアの写真がヒットするため、パンデミックの発生後に売上が急に伸びたという。ちなみに社名のケテルはヘブライ語で「冠」の意味。風評被害どころか、思わぬ検索エンジン最適化（SEO）のような効果があったというわけだ。

タイプライター界のコロナ、スミス・コロナ

コロナ君、コロナをプレゼントされる
　2020 年 4 月 24 日、こんなニュースが世界中を駆け巡った。

　──トム・ハンクスがいじめられたコロナ君に手紙、コロナ社のタイプライター贈る。
　［メルボルン　23 日　ロイター］- 米俳優トム・ハンクスが、コロナという名前を理由にいじめられたと手紙を送ってきたオーストラリアの少年に返信の手紙とスミス・コロナ社製タイプライターを贈った。豪テレビニュースが伝えた。

　当時、コロナウイルスに感染し、オーストラリアにて隔離生活を送っていたトム・ハンクスの元に、ゴールドコーストに住む 8 歳のコロナ君から

手紙が届いた。ハンクス夫妻を心遣うと同時に、名前のせいで「コロナウイルス」と呼ばれ悲しんでいると書いてあった。子供は容赦ない、残酷だ。トム・ハンクスは持参していたスミス・コロナのタイプライターで返信、あわせてそのタイプライターもコロナ君にプレゼントした、という心温まる記事だ。

　ブラザーをはじめとする国産、オリベッティ、オリンピアといったヨーロッパのタイプライターは日本でも多く販売されていたので、以前から知っていたが、マイナーなアメリカのスミス・コロナはノーマークであった。そもそもタイプライターが誕生したのは19世紀末のアメリカ、痛恨のミス、アンテナは広げておくべきだった。

スミス・コロナの歴史

　スミス・コロナは20世紀初め二つのタイプライターメーカー、スミスとコロナが合併して誕生した会社だ。アメリカの合併した会社によくあるネーミングである。

　スミス四兄弟によるスミス・プレミア・タイプライター・カンパニー（Smith Premier Typewriter Company）は大文字と小文字を打てるタイプライターを開発、オフィス用の大型タイプライターが得意であった。のちにL・C・スミス・アンド・ブラザーズ・タイプライター・カンパニー（L. C. Smith & Bros. Typewriter Company）と社名変更する。ポータブルタイプライターが得意であったにコロナ・タイプライター・カンパニー（Corona Typewriter Company）と1926年に合併し、超巨大企業に成長し、2度の破産を経たものの、現在も会社が存続している100年企業である。

　もともと、創業から間もない1886年ごろに銃器を製造していたノウハウを買われ、第二次世界大戦中は、政府の依頼により、スプリングフィールドM1903小銃などを製造。タイプライターも当時のラインナップの中から米軍仕様のものを納品していた。

　戦後は、1955年の電動タイプライターの発売、自動キャリッジリターン装備、カートリッジ・リボン方式といった改良を重ね、タイプライターのトップ企業となっていく。そして レジスター、会計機といった分野にまで手を伸ばし、多角化、巨大化が進む。

1970 年代後半からは集積回路の普及に伴い安価な計算機が市場を席巻、そう、日米貿易摩擦の時代が始まったのだ。タイプライターも日本製の小型軽量なものがもてはやされるようになる。

さらなる打撃はワードプロセッサー、パーソナルコンピューターの登場だ。スミス・コロナもワードプロセッサーを発売したが、時すでに遅し。1995 年には北米工場閉鎖、製造拠点をメキシコに移転させるが、じき破産となった。事業を縮小したものの、従来の製品群にこだわるあまり、再び 2000 年に経営破綻してしまう。タイプライターやワードプロセッサーでノウハウを培ったサーマルリボン、ラベルシール、レシートといったサプライ品専業メーカーに業態転換し、現在に至る。

Smith Corona Sterling

手元にあるスミス・コロナの「スターリング」は 1949 年から 54 年まで生産された「スーパー 5」ボディのモデルと思われる。バッジが緑色のプラスチックではなくクロームメッキとなっているので、おそらく後期モ

実際に文字を打ってみた　　　　　謎配列のキー

デル。キーは緑色、両端のシフトキーなどライトグリーンで色分けされて
いる。さらにこのモデル以降、「Space」バーが外装カバーと一体化した
ツライチデザインとなっている。この次のモデルではホワイトキー化、全
く同じボディー形状ながら名前を「Galaxy」ボディと変更、宇宙時代の
到来がタイプライターにまで影響している。

　塗装は高級感ある「ちりめん仕上げ」だ。筆者のものはキーの配列が
「lyou」とまったく謎である、当時のカタログでも一般的な「qwerty」
配列のものが掲載されているため、ヨーロッパのマイナー言語向けなもの
かと調べてみたものの、素性は不明のままである。尾張旭市の菊武学園「タ
イプライター博物館」にも問い合わせてみたが、不明とのことであった。

　この「スターリング」、歴史は1940年から1960年代後半まで長きに
渡って生産された長寿モデルのため、入手はそれほど困難ではない。

世界諸言語で「コロナウイルス」

特別寄稿：秋山知之（言語マニア）

アフリカーンス語	coronavirus	エスペラント語	kronviruso
アイルランド語	coróinvíreas	ロシア語	коронавирус
アルバニア語	koronavirus	エストニア語	koroonaviirus
イタリア語	coronavirus	セルビア語	вирус Корона
アラビア語	فيروس كورونا	フィリピノ語	coronavirus
日本語	コロナウイルス	スロヴァキア語	koronavírus
アゼルバイジャン語	koronavirus	フィンランド語	koronaviirus
カンナダ語	ಕೊರೊನಾವೈರಸ್	スロヴェニア語	koronavirus
バスク語	koronabirusa	フランス語	coronavirus
韓国語	코로나 바이러스	スペイン語	coronavirus
ベンガル語	করোনাভাইরাস	ガリシア語	coronavirus
ラテン語	coronavirus	スワヒリ語	virusi vya Korona
ベラルーシ語	каранав i рус	グルジア語	კორონავირუსი
ラトビア語	koronavīruss	スウェーデン語	coronavirus
ブルガリア語	коронавирус	ドイツ語	Coronavirus
リトアニア語	koronavirusas	タミル語	கொரோனா வைரஸ்
カタルニア語	coronavirus	ギリシャ語	κορωνο ϊö ς
マケドニア語	коронавирус	テルグ語	కరోనా వైరస్
中国語簡体字	新冠病毒	グジャラーティ語	કોરોના વાઇરસ
マレー語	koronavirus	タイ語	ไวรัสโคโรน่า
中国語繁体字	新冠病毒	ハイチ・クレオール語	kowonaviris
マルタ語	koronavirus	トルコ語	koronavirüs
クロアチア語	coronavirus	ヘブライ語	נגיף קורונה
ノルウェー語	coronavirus	ウクライナ語	коронав i рус
ペルシャ語	ويروس كرونا	ヒンディー語	कोरोनावाइरस
チェコ語	koronavirus	ハンガリー語	koronavírus
デンマーク語	coronavirus	ウルドゥー語	کورونا وائرس
ポーランド語	koronawirus	ベトナム語	virus corona
オランダ語	coronavirus	アイスランド語	kórónaveira
ポルトガル語	coronavírus	ウェールズ語	Coronafeirws
英語	coronavirus	イディッシュ語	קאראנעווירוס
ルーマニア語	coronavirus	インドネシア語	virus corona

第3章

製品名・ブランド

　身近なブランド・製品名で最も親しみのある「コロナ」はビールだろうか、石油ストーブだろうか。このような大物「コロナ」ブランドに加え、さまざまなモノをピックアップしてみた。生活に直結する「衣食住」関連から、コンピューター、自動車といった工業製品、音楽機材、スポーツ用品といった趣味のもの。さらにはレコード、映像といったメディア関連、酒タバコの嗜好品まで幅広いジャンルにわたり「コロナ」製品ブランドの一部を紹介したい。

　日本の特許情報プラットフォーム（J-PlatPat）によると、古いものではライターや冷熱機器といった戦前から継承されている「コロナ」商標も存在する。トヨタの名車「コロナ」の 出願番号がデビューから何年も経った 1966 年 12 月の（商願昭 42-000456）となっており、商標に関してそれほどシビアでなかった昔の状況が伺える。

　しかし、コロナウイルス騒ぎを迎え、特許情報プラットフォームには明らかに便乗と思われる商標出願が多数寄せられている。「コロナ」で出願・登録は平均すると年間 10-20 件、多い年で50 件程度。1935 年以来の累計出願・登録数 600 件弱のうち、2020 年度はすでに 120 件ほど出願されており、今後も増えそうだ。

コロナ

🔤 Corona
📍 アメリカ　テキサス　　　　　　　　📅
🎽 スポーツ用品　　🎽 乗馬用品
🌐 https://www.mayatex.com

インテリア用ラグではなく本来の乗馬用品。馬の背と
サドルの間に敷く サドルブランケット。Mayatex, Inc
ではこのほか多数のサドルブランケットを販売中。いず
れも社名の通りメキシコ風のデザインだ。

公式サイト

コロナ

🔤 Corona
📍 アメリカ　　　　　　　　　　　　　　📅
🎽 スポーツ用品　　🎽 アウトドア
🌐 https://outdoorproducts.com

日本でも有名なアウトドアプロダクツ。元々は本格的ア
ウトドア用品専門だが、日本ではストリート向け製品中
心。31ℓと程よいサイズのバックパックでトップに収
納室装備。惜しくも絶版。

ebay

コロナ

🔤 Corona
📍 アメリカ　　　　　　　　　　　　　　📅
🎽 工業製品　　🎽 工具
🌐 https://shop.coronatoolsusa.com

本拠地カリフォルニア州コロナを社名とした「Corona
Tools」。おもに農業用の枝切り、剪定鋏、ショベル、レー
キといった工具を生産している。また、一般家庭でも使
えるガーデニング用工具なども製造。

公式サイト

スミス・コロナ

🔤 Smith Corona
📍 アメリカ　　　　　　　　　　　　　📅 1914
🎽 工業製品　　🎽 事務用品
🌐 https://www.smithcorona.com

20世紀初頭アメリカを代表するタイプライターメー
カー2社が合併し、業界トップに。電動タイプライター
の時代を経て、末期はワープロも製造。現在は業態転換
し、ラベルや紙製品のメーカーとなる。

Flickr

コロナ

🔤 Corona
📍 アメリカ　カリフォルニア　　　　　📅
🎽 写真用品　　🎽 バックパック
🌐 https://www.tamrac.com

プロおよびアマチュアカメラマンにはおなじみ。1977
年からカメラバッグのみを製造している Tamrac。
Corona は 14ℓから 26ℓのスモールサイズのライン。
残念ながら絶版となってしまった。

ebay

コロナ
🔊 Corona
📍 アメリカ　ミズーリ　　　　　　📅
🔳 農業用品　　　　　🔳 飼料薬品
🌐 https://www.mannapro.com

家畜、ペット用薬品メーカー Manna Pro Products
LLC.のお馬さん用ケア用品。蹄、皮膚を守り病気を防
ぐ製品やケガ用の軟膏、筋肉関節用の鎮痛剤など 100
年の歴史を誇る製品群。

公式サイト

コロナ
🔊 Corona
📍 カナダ　モントリオール　　　　📅
🔳 工業製品　　　　　🔳 コンピューター
🌐 https://www.matrox.com/sites/default/files/matrox-corona-ii.pdf

Windows98 から Vista 時代まで 3 世代にわたり製
造された Matrox グラフィックボード。PCI バスに刺
す 32bit 時代のレガシー製品。絶版となって久しいが、
ebay などの価格は強気だ。

公式サイトのサポートコーナー PDF

コロナ
🔊 Corona
📍 コロンビア　　　　　　　　　　📅
🔳 食品　　　　　🔳 菓子類
🌐 https://www.chocolatecorona.com

大手チョコレートメーカー。特に最近力を入れているの
はココア、パウダータイプではなく、板チョコのような
固形タイプだ。毎朝チョコレートドリンクを飲むコロン
ビア人向けに専用のココアメーカーも販売。

公式サイト

コロナ
🔊 Corona
📍 メキシコ　　　　　　　　　　　📅
🔳 食品　　　　　🔳 酒類
🌐 https://www.corona.com

映画『ワイルドスピード』のドミニクのセリフ「俺はコ
ロナしか飲まねぇ」とともに、ライムを絞って飲むので
有名。コロナ禍で早くも生産停止に追い込まれたことが
ニュースとなった。

公式サイト

コロナ
🔊 Corona
📍 イギリス　サウスウェールズ　　📅
🔳 食品　　　　　🔳 清涼飲料
🌐

19 世紀末から 1990 年代初期まであった英国ウェー
ルズ産のジュース。1970 年代にはオリジナルキャラ
が Corona Soft Drink を飲んで活躍する TV コマーシャ
ルも放映されるほどの勢いであった。

当時 CM 映像

ジャン・コロナ

🔤 Jean Colonna
📍 フランス　パリ
🏷 アパレル　　　　🏷 レディース
🌐 https://www.facebook.com/jeancolonnaboutique/

1990 年代のパリモード界の代表的存在 Jean Colonna、2010 年代にリバイバルしたものの、マレ地区の店は閉店となったようだ。ランウェイの写真を見る限り、フツーに着られそうなものばかり。

Facebook ページ

コロナ

🔤 Corona
📍 ドイツ　トロッシンゲン
🏷 工業製品　　　　🏷 楽器
🌐 https://www.hohner.de/en/instruments/accordions/diatonic/corona

ハーモニカ、アコーディオンの世界トップメーカー Hohner のダイアトニック（ボタン式）アコーディオンのシリーズ。価格は日本円で 20 万から 35 万とアッパーミドルクラス。

公式サイト

コロナ

🔤 Corona
📍 デンマーク　　　　　　　　　📅 2011
🏷 工業製品　　　　🏷 楽器
🌐 https://www.tcelectronic.com

TC Electronic のコーラスエフェクター。イマドキのエフェクターらしく「Tone Print」というスマホで音色を設定できる機能もある。限定版のブラックカラーはプレミア化。

公式サイト

コロナチェア

🔤 Corona
📍 デンマーク　　　　　　　　　📅 1964
🏷 工業製品　　　　🏷 家具
🌐 https://erik-joergensen.com

ポール・M・ボルザーのデザインチェア。シンプルなスチールフレームで当時流行ったスペースデザインだが、オリジナルは木製フレームからスタートした。近年リプロ品も登場し、買いやすくなった。

公式サイト

コロナ

🔤 Corona
📍 スイス
🏷 工業製品　　　　🏷 時計
🌐

機械式腕時計といえばスイス。ロレックス、IWC など名だたるブランドの陰には多数のマイナーブランドもかつて存在していた。こちらは廉価品と思われるブランド。

ebay

コロナ

🔤 Corona

📍 イタリア　プーリア州

🟦 食品　　　　　　🟦 食用油

🌐 http://www.coronadellepuglie.it

アドリア海に面するプーリア州はオリーブの大生産地。数多くのローカル食品メーカーが集結する。COVAN社がリリースする「プーリアの王冠」と名付けられた高級オリーブオイルだ。

公式サイト

コロナ・リージェンシー

🔤 Corona Regency

📍 イタリア

🟦　　　　　　　　　🟦 メガネ

🌐

ebay で見かけるビンテージメガネ。おそらく 1970 年代から 80 年代あたりに存在していたメーカーと思われる。生産国はイタリアだが、出品元から推測すると販売会社はアメリカ。

ebay

コロナ

🔤 Corona

📍 スペイン　マドリード

🟦 スポーツ用品　　🟦 乗馬用品

🌐 https://shopmanfrediequestrian.com

高級乗馬ウェア MANFREDI の女性用ジャケット。クラシカルなデザインだが、そこはスポーツウェア。伸縮性、通気性、紫外線カットなど考慮されたハイテク素材だ。€470、襟はオプションで€60。

公式サイト

コロナ・レンダラー

🔤 Corona Renderer

📍 チェコ　プラハ

🟦 ソフトウェア　　🟦 グラフィック

🌐 https://corona-renderer.com

マクソン「Cinema4D」およびオートデスク「3DS MAX」用のレンダリングに特化した拡張プラグイン。建築、設計、映画などの3D モデリング用ハイエンドソフトウェア向けだ。

News

公式サイト

コロナ

🔤 Corona

📍 ポーランド　チェンストホバ

🟦 工業製品　　　　🟦 ベビー用品

🌐 https://www.takobaby.com

ポーランドから高級乳母車 TAKO（海産物とは関係なし）。アルミフレームに大型車輪とヨーロッパの石畳でも OK。ゴンドラ部はそのまま取り外しができ、揺り籠になる優れもの。赤ちゃんバッグも標準装備。

公式サイト

コロナ

Corona

📍 日本　岡山県倉敷市

■ アパレル　　■ メンズ

🌐 https://www.baku-corona.com

パリ、ミラノのハイブランドの製造も請け負っている岡山のジーンズ業界。その岡山からワークウェア、サーブラスの世界観をデイリーウェアで表現した高級カジュアル。

公式サイト

コロナ・ブロッサム

Corona Blossom

📍 日本　　　　　　　　　　　　　📅 2017

■ ソフトウェア　　■ ゲーム

🌐 http://coroblo.com/jp/

オタク男子が宇宙から来た少女をもとの星に帰すという『かぐや姫』みたいなアドベンチャーゲーム。英語版は別途１８＋パッチを充てることでモザイクなしエロゲーにできるとのこと。

公式サイト

コロナ

Corona

📍 日本　神奈川県川崎市

■ メディア　　■ レコード

◎

戦前の大手外資系レコード会社日本ポリドール。ドイツのグラモフォン海外向けレーベルだ。その日本ポリドールの子会社であったのが「コロナレコード株式会社」。1936年から２年弱存在した。

筆者所有現物

コロナ

Corona

📍 日本　　　　　　　　　　　　　📅 1982

■ メディア　　■ アダルトビデオ

◎

VHS時代社長がフェラーリを乗り回すなど好業績。単体もの中心であったが、企画、熟女ものにシフトしていき、DVD時代では編集技術や脚本で新興レーベルに押され、2013年ごろ活動停止。

FANZA

コロナサーフ

CORONASURF

📍 日本

■ 工業製品　　■ 計測機器

🌐 https://www.nanocoat-ts.com/node/27

ナノコート・ティーエス株式会社の製品。コロナ放電により、振動容量法（ケルビンプローブ）で非接触測定、型材などの母材表面の汚染度合いを定量評価可能な精密洗浄測定機器。

公式サイト

コロナツーリングバッグ

Corona Touring Bag
 日本
 工業製品　　　 バイク用バッグ
 https://coronasangyo.ocnk.net

じつは日本で誕生していた世界初のバイクのタンクに乗せるツーリングバッグ。マグネット式が登場するまでは業界トップであった。近年、レトロバイクブームとともにブランド復活。

公式サイト

イムコロナ

IM Corona
 日本
 工業製品　　　 喫煙用具
 http://fukashiro.com

海外でも有名な日本を代表するライターブランド。部品点数は 100 以上、精巧な作りの純日本製ライター。ブランドネームはオイルライターの IMCO を意識しているのだろうか。

公式サイト

エコロナ

e:CORONA
 日本　大阪
 工業製品　　　 繊維
 https://www.daiwabo.co.jp/rayon/

レーヨンの特性を生かした、土中だけでなく海水中でも生分解可能な環境にやさしい繊維。水に流れるウェットティッシュなどに採用されている。また防炎レーヨン「FR CORONA」も展開。

公式サイト

コロナ引手

 日本　奈良
 工業製品　　　 インテリア部材
 http://www.tukiesu.co.jp/info/

引き戸ふすまの引手生産量日本一の奈良県天理市、そこを本拠地とする専門メーカーツキエス。ステンレス高級引手に「コロナ」、他のシリーズに「ソアラ」「セリカ」などクルマを参考にしたネーミングの製品も。

公式サイト

トヨペットコロナ初代 T10 型

 日本　　　　　　　　　　　　　 1957
 工業製品　　　 自動車

初代コロナ、当時小型車市場を独占していたダットサン対抗馬として開発された。この時代にモノコックボディ採用。しかしながらダットサンの牙城は崩せず。通称「ダルマコロナ」。

Flickr

トヨペットコロナ 2 代目 T20/30 型

🌐
📍 日本　　　　　　　　📅 1960
🏭 工業製品　　　🚗 自動車

🌐
当時の日本車としては流麗なデザインにエクステリアを
変更。しかし、剛性不足などから、不評に終わった初代
とともに、この 2 代目もダットサンを追い抜くことは
できなかった。

映画『A Majority of One』(1961) より

トヨペットコロナ 3 代目 T40/50 型

🌐
📍 日本　　　　　　　　📅 1964
🏭 工業製品　　　🚗 自動車

ダットサンを追い抜き、カローラが登場するまで、国内
販売台数 1 位に君臨したベストセラー。輸出も好調
で、最大輸出車種となった。特徴的なデザインから「ア
ローライン」コロナと呼ばれる。

映画『100 発 100 中』(1965) より

トヨペットコロナ 4 代目 T80 型

🌐
📍 日本　　　　　　　　📅 1970
🏭 工業製品　　　🚗 自動車

🌐
どこが「ブラボー」なのかよくわからないが、このコロ
ナのキャッチフレーズは「ブラボー」。基本的な構成は
前モデルを踏襲、エクステリアデザインを大幅に変更。

映画『渦公河行动』

トヨペットコロナ 5 代目 T100 〜 120 型

🌐
📍 日本　　　　　　　　📅 1973
🏭 工業製品　　　🚗 自動車

🌐
時代は石油ショック、動力性能よりも安全性能を追求し
たため「安全コロナ」と呼ばれる。ドライバーの頭上に
は各部の異常を知らせるギミック満載の「OK モニター」
という警告灯が装備された。

映画『渦公河行动』

トヨタコロナ 6 代目 T130 型

🌐
📍 日本　　　　　　　　📅 1978
🏭 工業製品　　　🚗 自動車

🌐
人気刑事ドラマ『太陽にほえろ』にて、小野寺昭演じる
殿下の専用車だったため「殿下コロナ」と呼ばれる。当
時人気となった角型ライトを採用、トヨペットの名は廃
止された。

Flickr

トヨタコロナ 7 代目 T140 型

📍 日本　　　　　　　　　📅 1982
🏭 工業製品　　🚗 自動車

Flickr

いかにも 1980 年代といったカクカクしたデザイン、ヘッドライトも異形専用タイプとなる。あいかわらず日産ブルーバードと熾烈な販売競争が続き、コマーシャルもライバルを意識したものに。

トヨタコロナ 8 代目 T150/160 型

📍 日本　　　　　　　　　📅 1983
🏭 工業製品　　🚗 自動車

映画『黒楼孤魂』

当時中小型車のエンジンレイアウトは FF に。コロナも時流で FF となった。あらためてデザインを見直すと、トヨタ車らしくなく、フランス車のようにソツなくまとまっている。

トヨタコロナ 9 代目 T170 型

📍 日本　　　　　　　　　📅 1987
🏭 工業製品　　🚗 自動車

Flickr

FF2 代目。この 4 ドアセダンの全長を 210mm 延長したストレッチリムジン「コロナスーパールーミー」が 500 台限定で発売され、後世のネタとなる。

トヨタコロナ 10 代目 T19# 型

📍 日本　　　　　　　　　📅 1992
🏭 工業製品　　🚗 自動車

(モーターファン別冊
ニューモデル速報)

コマーシャルは中村雅俊扮する大学教授「コロナ氏」。このころのトヨタ車はラウンドデザインの効果もあってかボディが膨張。当時発売された雑誌のタイトルは「新型コロナのすべて」。

トヨタコロナプレミオ 11 代目 T210 型

📍 日本　　　　　　　　　📅 1996
🏭 工業製品　　🚗 自動車

Flickr

アウディ 80 を意識したテールのコロナ最終モデル、サブネームが「プレミオ」となり、次モデルに継承。「コロナ」としてはこのモデルで 11 代 44 年の歴史に幕を閉じた。

トヨタコロナ EXiV 初代 T18# 型

🔤 ⓐⓑⓒ
📍 日本　　　　　　　　　　　　📅 1989
🏭 工業製品　　　🏁 自動車
◎

バブル期のあだ花、4ドアハードトップモデル。カリー
ナ ED と兄弟車。デザインを優先したため居住性は犠牲
となった。販売数はカリーナ ED に及ばず。現存してい
ればかなりレア車。

Wikipedia

トヨタコロナ EXiV 2 代目 T20# 型

🔤 ⓐⓑⓒ
📍 日本　　　　　　　　　　　　📅 1993
🏭 工業製品　　　🏁 自動車
◎

少しボディが大きくなった2代目。セールスは今ひと
つであったが、当時シーンの熱かった JTCC ツーリン
グカーレースで大活躍。白と赤のカラーリングが印象的
であった。

Flickr

セイコーコロナシリーズ

🔤 Corona
📍 日本　　　　　　　　　　　　📅 1966
🏭 工業製品　　　🏁 時計
◎

60 年代から 70 年代はじめにかけて販売されていた目
覚まし時計。2石と控えめながら当時はベストセラー
だったようで、ebay やヤフオクに多数出品されている。
状態の良いものは＄200 の値が付く。コラムあり。

筆者所有現物

コロナ

🔵 Corona
📍 日本　　　　　　　　　　　　📅
🏭 工業製品　　　🏁 喫煙用具
🌐 http://fukashiro.com

ebay でよく見かけるビンテージライター、七宝焼きを
あしらったピストル型ライターが有名。こちらもフカシ
ロが商標を継承しているが現行製品はない。イムコロナ
が登場する前はこちらのブランドが主力であった。

Flickr

コロナ

🔤 Corona
📍 日本　　　　　　　　　　　　📅
🏭 工業製品　　　🏁 光学機器
◎

かつて、東京日本橋にあったカメラメーカー、ワルツカ
メラの露出計。カメラにセットするタイプは「コロナ」、
手持ちは「コロネット」となった。中古カメラ店で見か
けるのは「コロネット」。コラムあり。

北国のコロナ

- 🌐
- 📍 日本　札幌
- 🏢 食品　　　　　　　📦 菓子
- ⊚

札幌千秋庵のお菓子。こんがり焼いた饅頭の皮にチョコレートが乗っているお菓子。なぜか公式サイトには掲載されていないが、多くのツイートやブログ記事があるため人気商品と思われる。

公式サイト

コロナ

- 🌐 Corona
- 📍 日本　　　　　　　　　　📅 1946
- 🏢 専売品　　　　　　📦 たばこ
- ⊚

1946 年 1 月 10 日、10 円で発売開始。1948 年 3 月ディスコン。終戦直後、ピースと並ぶ人気銘柄であった。パッケージデザインがすばらしい。コラムあり。

筆者所有物

ローズコロナ

- 🌐
- 📍 日本　　　　　　　　　　📅 2010
- 🏢 農林　　　　　　📦 花き
- ⊚ http://www.kawamotorosegarden.com

河本バラ園が 2010 年作出した四季咲きの大輪バラ品種。花の中心部は濃いサーモンピンクで周辺は淡いピンクから白Mとなる。ロゼット咲きの色、形とも非常に美しい人気品種。

公式サイト

コロナ・ブックス

- 🌐 CORONA BOOKS
- 📍 日本
- 🏢 メディア　　　　　　📦 書籍
- ⊚ https://www.heibonsha.co.jp/

名門出版社、平凡社の月刊誌『太陽』の特集から1994 年に創刊された、ハンディなビジュアルブック・シリーズ。アートやデザイン関係がメイン。2020 年になってからもシリーズ継続中。

公式サイト

コロナ・コミックス

- 🌐
- 📍 日本
- 🏢 メディア　　　　　　📦 書籍
- ⊚ http://www.tobooks.jp/books/comics.html

出版社 TO ブックスのコミック・レーベル。WEB コミック「comic コロナ」も運営。8 月 5 日に 30 代・女性社員の新型コロナ陽性が確認されたとホームページ上で報告している。

公式サイト

コロナ
🔤 Corona
📍 韓国
📅 2009
🏭 工業製品　　　🎵 楽器
🌐 https://www.facebook.com/CoronaGuitar/

韓国の楽器メーカー MusicSchool がリリースするギター・ベース。あのフェンダーの本拠地 Corona からの命名だろうか？　著名ジャズベーシスト、メルビン・リー・デイビスらが使用。

Facebook ページ

コロナ
🔤 國樂唱片公司
📍 中国
📅
🏭 メディア　　　🎵 レコード
🌐

日本ポリドール子会社コロナレコード、中国大陸でも「國楽」として同じ八咫烏のマークで展開。ローカライズで高聘卿の京劇なども。また当時のレコード会社の常として蓄音機も製造していた。

7788 旧货商城

コロナ
🔤 Corona
📍 台湾　新北
📅
🏭 工業製品　　　🎵 AV 機器

安物 AV 機器の雄、日本のクラウン株式会社を意識したと思われる台湾の AV 機器メーカー。現在も会社は台北の隣、新北に存在。

ebay

コロナゴールド
🔤 CORONA GOLD
📍 バングラデシュ　ダッカ
📅
🏭 食品　　　🎵 スパイス
🌐 http://www.coronagroupbd.com/index.php

コロナグループの食品ブランド。食用油、小麦粉、チリペッパーなど。ベラルーシのミンスクトラクター、ロシアのルクオイルのバングラデシュ代理店も経営と、大企業だ。

公式サイト

コロナ
🔤 Corona
📍 ニュージーランド
📅
🏭 工業製品　　　🎵 建築材料
🌐 http://www.decrakenya.com

建材メーカー「Decra Roofing Systems」の杉板調屋根材。本国では「Shake」だが日本では「コロナ」。また 1989 年にカリフォルニア州コロナにアメリカ工場を設立。

公式サイト

撮影：Patrick Boucher

「コロナ」ビール風評被害はあったのか？

「コロナ」ビール生産停止

──「俺はコロナしか飲まねぇ」

　ヴィン・ディーゼル演じる主人公ドミニクのセリフが有名なカーアクション映画シリーズ『ワイルド・スピード』（原題 "The Fast and Furious"）でおなじみのビール「コロナ」、正式には「コロナ・エクストラ」、日本ではあまり見かけないが、アルコール度数を押さえた「コロナ・ライト」もある。輸入ビールでも常にトップを争うブランドだ。

　2020 年 4 月 3 日、大手日本メディアから「コロナ」ビール生産停止のニュースが報じられた。時事、共同、朝日はブラジルのサンパウロ発ということだが、中米の大国メキシコに支局がないのだろうか。要約すると、メキシコのビール最大手「グルポ・モデロ」は新型コロナウイルス感染拡大を受け、「コロナ」ビールを含む全製品の生産を一時停止するというも

のだ。

　この前後、「グルポ・モデロ」は 30 万本のアルコール抗菌ジェルを寄付、メキシコシティ水道局に毎週 20 万リットルの飲料水、病院にも 60 万本以上の精製水を提供。また、レストランチェーン「ソノラグリル」との提携により、フードデリバリーで医療従事者への支援。そして中小レストラン事業者向けに 200 万ペソの融資資金を用意した。

　「コロナ」ビール生産停止は、メキシコ政府からの要請によるもので、前述したとおり、「グルポ・モデロ」が製造する「モデロ」「ビクトリア」などほかのブランドの工場も 2 週間の操業停止を受け入れた。これはメキシコ政府の感染拡大防止策の一環で、他国でも実施された政策となにも変わりない点に注目してほしい。

38％が「コロナ」ビール買わず

　この生産停止の件に関し、SNS などでは風評被害の影響ではないか、などとの意見が見受けられたが、事実は少々複雑だ。

　発端は 2020 年 2 月末に遡る。CNN など米メディア各社が「38％がコロナビールを買わないと回答」と、大手広告代理店「5WPR」のプレスリリースを 2020 年 2 月 27 日に報道。各社の報道は、新型コロナウイルスの影響で、消費者がブランド名と関連付けて「コロナビール離れ」を起こしたような印象を与えた。

　「5WPR」のプレスリリースを要約すると、

・ビールを飲む米国人の 38％は、現在どのような状況でもコロナを買わないと回答。
・普段コロナを飲んでいると答えた人のうち、4％の人はコロナをもう選ばないと回答。
・14％は公共の場ではコロナを注文しないと回答。
・ビールを飲む米国人の 16％は「コロナ」ビールがコロナウイルスとの関連性がよくわからない、と回答。
・締めくくりは、この情勢でバーに行き「ヘイ、コロナを頼む」または「俺、コロナ」と言うことを想像できるでしょうか？と煽り文。

といったものだ。当日にはアメリカのTwitterトレンドワードに「38%」が登場するほどのバズリとなった。しかし、このプレスリリースには、どのような設問であったかも記載されておらず、信頼性に疑問があることから、「5WPR」はジャーナリストらから攻撃を食らうハメとなる。唯一、信頼できそうなのは英国のマーケティング調査会社「YouGov」の「バズスコア」から引いた、コロナウイルス感染拡大と共にマイナスに転じているといった数字。ただし、あくまでもネット上の評判である「バズスコア」なので、具体的に被害額や売上前年比が示されているわけではない。

米親会社は売り上げ低下を否定し、「フェイクニュース」と強く反論

「コロナ」ビールの米国市場での販売は親会社の「アンハイザー・ブッシュ・インベブ」ではなく、酒類卸売り大手「コンステレーション・ブランズ」が行っている。これはアメリカの独占禁止法に抵触するための回避措置と思われる。この「5WPR」のプレスリリースに対し、「コンステレーション・ブランズ」はすぐさま反論のプレスリリースを発表した。マーケティング調査会社「IRI」のデータをエビデンスに、1月中旬から2月中旬までの4週間の米国内での売り上げは、逆に5%の増加となっており、過去1年の売り上げの伸びを倍増させている、と反論した。その上で「コンステレーション・ブランズ」CEOは、「5WPR」のリリースとそれをソースにした報道に対して、「フェイクニュース」との明言は避けているが、怒りをあらわにしている。

「5WPR」は「The Atlantic」「Huffington Post」などのジャーナリストらにアンケート設問を公開するように迫られ、その設問がガバガバだったため全くエビデンスの無い事が証明されてしまった。マーケティング専門の業界紙などもこの件に触れ、広告業界への信頼を揺るがす事態となる。現在、「5WPR」のサイトにはこのニュースリリースの記事はなぜか見当たらない。

現地では、このプレスリリースを何の検証もなく報道したメディア、さらにそれを受け、踊らされてしまった一般ユーザーを巻き込み、ジャーナリズム、報道機関のあり方を再考させられる事件となった。

日本では営業自粛を受け酒類販売が打撃だが

　ここで業界専門紙『食品産業新聞』から数字を拾ってみたい。まずは輸入酒類の数字を見ていこう。

　令和2年（2020）4月の酒類輸入通関において、ビール・ワイン共に前月から2ケタ減でトータル13%減、ビールは、累計でトップのアメリカが単月で42%減。一方、累計2位のメキシコが単月で59%増となり、累計でも48%の大幅増。2カ月連続で単月3位だった韓国は、ランク外。イベントやレストラン、バー需要が圧倒的なベルギーとドイツも、コロナ禍の影響を受けて、前年から半減とのことだ（『酒類飲料日報』2020年5月29日付）。

　なんと、メキシコビールは単月で59%増となっている。数字の源はおそらく圧倒的に「コロナエクストラ」に違いない。2012年「アンハイザー・ブッシュ・インベブ」傘下となり、日本での営業、マーケティング体制が充実したためであろう。メキシコ本国やアメリカで行われているような音楽フェスを沖縄で主催するなど、ソフト面への注力による効果も現れているといったところか。

　もうひとつ『食品産業新聞』からの数字を紹介したい。酒類小売チェーンストア「カクヤス」の2020年5月度の売上高であるが、売上高合計は前年同月比41.6%減、業務用は75.9%減と非常に厳しいものであった。一方で外出自粛による影響か家庭用は45.9%増。4月の売上高合計は51.5%減、4〜5月の上期計は46.6%減と厳しいものの、特にビールやRTD、また飲料品においては炭酸水等の割材の販売が増加、ということだ（『酒類飲料日報』2020年6月8日付）。

　4月、5月とビール、しかもメキシコビールは好調のようだ。おなじく『食品産業新聞』にて、総務省統計局が2020年8月7日に発表した2020年6月の家計調査の数字を記事にしているが、全国の酒類合計の支出額は前年同月比17.4%増と4月の22.5%増、5月の26.9%増に続き2ケタ増となった。また、外食のうち飲酒代は62.5%減となっており、5月の9割減からは回復基調ということだ（『酒類飲料日報』2020年8月11日付）。

　2月末の「38%」不買ニュース、4月上旬の生産停止と厳しい状況におかれた「コロナ」ビールだが、実際のところ果たして「風評被害」があっ

たのか疑問である。

　親会社の「アンハイザー・ブッシュ・インベブ」は「5WPR」が「38%」とプレスリリースした同日の 2020 年 2 月 27 日、減収見込みを発表。新型コロナウイルスによる中国市場への影響などから、第 1 四半期は 10% の減収になるとの見通しをリリース、ただし、その内実は「バドワイザー」の中国市場での不振で、「コロナ」ビールそのものとは別の話だ。

　日本での売り上げ増もネタとして「コロナ」ビールを飲んでみようとする動きに後押しされ、新たな愛好者を獲得できたのではないだろうか。「コロナ」ビールを置いているスーパーや酒量販店を定点観測していたのだが、何度か売り切れを目撃している。実際日本への輸入量も激増しているので、風評被害があったのかどうかは、具体的なエビデンスを示されない限り怪しい。それよりも世界経済全体がシュリンクしたことのほうが影響は大きいと思われる。

メキシコのビール事情

　最後に「コロナ」ビールを作っている「グルポ・モデロ」について少し紹介しよう。前述したとおり親会社は世界最大のビール会社「アンハイザー・ブッシュ・インベブ」。1922 年創業の「グルポ・モデロ」自身も買収合併を経て、メキシコ最大のビール製造企業となってきた。「コロナ」「モデロ」のほか「パシフィコ」「ビクトリア」「レオン」「エストレヤ・ハリスコ」などの銘柄がある。

　ライバルは「ハイネケン・クアウモテック・モクテスマ」だ。南米諸国にも展開するコンビニ、ガソリンスタンド、運輸、コカ・コーラのボトリングと多方面の事業体を持つ巨大企業「FEMSA」のビール部門がオランダ「ハイネケン」に買収され、子会社となった。「テカテ」「ドス・エキス」「ソル」といった銘柄が有名だ。メキシコでは、この 2 社でほぼ国内のビール市場を二分している。

　「コロナ」ビールならではのカクテル「コロナリータ」はいかがだろうか。凍らせたテキーラベースのカクテル「マルガリータ」に、「コロナ・エクストラ」小瓶（250ml）の「コロニータ」を突き刺し、ビールで溶かしながら飲むというものだ。大き目のカクテルグラスに突き刺さったボトルの見た目のインパクトもさることながら、マルガリータのビール割りという

ことで、かなり強そうだ。

　メキシコビールは「コロナ・エクストラ」をはじめ、軽めのビールが多い印象。「モデロ」はオーストリア人が始めたビールらしいビールという触れ込みだが、味見したところ、やはり「コロナ・エクストラ」同様軽い風味だ。さすがにナマモノのクラフトビールは現地で味わうしかない。ビーチで軽めのビールに合わせメキシコ料理「エンチラーダ」や「ファヒータ」を肴に盛り上がるのは、日本でもできるので試してみてはいかがだろうか？　気分だけでもメキシコにワープできそうだ。

メキシコのビールを並べてみた

食器にコロナ、ナゾに迫ってみた

eBay でコロナ探し

　この稿を書く間、さまざまな「Corona」ブランドを調査するため、アメリカのオークションサイト「eBay」にほぼ常駐していた。「eBay」といえば「ヤフオク」の元祖ともいえるサービス。メールアドレスだけで送金できる独自サービス「PayPal」とあわせ、セラー、ユーザーは全世界に及ぶ老舗オークションサイトだ。筆者も日本で簡単に入手できないアイテムを購入するため、何度か利用したことがある。

　肝心の「Corona」アイテムだが、ここは日本のヤフオクよりも商品名に関するルールが厳粛なためか、「コロナ自粛キャンペーン」などといったノイズが紛れ込むことなく、狙った検索の「Corona」関連商品がキレイにリストされる。検索エンジンの高機能化よりもルールの徹底化でユーザビリティを向上させるという手法だろう。

　各ジャンルごとの「Corona」と銘打ったアイテムをみていくうち、「家庭用品」ジャンルにおいて、大量の洋食器類がリストされた。その内訳には、あのコロナビールのノベルティー食器が一部混じるものの、ほとんどはヨーロッパや日本の洋食器工房が制作した、いわゆるビンテージのボーンチャイナ食器である。

ここで巨大なナゾにブチ当たる

　「eBay」の検索結果にリストされた「Royal Crown Derby」といった英国の名門窯をはじめ、日本の「ミカサ」など多数のメーカーの磁器を順番に鑑賞しながら商品説明を読んでいくと、よくわからなくなってしまった。

　いまも現存する老舗メーカーの会社案内など漁ってみた。「Royal Crown Derby」社公式サイトから引用すると、

　　　1775 年に国王ジョージ三世より、商標に「クラウン」の使用を認められる栄誉に浴しました。そして「ロイヤル」の称号は、その後 1890 年にビクトリア女王によって授けられ、英国でも稀な二つの称号を冠

eBay より「mikasa」に「CORONA」刻印

する最高の栄誉を担った「ロイヤル・クラウン・ダービー社」が誕生しました

とある。要は英国王室御用達の栄誉を2冠達成したということだ。

磁器の裏にはメーカーを示す刻印があるのだが、「Corona」という文字をメーカーブランドロゴとともにデザインされたものや、あとから適当なスタンプをただ押したようなものまで「Corona」マークの出来もさまざまである。「Royal Crown Derby」に関しては「Crown」の部分をラテン語の「Corona」で補足説明しているため検索結果にリストされたのであろう。

ということは、実際に「Corona」と刻印のある食器は英国をはじめとする、ヨーロッパ王室の何らかの認定を受けた栄誉ある食器なのか？という命題が浮き彫りとなった。

また、日本の洋食器メーカー「ミカサ」や、あきらかに最近の製品である「Kate Spade」がはたしてヨーロッパ王室御用達になったのか、ナゾ

便乗でコロナウイルスデザインも登場

は深まるばかり。アタマの中は消化不良となり、数日悩むこととなってしまった。

地の利を生かす

　筆者の居住地は愛知県瀬戸市、いわゆる「セトモノ」の街だ。中国景徳鎮市と姉妹都市の陶磁器産地だが、近年は産業の空洞化で街全体がオワコン感に包まれている。とはいえ、若手芸術家がアトリエを構えたり、といった動きも出ており、自動車産業崩壊で荒廃したデトロイトの裏通りのようになるにはまだまだ猶予がありそうだ。

　悩んだ末、行きつけのカフェのマスターに相談、詳しそうな人を教えてもらう。その方より、今は工場をたたんでしまったが、製陶メーカーが開設した美術館が近くにあり、館長がかなり詳しい大御所であると教えてもらう。さっそくアポイントを取り、お話を伺うことにした。こと陶磁器に関しては、地元ならではの地の利があるといえる瀬戸市である。

取材でアッサリ解決

　お邪魔した先は「愛知西洋磁器美術館（ポーセリンミュージアム）」。オーナメントウェアの「愛知製陶所」オーナーが開いた私設美術館である。このエリアの観光ガイドブックにも掲載されていないので、知る人ぞ知るスポットだ。

　すでに工場生産は終了し、かつて工場があった辺りは真新しい建売住宅が整然と並んでいる。瀬戸市の旧市街地ではこのような場所が多くなってしまい、時代の趨勢を感じる。挨拶もそこそこに館長の加藤氏に、eBayからいくつか拾った画像を印刷した紙をベースに疑問をぶつけてみる。疑問とは「この Corona 刻印は何？」といったあまり具体性のないもの。

　さすがに長年磁器の生産と貿易に携わってきた加藤氏、画像のブランドなどの説明しながら、「商品シリーズ名」であると断言。英国ウェッジウッドの磁器でいえば「ターコイズ」「ワイルドストロベリー」といったシリーズ名に相当する。ただし、それらに比べあまりにも「ビッグワード」であるため、いろいろなメーカーが「商品シリーズ名」に採用し、カブってしまったというもの。たとえば「Premium」といった割とありがちなネーミングに近いものと思っていただければよい。特に皿の周囲に彩色やデザ

取材協力：愛知製陶所 - 愛知西洋磁器美術館（ポーセリンミュージアム）

インを施した柄のものに命名される傾向がある。このあたりは「太陽コロナ」であったり、ビンのフタを「王冠」と呼んだりすることに通じる様だ。

　あとからスタンプを押したような刻印は、輸入卸売販売会社の担当者からの要求などで追加されたものではないかという加藤氏の見立てであった。やはり、然るべきところで然るべき人に話を聞くのが問題解決の早道だ。

　せっかくなので、フランスのセーブル窯を中心とした企画展示を見学。ポンパドゥール夫人、マリー・アントワネットといった歴史上の有名人たちの専用食器、当時の職人による超絶技巧を目の当たりにすることができる。説明によれば、ルーブル美術館、大英博物館の所蔵品よりも状態のいい逸品も。私設美術館のため、観覧には事前連絡が必要なので、出かける向きはあらかじめ電話予約（0561-82-9335）をお願いしたい。

直木賞候補が作った写真界のコロナ

今は亡きメーカー

「アイレス」「ビューティー」「ローヤル」「トヨカ」「サモカ」。これらの名前でピンと来た方は相当なマニアと見受けられる。それでは、多少難易度を下げ「ペトリ」「マミヤ」「ニッカ」「コーワ」「トプコン」ではどうだろうか。

上記で紹介したものは、かつて日本に存在したカメラのブランド名だ。特に最初に例として挙げたものはいわゆる「B 級」ブランド。ほとんどは昭和 30 年代はじめ、高度成長期に突入するかしないかの頃に消え去ったブランド群である。悲しいかな B 級品のさだめ、現在ブツの入手はなかなか困難な激レアグッズとなってしまっている。なかには凝った機構やギミックを採用したカメラもあるが、「日本光学（ニコン）」「コニカ」「千

代田光学（ミノルタ）」といった当時の一流メーカーと違い、レンズを内製できなかったため専業メーカーから調達していたメーカーがほとんどであった。

ワルツ商会

その昭和「B級カメラ」ブランドのひとつに「ワルツ」がある。戦前から写真用品の専門商社「日本商会」として営業していたが、戦後、1951年（昭和26）「ワルツ商会」として体制を整え、リスタート。元々レンズフィルター、レンズフード、セルフタイマーといったカメラ周辺アクセサリーが得意であったが、折からの二眼レフブームに乗じ、1952年（昭和27）カメラ製造に乗り出す。「ワルツ商会」はそれなりの規模であったが、当時はいわゆる「四畳半」カメラメーカーが乱立、今でいうところのファブレスマンションメーカーのようなものだ。

写真用品で実績のあった「ワルツ商会」であったため、セールスはそれなりにあったようだ。1956年（昭和31）には「ワルツ」に社名変更。そして今まで数字を支えてきた二眼レフが市場でオワコン化、35mm判カメラにシフトし、新製品を次々投入していく。その5年後、1961年（昭和36）ついに資金繰りが悪化し、「ワルツ」は倒産してしまう。

コロナとコロネット

例によって eBay 徘徊中に「CORONA」の露出計を発見した。説明書きによれば「ワルツ商会」の製品だ。似た名前の「CORONET」は、クラシックカメラ店のジャンクコーナーなどで何度か見た覚えがある。

古い露出計でよく見かけるものは「Sekonic」、現在も東証第二部に上場し、露出計を作り続けている「セコニック」の製品だ。1950年代の発売以来、何十年にもわたり、モデルチェンジを続け、単体露出計では全世界の写真スタジオ、プロカメラマンのデファクトスタンダードとなっている。プロ用の露出計としては「PENTAX」や「ミノルタ」といったカメラメーカーからもかつて発売されていた。

さて、本題である「ワルツ」の露出計、「CORONA」と「CORONET」の違いは何だろうか。

1937年より80年にわたり刊行されたアメリカのカメラ雑誌『Popular

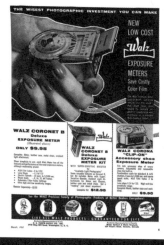

Photography』、その 1950 年代の誌面に「ワルツ」の広告が掲載されて
いる。1957 年 3 月号では目次の直後 5 ページ目に全面広告を出稿してい
る。よほど輸出が好調だったのであろうか、モノクロとはいえ単価の高い
巻頭部分に広告を出せるだけのパワーがあったということだ。

　その広告で「CORONA」と「CORONET」の違いが明確に説明されて
いる。「CORONA」は、カメラ軍艦部のアクセサリーシューにセットす
るタイプ、「CORONET」は通常の手持ちタイプの露出計である。したがっ
て受光部の位置がサイドとトップという違いがある。

コロネット入手

　そこで「CORONA」露出計を入手しようと思い立ち、何軒かクラシッ
クカメラ専門店をハシゴしたりしてみたのだが、前述のセコニックのもの
しか見当たらない、希少品のようだ。友人がクラシックカメラ専門店を経
営しているが、そもそも「ワルツ」製品自体入荷がなく、たまに入ってく
るものはレンズフードぐらいということだ。

　Yahoo オークションをしばらく観察していたのだが「CORONA」の
出品はまずない。そこで「CORONET」で妥協し入手してみた。

　1950年ぐらいまでのカメラには、露出計が搭載されていなかった。そのためこのような単体露出計でフィルム感度に合わせ、絞りとシャッタースピードを参考にしていた。もっとも多くの素人はフィルム外箱に記載されている表を参考にしたり、経験値によるカンで撮影していたという。まだカメラ自体が高嶺の花であった頃の話だ。

　使い方はお分かりだろうか。現代のカメラであれば、液晶パネルやファインダーにデジタルで数値がピピっと表示されるが、こちらは「セレン光電池」に受光させ、その発電量の変化をアナログメーターに表示するという単純なもの。メーター針の振れた位置にあるシャッタースピードや絞りの数値を読み取り、カメラ側の調整を行うのだ。透明のプラスチックのブツブツの中が「セレン光電池」である。

　カメラ側の進化により、明るいレンズやスローシャッターが装備されると、「セレン光電池」では測定不能な領域が出てきたためCdS（硫化カドミウム）半導体に置き換わっていった。こちらは発電量の変化ではなく抵抗値の変化をピックアップするものだ。

ワルツ倒産が小説に

　「ワルツ」には興味深いエピソードがある。

　「ワルツ商会」としてリスタートさせた社長の太田俊夫と、前身の「日本商会」時代からの盟友である「コパル」の笠井正人の確執だ。「コパル」はカメラのシャッターを専門に製造、販売先はカメラメーカーである。カメラが製造されれば製造されるほど儲かるという会社なのだ。

　資金繰りに困った太田は友人の笠井に相談、笠井は「ワルツ」に部下を派遣し、生産調整どころか増産を画策、これにより「コパル」の売上を増やした。当時高級ブランドであった「キヤノン」が、サラリーマンの給料一か月分で買えるという価格戦略カメラ「キヤノネット」を発売、体力や販路のない中小カメラメーカーは「キヤノネット」によって駆逐されてしまった。もちろん「キヤノネット」のシャッターは「コパル」が供給。笠井は太田にこの件を一切知らせず、これが「ワルツ」倒産最大の引き金となった。債権者として笠井は「ワルツ」の工場資産をそっくり手に入れ、なかば乗っ取りに近いような形で「ワルツ」は終焉を迎えてしまった。

　上記のエピソードは「ワルツ」倒産を題材にした小説『社長失格』『カメラウォーズ』などに詳しい。作者は太田俊夫である、そう、「ワルツ」の社長だった人。なかなか文才のある人で、「ワルツ」倒産後は小説家の道に進み、このほかにも 30 作品ほど経済小説、ミステリーを発表している。1972 年(昭和 47)には直木賞候補にもなったという実力の持ち主だ。

　単なる古道具の露出計であるが、背景にはこういった物語がある。モノの持っている物語を読むため、またムダな買い物をしそうである。

セイコーの置時計コロナ

押し入れから発掘

　いつものように「コロナ」グッズを探し eBay を漂っていたところ、日本の時計メーカーセイコーの「CORONA」置時計がいくつか出品されていることを発見した。アメリカをはじめヨーロッパの国々と色々な地域のセラーの手にあるということは、この置時計が製造されていた頃、世界中に輸出されていたということであろう。買えない値段ではないが、海を渡っ

てくるとさすがに送料が高くつく。

　そういえば、確か、この年代の目覚まし時計が家のどこかにあったことを思い出し、家探しタイムとなった。我が家には古い置時計がたくさんあるので、なかなか片付けた場所の見当をつけるのが大変であったが、無事発掘。期待していなかったが、ダイヤルには誇らしい「CORONA」の銘が。早速、風防とボディカバーのクロームメッキの部分を綺麗に磨き、本棚に飾ってみた。

　もちろん昔のものなので、電池などを一切使わない、ゼンマイを巻く方式である。腕時計ほど精度を要求されないのだが、文字盤には誇らしげに「2JEWELS」とある。

昭和ミッドセンチュリー

　我が家の「CORONA」クロック、目覚まし時計なのでインデックスは夜光塗料、わかりやすく背景は黒い帯かダイヤルを一周している。秒針はスモールセコンド、アラームと共にインダイヤルとなっている。ボディカバーがクロームメッキのため、もっさりした印象だが、eBay の出品を見ているとペイント版の色違いがあるようだ。さらに角形ボディのものもあり、昭和ミッドセンチュリー家具と並べると映えそうな、カラフルな色目のものがいくつか出てきた。一方で、いかにも「昭和の応接間」用といったデザインのものもラインナップされていたようだ。もちろん「昭和の応接間」用なので、木目調、ブロンズ調で茶色っぽい。かなり多くの品番が展開されていたことがわかる。

セイコークロックに問い合わせ

　我が家の「CORONA」クロック、実家にあったものをもらってきただけだが、詳細は不明だ。そこで製造元のセイコークロックに年式などを問い合わせてみた。さすが大企業、早速回答があり、1966 ～ 1968 年のモデル、当時価格は 1,300 円ということであった。1966 年の大卒初任給が 24,900 円なので、その 5%。現在で換算すれば約 1 万円ぐらいとなる。

　上級モデルは目覚ましのベルが 2 段階に変化する「バイトーン」という機能を装備、今でこそこういった機能は電子音で当たり前となっているが、当時はあくまでも機械式。ベルのストッパーの周囲もクロームのカバー

が追加され、スペシャル感を演出している。

　またカタログには同じシリーズのキッチンクロックが掲載されているが、振り子の掛け時計が4000円前後であった時代に、5000円を超えるという、当時にしてはかなり高価なものとなっている。

コロナメロディア

　よせばいいのに、もう一つセイコー「CORONA」クロックを入手した。年代は上記クローム「CORONA」同じく1960年代後半のものと思われるが、全く方向性の違うデザインのものだ。さすがに複雑なデザインとなると金属では難しいのか、外装はプラスチックとなっている。

　ダイヤルは青のチェック、長針短針ならびにインデックスは躍動感のあるデザインだ。文字盤のコントラストがはっきりしているので、時刻がはっきり確認できる。

　実はこのモデル、通常のジリジリ鳴るベルとは違い、アラームはオルゴールとなっている。そのため「CORONA MELODIA」というネーミングだ。

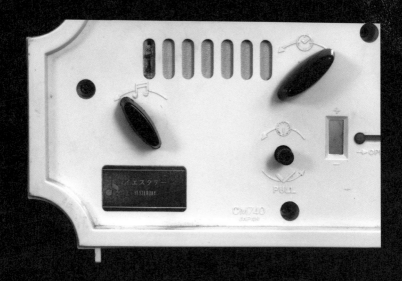

　当時のカタログを入手できていないので正確なところは不明だが、色々な曲のバージョンがあったのではないだろうか。本体裏のオルゴールのゼンマイを巻くネジの下には曲のシールが貼ってある。

　ちなみにこの「CORONA MELODIA」オルゴールの曲、ビートルズの「Yesterday」だ。シールには「イエスタデー」と表記されているあたりが時代を感じさせる。オルゴールなので目覚まし時計としての機能はあまり期待できないが、目覚ましだけではなく、フリーモードでオルゴールを鳴らすこともできる。このコロナ騒ぎを早く「Yesterday」のものとしたいところだ。

健康被害もなんのその、コロナとタバコ

喫煙経験により重篤化しやすい新型冠状肺炎

　数年前から禁煙をしていたものの、長らくヘビースモーカーであった有名タレント志村けん氏がコロナウイルスにより死亡したニュースは日本全土を深い悲しみに陥れた。

　日本呼吸器学会 2020 年 4 月 20 日プレスリリースによると、中国・武漢を中心に COVID-19 患者 1,099 名の臨床データを分析した研究では、喫煙者は人工呼吸器が装着される、あるいは死亡する危険性が非喫煙者の 3 倍以上になる、とタバコに対しあらためて警鐘を鳴らしている。

　コロナ以前にかなり昔より、がん、循環器疾患、呼吸器疾患、消化器疾患といった健康障害の原因になっていることが、国内外の多くの研究で明らかとなっているうえ、近年は「受動喫煙」の悪影響が厳しく取沙汰されている。ついに、2020 年 4 月から健康増進法施行により飲食店、事業所は基本的に全面禁煙となった。

愛煙家にはまったく肩身が狭い世の中となったが、その昔、タバコはほとんどの男性が嗜む常識のようなものであった。また、当時の専売公社では、一線級の女優を起用し「たばこは動くアクセサリー」といったコピーで女性にも積極的に売ろうと、今となっては考えられないマーケティングもし

ていた。映画などでは喫煙シーンが何らかの暗示をしたりと、生活にかなり浸透していたタバコは、酒と同様大人をイメージさせる重要な小道具でもあった。

風前の灯となってしまったタバコ文化であるが、「コロナ」に関係ありそうなものをピックアップしてみた。

専売局のコロナ

「コロナ」とネーミングされたアイテムを探し、過去に遡っていくと、日本のタバコでそういった銘柄があったことを発見した。

昭和21年（1946）、終戦後混乱するさなか、タバコは配給品と自由品の2種類になった。当時のタバコの配給は1ヵ月90本、現在でもベストセラーのタバコ「セブンスター」でいえば、わずか4箱半である。とても足りなく、ナスのヘタやらイタドリの葉を巻いた自作タバコ、シケモク拾いなど、当時を描写した映画や小説などにそういったエピソードが登場するのをご覧になった方もいると思う。

専売公社発足（1949）以前にタバコのすべてを仕切っていたのは大蔵省専売局、昭和21年（1946）自由品では「ピース」そして「コロナ」の2銘柄が登場。その後ピースはアメリカの有名デザイナー、レイモンド・ローウィのパッケージデザインを採用するなど、今もブランドとしては存続している一方で、「コロナ」は昭和22年に終了。わずか1年の生命であった。

専売局「コロナ」をゲットしようにも、70年以上前のブツなのでタバコそのものを入手することはムリ、妥協してパッケージのみ入手した。当

時のタバコは 20 本入りの他にも 10 本入りが多く、この「コロナ」も 10 本入りだ。デザインもなかなか優れており、終戦直後で苦しい時代にもかかわらず、一瞬エンボス加工のように見える豪華なデザインとなっており、配色もたった 3 色ながら見事なものである。

シガーでもコロナ

　シガー（葉巻）を嗜まれる方はいらっしゃるだろうか？ シガーの世界でも「コロナ」は重要なキーワードだ。

　シガーではサイズ形状を表す言葉に「シェイプ」という表現がある。おおよそ標準的シェイプは「コロナ」と呼ばれ、商品名にも記載される。寸法的には長さ 15 センチ 太さ 1.5 センチ前後となる。これより大きいシェイプは「ダブルコロナ」「チャーチル」「ロブスト」といったものがある。反対に小さいものは「ペティコロナ」「パナテラ」となる。同じタバコ葉を使用してもシェイプによって味が異なるため、シガー選択の重要ポイントとなっている。大きめのものはまろやかな味わい、小さいものになるほど強めになる。従ってシガー初心者ほど大きめなシェイプを選択した方が無難であるようだ。

　喫煙者の友人数名に声をかけみた。「コロナ」シェイプのシガーをテイスティングしてもらい「コロナ吸引！」と煽ろうと思ったものの、シガー経験者が全くおらず、通常喫煙者にとっても敷居の高い嗜好品であることを改めて感じた。なにせシガー一本あたり 2000 円とかするので、紙巻きタバコのようにスパスパやるわけにはいかない。ゆったりとしたシガークラブのソファで、会話を楽しみながら煙を燻らせる旦那衆の遊びであることを改めてご案内しておきたい。

ライターもコロナ

　ふた昔ぐらい前まで飲食店では名刺代わりにマッチが配られていた、現代でいうところのショップカードに相当するもの。今よりも喫煙者が多かったため、マッチを配るサービスとなっていたのだろう。お年寄りが経営しているような、「昭和」な喫茶店に行けば今でも入手可能である。1970 年代のデザインそのままの可愛らしいマッチ箱は見ていて癒される。

コロナのライター、ビンテージ品である

　タバコに火をつける道具は、100円ライターの登場で大きく様変わり
したが、ライターは今でも「Zippo」が一番人気のようだ。通販サイトな
どで値段を見たが、昔に比べ「Zippo」も随分値上がりしたものだ。「Zippo」
に対抗する オイルライターとしてはオーストリアの「IMCO」があるが、
すでに本国ではライター事業は撤退。日本の喫煙具メーカー「柘製作所」
がブランドを継承し、復刻版を販売している。
　そのオーストリアの「IMCO」
に似たネーミングのライターがあ
る。日本の喫煙具メーカー「フ
カシロ」がリリースする「im
corona（イムコロナ）」だ。読み
方を間違えると「アイムコロナ」
で「俺コロナ」となってしまうが、
歴史も古く日本を代表するライ
ターブランドとなっている。廉価

モデルでも1万円ぐらいからスタートなので高級品の部類である。創業は戦前、戦後に石黒製作所、石光金属工業、大杉製作所の三社で「コロナ商会」という販売会社を設立して「im corona（イムコロナ）」が誕生した。「im」は石光金属工業の頭文字とのことだ。

この「コロナ商会」から「Corona」というブランドもリリースされていた。eBayでよく見かけるピストル型のライターが代表モデルだ。常に出品されているため、当時相当数輸出されたようだ。ピストル型のライターはプレミアムがついて価格が高騰気味、グリップ部に七宝焼きをあしらったものは、状態がよければ日本円で1万円を超えるような価格がついている。ネタで買うには躊躇する値段だ。そこで、ごく普通の形のものだが、大きなラインストーン装飾のある「Corona」ライターを購入してみた。

フカシロ公式サイトの説明によれば、ライターの部品点数はおよそ100点、単純な機構のものだが、意外と深い精度を求められるため、製造には技術を要する。入手した「Corona」ライターを弄ってみたところ、確かに金属プレスでできた部品を組み合わせただけだが、可動部分やパーツごとのチリは寸分の狂いもなく正確である。

古くは「印籠」「根付」といったものを筆頭に、こういった細かいアクセサリー、特に機構付きのものは日本の得意とするところ。喫煙具の世界にも「モノづくり日本」の真髄が現れている。タバコを吸わない方も、一度ライターの世界を覗いてみるのはいかがだろうか。

シガレットケースもコロナ

昭和の応接間といえば、読みもしない百科事典や文学全集、木彫りのクマなど観光地のダサイお土産。現代よりはるかに小さめのソファーの肩には白いレースというものが相場であった。そして、応接間3点セット中央のテーブルには灰皿と一体になった卓上ライターや、これから紹介するようなシガレットケースが置かれていた。

今でもカーディーラーで新車を購入すると、そのクルマに関する販促グッズがプレゼントされると思う。オートバイ販売の「レッドバロン」では、新車中古に関わらず、バイクを購入すれば、ダイキャスト製の「世界の名車シリーズ」ミニチュアバイクがプレゼントされる。この「レッドバロン」のミニチュアバイク、人気車種であれば、ヤフオクですぐに1万

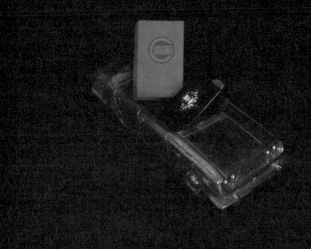

円を突破するほどのプレミアがつく。

　トヨタのカーディーラーでは1960年前後あたりから、購入したクルマと同じモデルのシガレットケースをプレゼントしていたようだ。ヤフオクの出品からみると、最も古いと思われるのはRS系トヨペットクラウン、2代目T20系トヨペットコロナだ。逆に新しいと思われるのは、90系マークⅡなので、平成の初めごろまではノベルティとして配布されていたと思われる。

　長年、成人喫煙率を集計してきたJT全国喫煙者率調査によれば、昭和40年度（1965）の男性喫煙率が82.3％、90系マークⅡがデビューした平成4年度（1992）では60.4％に低下、調査の最終年、平成30年度（2018）ではわずか27.8％までとなっている。主に新車を購入する世帯主の男性向けノベルティとはいえ、平成時代に大きな転換があったようだ。

　せっかくなので歴代コロナで一番好きな三代目コロナ、通称アローラインコロナのシガレットケースをゲットした。このシガレットケース、どのモデルも金色に光り輝いているが、当然のことながら高価な金メッキではなく、真鍮メッキである。縮尺は1/18ぐらい。ディテールはかなり忠実

に再現されている。インテリア部分はタバコを収納するスペースとなっており、ルーフ部分がフタとなっている、デタッチャブルトップのシガレットケースだ。

　爆発的なセールスを記録した三代目コロナであったため、シガレットケースの入手はそれほど困難ではなかったが、逆に不人気車となり散々なセールスであるモデルのシガレットケースはかなりレアだ。また、日産、マツダ（当時は東洋工業）、三菱といった乗用車メーカーも、同じ製造元に発注したと思われるシガレットケースをノベルティとして配布していたので、ご贔屓メーカーのモノを集めてみるのも面白そうだ。

第 4 章

地名

　わが日本でも少ないながら「冠」と名の付く地名があるように、ラテン系の国を中心に「Corona」という地名が何箇所か存在する。

　しかし、その中でも最大面積の地はラテン系の国ではなくアメリカ、カリフォルニア州のコロナ市だ。これには一つ歴史的経緯がある。19 世紀半ばの「米墨戦争」で勝利したアメリカが獲得した地域（カリフォルニアからテキサスにいたる地域）はもともとスペイン人を中心に入植していたエリアだ。「米墨戦争」ではメキシコが当時の国土の 1/3 を失ったというの負けっぷり。そのため、かつての名残でスペイン語の地名が数多く見受けられる。

　またアメリカの住所は通りの名が多いのだが、「Corona」と名付けられた通りが各地に存在する。スペイン人入植者とはあまり関係ない東部や北部にもあるので、ちょっとマイナーな定番ネーミングといえよう。

　一般的な地名のほか、ランドマークとなるような建物、遺跡といった「Corona」アーキテクトもこの項に含めてある。気になる場所があれば、実際に訪れてみるのも面白そうだ。

コロナ
🔤 Corona
📍 アメリカ　カリフォルニア州
🌐 https://www.coronaca.gov

エレキギターのフェンダー、農機具のコロナなど意外と大企業の本社がある街。ロサンジェルスの衛星都市で立地もよい。ロサンジェルスまで高速道路で45分、サンディエゴへは2時間。

公式サイト

コロナ・アベニュー
🔤 Corona Ave
📍 アメリカ　カリフォルニア州
🌐

コロナ市の北、ノルコ。田舎臭い住宅街の通りだ。道路の両脇は芝生ではなく乾燥した土。サンガブリエル山脈を越えればモハーベ砂漠と、西部劇にでてくるような殺風景に近づく。

Google マップ

コロナ・アベニュー
🔤 Corona Ave
📍 アメリカ　カリフォルニア州
🌐

ロングビーチ、ベルモントショアの住宅街、イーストオーシャンブルバードから太平洋に向かって南北に延びる通り。カフェやレストランが多く並ぶ2番街と交差する。

Google マップ

コロナ・ストリート
🔤 Corona St
📍 アメリカ　カリフォルニア州

コロナ市郊外、サンディエゴに向かうハイウェイ15号線わきの住宅街の通り。丘の上なので、ところどころカーブがある。停めてあるクルマからすると暮らし向きは良さそう。コロナのコロナだ。

Google マップ

コロナ・デル・マー
🔤 Corona del Mar
📍 アメリカ　カリフォルニア州
🌐 https://www.visitnewportbeach.com/vacations/corona-del-mar/

ニューポートビーチの一角、ヨットハーバー、コテージ、瀟洒な別荘が並ぶエリア。ショッピング、グルメと遊歩道沿いに楽しめる。シーフードレストランもよさげだ。

公式サイト

コロナ・ドライブ
🔤 Corona Drive
📍 アメリカ　カリフォルニア州
🌐

ロサンジェルスの衛星都市パサデナ。高級住宅街が多いことでも知られる。こちらも丘の上の住宅街を走る裏通り。狭い道幅ながらもパームツリーが並びカリフォルニアらしい。

Google マップ

コロナ・ドライブ
🔤 Corona Drive
📍 アメリカ　カリフォルニア州
🌐

ハリウッドの東側、ロサンジェルスの衛星都市グレンデール市の丘の上住宅街アダムズヒルの通り。パームツリーとともに傾斜地を縫うようにして通っている。

Google マップ

コロナ・ドライブ
🔤 Corona Drive
📍 アメリカ　カリフォルニア州
🌐

ロサンジェルス丘の上の住宅街エレファントヒル、グレンデールの Corona Drive から 5km。こちらからの眺めも素晴らしい。

Google マップ

コロナ・ヘリテージ・パーク・アンド・ミュージアム
🔤 Corona Heritage Park and Museum
📍 アメリカ　カリフォルニア州
🔗 http://www.coronaheritage.org

コロナ市の郷土博物館。結婚式場や各種ワークショップなどバンケットサービスも行っている。地域のボランティアによって運営されている小さな博物館。

公式サイト

コロナ・レイク
🔤 Corona Lake
📍 アメリカ　カリフォルニア州
🌐

コロナ市の外れにある湖、サイズ的には大きな池だ。有料釣り場で、トラウト、キャットフィッシュを放流している。クルマで釣り場に横付けできるのがよい。レンタルボートあり。

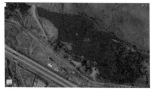
Google マップ

コロナ・ロード
📘 Corona Rd
📍 アメリカ　カリフォルニア州
🌐

俳優クリント・イーストウッドが市長を務めたカーメル市の南部、カーメルハイランド。太平洋岸から山間部に延びる林道のような細い道。この先はガラパタ州立公園に至る。

Google マップ

コロナ・ロード
📘 Corona Rd
📍 アメリカ　カリフォルニア州
🌐

ベイエリア北部、サンフランシスコ市ペタルーマ、クラウンの集落を南北に縦断する通り。運送屋や農家がならぶカントリーロードだ。集落から離れると牧場が広がる。

Google ストリートビュー

パロ・コロナ・リージョナル・パーク
📘 Palo Corona Regional Park
📍 アメリカ　カリフォルニア州
🌐 https://www.mprpd.org/palo-corona-regional-park

カーメル湾を見下ろす丘陵地帯の自然公園、16kmにもおよぶ長さの森はこのエリア随一の規模だ。トレッキングツアーやライドなど多くのアクティビティがある。

公式サイト

コロナ・ハイツ
📘 Corona Heights
📍 アメリカ　サンフランシスコ市
🌐 https://sfcityguides.org/tour/corona-heights/

サンフランシスコ中央部、「ゲイの首都」として有名なカストロ地区に隣接する丘。高級住宅が並び、頂上からはサンフランシスコ市を一望できる。ウォーキングツアーもある。

公式サイト

コロナ・アベニュー
📘 Corona Ave
📍 アメリカ　オレゴン州
🌐

すこし内陸部に入った街メドフォードの住宅街の通り。近くには多くのショッピングモールや公共施設もあり、便利な立地だ。通りの幅も広く、ちょっとした高級住宅が並ぶ。

Google マップ

イースト・コロナ・ロード
- East Corona Rd
- アメリカ　アリゾナ州

ツーソン空港そば、物流倉庫やモーターホームが並び、貧乏くさい通りだ。ツーソン国際空港で分断されている。空港西側のサウル6番街からは West Corona Rd となる。

Google ストリートビュー

コロナ・デ・ツーソン
- Corona De Tucson
- アメリカ　アリゾナ州

ツーソンからメキシコ方面にある集落。集落といっても砂漠に無理やり作った新興住宅街。ガソリンスタンド兼大衆食堂と教会ぐらいしかない。よそ者が入ったらじろじろ見られそうだ。

Google マップ

コロナ
- Corona
- アメリカ　ニューメキシコ州
- http://www.villageofcorona.com/index.html

スペイン人が入植し出来た街。19世紀にはラスベガスとフォートスタントンを結ぶ要衝となった。鉱山、天然ガスの街として発展したが、ふたたび農業の街となった。

公式サイト

コロナ・アベニュー
- Corona Ave NE
- アメリカ　ニューメキシコ州

アルバカーキのアッパーミドルな住宅街。警察署が小さい。NE とは "North East"。識別のためかアルバカーキ北東部の地名にネーミングされている。地名がスペイン語とのちゃんぽんが多い。

Google マップ

コロナ・ストリート
- Corona St
- アメリカ　コロラド州

デンバー旧市街の通り、アパートも多く、商店、公共施設が混在している。旧市街らしく、ときおり古臭い建物が見受けられる。かと思えば高層マンションも。

Google マップ

サウス・コロナ・アベニュー

🔤 South Corona Ave

📍 アメリカ　コロラド州

🌐

こちらもコロラドスプリングスの南部にあるため "South" とネーミング。郊外の住宅街の通りだ。ハイウェイの近くで中心部まで 10 分、近くにはショッピングセンター多数。

Google マップ

コロナ・アーク

🔤 Corona Arch

📍 アメリカ　ユタ州

🌐 https://utah.com/hiking/arches-national-park/bowtie-corona-arches

モアブ砂漠にできた天然のアーチ。ユタ州道 279 号線から 1.5 マイルのハイキングコースがあり。ピントアーチやボウタイアーチと隣接。四駆やバギーのアトラクションもあり。

公式サイト

コロナ・レイク

🔤 Corona Lake

📍 アメリカ　モンタナ州

🌐

数多くの広域森林公園がひしめくなか、谷間の平地フラットヘッド近くの小さな湖、未舗装だが道は通っている。近くには大回りしてフラットヘッド湖に注ぐコロナ川も。

Google マップ

コロナ・アベニュー

🔤 Corona Ave

📍 アメリカ　テキサス州

🌐

サンアントニオ、アラモ・ハイツ。西部劇で有名なアラモ砦のあった伝道所から、北へ 5km ほどの住宅街にある通り。近くにはテキサス州で最初の近代美術館マクネイ美術館がある。

Google マップ

コロナ・ブルバード

🔤 Corona Blvd

📍 アメリカ　アーカンソー州

🌐

何もない平原を突っ切るルート 55 の旧道から横に入った道。行きつく先はミシシッピ川が作った湿地帯と池、天然の水路が複雑に入り組んでいる。近くの都市はメンフィス。

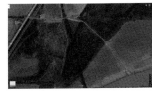

Google マップ

コロナ・アベニュー

🔵 Corona Ave

📍 アメリカ　カンザス州

🔘

カンザスシティ郊外のコロナド住宅街の通り。表通りにはモーテル、DIY センターと典型的な田舎の街道筋。5 km先のビクトリーヒルズにも同じ名前の通りがある。

Google マップ

コロナ

🔵 Corona

📍 アメリカ　サウスダコタ州

🔘

見渡す限りの地平線に 1 マイルごと碁盤の目のように道路が縦横に走る、大平原のなかの集落。一応食屋 2 軒と郵便局はあるが、病院のあるミルバンクまでは 20 kmと陸の孤島だ。

Google マップ

コロナ・アベニュー

🔵 Corona Ave

📍 アメリカ　オハイオ州

🔘

インディアナポリスとコロンバスの中間地点、デイトンの中心部の南側に隣接するケタリング地区。その住宅街を東西に横断する通りだ。規格化された住宅が並ぶ。

Google マップ

コロナ・ロード

🔵 Corona Rd

📍 アメリカ　ミズーリ州

🔘

カンザスシティとセントルイスの中間地点コロンビ。表通りから 1 本裏通りだが、このブロックは商店が並ぶモールのようになっている。住宅街も新しい家明かりでキレイ。

Google マップ

コロナ

🔵 Corona

📍 アメリカ　テネシー州

🔘

コロナ密集地区アーカンソーとテネシーの入り組んだ州境のエリア。コロナロード、コロナ湖がある。ミシシッピ川が形成した水郷地帯で、湿地帯と農地が入り組んでいる。

Google マップ

コロナ・コーブ

🔤 Corona Cove

📍 アメリカ　テネシー州

◎

ミリントン・メンフィス空港のすぐそば。プレハブ、トレーラーハウス群の一角に接続する道。この周辺は新しめのトレーラーハウスが並んだブロックが多数あり、壮観だ。

Google マップ

コロナ・ストリート

🔤 Corona St

📍 アメリカ　マサチューセッツ州

◎

ボストンのドーチェスター地区、こちらは 3 階建てのアパートが連なる通り。周辺はヒスパニック住民向けの商店が多いことから、中南米からの移民の多い街のようだ。

Google マップ

コロナ・コート

🔤 Corona Ct

📍 アメリカ　メリーランド州

◎

Ct（Court）とは行き止まりの通り。刑事ドラマで治安の悪そうな印象のボルチモア市だが、こちらは郊外の住宅街。美しいメゾネットタイプの住宅が並ぶ。

Google マップ

コロナ・コート

🔤 Corona Ct

📍 アメリカ　メリーランド州

◎

ボルチモアの Corona Ct から北へ 50㎞、田舎町マンチェスターにも Corona Ct がある。住宅のガレージも大きく、こちらもちょっとした高級住宅街だ。

Google ストリートビュー

コロナ・コート

🔤 Corona Ct

📍 アメリカ　ニュージャージー州

◎

フィラデルフィアからデラウェア川を渡り南へ 15㎞。ワシントンタウンシップの高級住宅街のブロックにアクセスする行き止まりの道。なかなかキレイな住宅街だ。

Google マップ

コロナ・ロード
🔊 Corona Rd
📍 アメリカ　ニュージャージー州
🌐

フィラデルフィアとニューヨークの間にある街、イーストブランズウィック。ミッドタウンな住宅街にある通り。広々とした通りの様子はまさにアメリカン。

Google マップ

コロナ
🔊 Corona
📍 アメリカ　ニューヨーク市
🌐 https://www.nycgo.com/boroughs-neighborhoods/queens/corona/

クイーンズ地区の下町、キューバ、メキシコなどラテンアメリカからの移民が多い地区で知られる。近年はアジア系移民も増加中。ジャズの大物ルイ・アームストロングの暮らした家が博物館となっている。

公式サイト

フラッシング・メドウス・コロナ・パーク
🔊 Flushing Meadows Corona Park
📍 アメリカ　ニューヨーク市
🌐 https://www.nycgovparks.org/parks/flushing-meadows-corona-park

小説や映画にも登場するクイーンズ、フラッシング地区のランドマーク。コロナ地区と動物園を挟んだ東側の大きな公園だ。メドー湖という大きな池がある。

公式サイト

コロナ・ドライブ
🔊 Corona Drive
📍 アメリカ　ニューヨーク州
🌐

ロングアイランド島ベスページの住宅街。意外と落ち着いたところが多そうなロングアイランドだが、こちらはアマゾンやフェデックスの配送センターなどがある殺伐としたエリアに近い。

Google マップ

コロナ・ロード
🔊 Corona Rd
📍 アメリカ　ニューヨーク州
🌐

ロングアイランド島サウンドビーチ住宅街の路地だ。行き止まりとなっている。このあたりはサンドウィッチ「ロブスターロール」が名物。また、ビーチでのマリンアトラクションが多数ある。

Google マップ

ノース・コロナ・アベニュー

🔤 North Corona Avenue

📍 アメリカ　ニューヨーク州

◎

クイーンズのコロナより20kmほど南。バレースト
リーム沿いの閑静な住宅街を突き抜ける1km弱の通り。
South Corona Ave に接続する。

Google マップ

コロナ・ストリート

🔤 Corona St

📍 アメリカ　ペンシルバニア州

◎

フィラデルフィアから北へ100kmほどの街ベツレヘム、
大学が多い街だ。ゴルフ場や公園のあるミッドタウンに
なる住宅街のなかのほどの100mほど小さな通り。

Google マップ

コロナ・ブルバード

🔤 Corona Blvd

📍 アメリカ　ノース・カロライナ州

◎

ローリー中心部から北へ20km、郊外部住宅街の通り、
Blvd. となっている割に広い通りではない。周辺には多
くの商店やデパートもあり、便利な地域。

Google マップ

コロナ・パーク

🔤 Corona Park

📍 アメリカ　フロリダ州

◎

タンパのウェスト・コロナ・ストリートにある児童公園。
ちょっとした遊具があり、ママたちが集まる日本の街中
にある小さな公園と変わらない。アメリカでもママ友の
マウント合戦があるのだろうか。

Google マップ

コロナ

🔤 Corona

📍 カナダ　アルバータ州

◎

エドモントンの地下鉄駅、ショッピングモールや劇場な
どが並ぶ繁華街。ダウンタウン、シティホールがある古
いエリアだ。川を渡った次の駅は名門アルバータ大学。

Google マップ

コロナ・アベニュー
🌐 Corona Ave
📍 カナダ　オタワ
🌐

オタワ中心街からリドー運河を渡った住宅街。伸び放題の街路樹により緑のトンネル状になっているほどで、道は広くない。それほど大きなお屋敷はないので、ちょっと下町っぽい雰囲気だ。

Google マップ

コロナ・ストリート
🌐 Corona St
📍 カナダ　トロント
🌐

ダッファリン・ストリートの1本裏の住宅街。一軒家のならぶ静かな通りだが、表通りには高層マンションや商店がいくつか。徒歩圏内に映画館併設の大型ショッピングセンター、高速インターも近い好立地。

Google マップ

コロナ・クレセント
🌐 Corona Crescent
📍 カナダ　ブリティッシュコロンビア
🌐

バンクーバー郊外、コキットラムの住宅街を取り巻く道路。少し外れればロッキー山脈の自然公園やリゾートが多数ある地域。アウトドア施設のあるバンクーバー湾沿いのマレーストリートまで1㎞。

Google マップ

エル・メルカド・コロナ
🌐 El Mercado Corona
📍 メキシコ　グアダラハラ
🌐 https://mercadocorona.net

大都市グアダラハラ中心街のショッピングモール。建物のデザインも凝っている、エントランスにはマヤ文明を思わせるオブジェも。周辺は飲食店、ホテル、食品市場など多数ある繁華街。

公式サイト

リオ・コロナ
🌐 Rio Corona
📍 メキシコ　バハカリフォルニア
🌐

カリフォルニア半島の根本にあるティファナ、サンディエゴと国境を接する街だ。駐車しているのは古いアメ車ばかりの下町、アメリカから国境を超えただけで様相は一変する。

Google マップ

コマンハ・デ・コロナ

Comanja de Corona

📍 メキシコ　ハリスコ州

メキシコシティ北部の田舎の集落。街の様子は殺風景、メインストリートはよくて簡易舗装、ほとんどは未舗装路だ。バーやレストランはかろうじてあるレベル。

Facebook ページ

ビラ・コロナ

Villa Corona

📍 メキシコ　ハリスコ州

🌐 https://www.jalisco.gob.mx/es/jalisco/municipios/villa-corona

村の名前は、ナポレオン3世によるフランス干渉戦争（1861年-1867年）の英雄、ハリスコ州出身のラモン・コロナ将軍にあやかり命名。海抜1300mの緑あふれる高原にある。

公式サイト

デ・ラ・コロナ

De La Corona

📍 メキシコ　プエブラ

「天使の街」とも呼ばれているプエブラだが、ここは牧草地でもないような放置された荒れ地のなかの道路。舗装はされていない。周辺の道路も未舗装。

Google マップ

リオ・コロナ

Rio Corona

📍 メキシコ　レイノサ

レイノサ中心街近くの斜めに横切る路地。接続する大通りには、デパートや商店、オフィスが立ち並ぶが、そこはメキシコの田舎町、デパートはパチンコ屋、オフィスはコンビニ程度の大きさだ。

Google マップ

リオ・コロナ

Rio Corona

📍 メキシコ　レイノサ

レイノサの中心部から外れたエリア、メインストリートから1本裏筋、住宅と商店が雑居。ブロックを積み上げたまま工事途中の家があったり、暮らし向きは厳しいようだ。

Google マップ

CII コロナ

abc CII Corona

📍 プエルトリコ　サンファン

🌐

狭い裏通りなのに渋滞していたり、ほぼ露店の八百屋が
あったりと、下町っぽい雰囲気の通り。商店やアパート
の壁にはグラフィティと、イケてる通りだ。

Google マップ

プラヤ・コロナ

abc Playa Corona

📍 パナマ　パナマ県

🌐 https://www.panamaequity.com/property-city/playa-corona/

パナマ運河の西、100㎞程の位置にあるリゾート地。
ホテルのほかコテージ、コンドミニアムも多数。周辺は
ボカコロナと呼ばれる地域、コロナ川もパナマ湾に注ぐ。

公式サイト

パルケ・コロナ

abc Parque Corona

📍 コロンビア　サンタンデール県

🌐

地方都市ブカラマンガの住宅街にある公園。ちょっとし
た遊具と植栽があるだけのポケットパーク。南側には家
具店「Corona Centre」が、西側のラ・セイバ公園は
バスケコートや遊具も多くある。

Google マップ

ファロ・コロナ・アン・チロエ

abc Faro Corona en Chiloe

📍 チリ　チロエ島

🌐

世界遺産にも登録されており、チリの島ではフエゴ島に
次ぐ大きさのチロエ島。大陸側との狭い海峡を見守るコ
ロナ灯台。カラフルなボート小屋と合わせて観光したい。

Google マップ

イスラ・コロナ

abc Isla Corona

📍 チリ　パタゴニア地方

🌐

南米最南端、厳しい自然で有名なところ。数年前、一瞬
で水がなくなってしまったリエスコ湖のあるリエスコ島
の沖の小島。世界最南端の CORONA の可能性が。

Google マップ

ファロ・プンタ・コロナ

Ⓐ Faro Punta Corona

📍 チリ　ロス・ラゴス州

◎

南北に長いチリの真ん中あたり、州都プエルトモント郊外の同じ家が並ぶ住宅街の通り。すでにこのあたりでフエゴ島の民家のような辺境の様相がただよう。

Google マップ

Rコロナ・オーストラリス

Ⓐ R. Corona Australis

📍 ブラジル　ジョインビレ

◎

ブラジル南部、サンパウロより200km南。住宅街だが未舗装路。一本筋違いは「R. Corona Borealis」。こちらは2車線で舗装されている。

Google マップ

サンタ・コロナ

Ⓐ Santa Corona

📍 ブラジル　リオグランデ・ド・スル州

◎

カシアス・ド・スル郊外の街道沿いの小さな町。一通りの商店はあり、生活インフラは整っている。丘陵地帯の住宅街は石畳で南米らしくカラフルな家が並ぶ。未舗装ですこし荒れているところも。

Google マップ

コロナ・ロード

Ⓐ Corona Rd

📍 イギリス　リバプール

◎

オールドスワン地区の住宅街。2階建ての賃貸住宅が立ち並ぶ庶民派エリアだ。中心街まで自転車で20分で行ける便利な距離。商店も多く、徒歩圏内ですべて生活インフラが揃う。

Google マップ

カッレ・コロナ

Ⓐ Calle Corona

📍 イタリア　ヴェネツィア・ジュリア州

◎

ゴリツィアだが、コロナの集落とは全く関係ない位置。城下町グラディスカ・ディゾンツォでGoogleカーが入り込めないほどの細い路地。表通りは賑やかな感じだ

Google マップ

コロナ

 Corona

 イタリア　ヴェネツィア・ジュリア州

コロナウイルス感染拡大となったイタリア北部。スロベニア国境の街ゴリツィア。街道沿いにコロナという名の小さな集落がある。まわりはブドウ畑などの田舎だ。ワイナリーのワインバーが2軒ある。

Google マップ

ビア・コロナ

 Via Corona

 イタリア　ヴェネツィア・ジュリア州

ゴリツィア、コロナの集落へ抜ける街道だが、途中で名前が変わる。かなり細い道だ、ブドウ畑を突き抜ける農道のような道。バイクツーリングで道草するようなルートだ。

Google マップ

カッレ・コロナ

 Calle Corona

 イタリア　ヴェネト州

ヴェネチアと湾をはさんで反対側の街キオッジャ、同じく水の都だ。バイクがやっと通れるほどのカルティエリ島の路地。行き止り。観光地なのかレストランが多い。

Google マップ

カッレ・デ・ラ・コロナ

 Calle de la Corona

 イタリア　ヴェネト州

ヴェネチアのコロナ通り。こちらはさらに自転車でも通行が怪しいほどの狭さだ。途中で運河をわたる橋があるため、徒歩以外は通行不能な路地だが、観光地のため人通りは多い。

Google マップ

チェーザ・ディ・サンタ・コロナ

 Chiesa di Santa Corona

 イタリア　ヴェネト州

 https://www.museicivicivicenza.it/it/tbc/chiese.php

ドミニコ会の教会、1261年に設立と歴史ある建物だ。ジョヴァンニ・ベッリーニの傑作「キリストの洗礼」をはじめ、中世の巨匠による祭壇画、フレスコ画などゴシック様式の美術遺産が多数ある。

公式サイト

ビア・アルベルティーノ・ダ・コロナ

Via Albertino da Corona

イタリア　ヴェネト州

中堅都市、1500年代に作られた古い城壁に囲まれたトレヴィーゾだが城外の郊外寄り。オフィスと住宅が混在するサバーバン。その中を通る道が「アルベルディーノ・ダ・コロナ通り」。

Google マップ

ビア・コロナ

Via Corona

イタリア　ヴェネト州

ドロミテのふもとの街タルツォ。集落を突っ切る街道の両脇がコロナという住所のエリアがある。この街のコロナわずか数百メートル。周囲はやはりブドウ畑。

Google マップ

ビア・コロナ・デル・スッド

Via Corona del Sud

イタリア　ヴェネト州

ビビオネの住宅街の通り。別荘風の住宅が軒を連ね、規則正しい碁盤の目のような区画の街。埋め立て地だったのだろうか。ビビオネはマリンリゾート地。

Google マップ

サントゥアリオ・バシリカ・マドンナ・デラ・コロナ

Santuario Basilica Madonna della Corona

イタリア　ヴェローナ県

http://www.madonnadellacorona.it/en/home-3/

中国五岳崋山の道教寺院のごとく、断崖絶壁にそびえたつカトリック教会。16世紀に建造。宿坊やカフェなどがある。ミラノとヴェネツィアの中間、ガルダ湖のあたり。

Google マップ

コロナ・ヴェルデ・スートラ

Corona Verde Stura

イタリア　トリノ

http://coronaverdestura.it

トリノから北へ30km行けばストゥーラ・ディ・ランツォ川沿いのサイクリング&トレッキングロード、古い礼拝堂や化石の森などがある。隣接のロンバルディア州ほどではないが、このエリアも感染被害が甚大であった。

公式サイト

ビア・コロナ・カステル
🌐 Via Corona Castel
📍 イタリア　トレンティーノ
⚫

イタリアアルプスに近い田舎の集落テルモンの旧道。古い教会サン・ジョバンニ礼拝堂の前の通り。こちらも集落の外に出れば一面のブドウ畑。ワインの名産地でもある。

Google マップ

ビア・コロナ・カステル
🌐 Via Corona Castel
📍 イタリア　トレンティーノ
⚫

フラヴォーンの住宅街から山肌のブドウ畑へ抜ける通り。このあたりの民家は 3 階建てが標準のようだ。州道が集落を貫いているが、日本の整備の行き届いていない三桁酷道と大差ない。

Google マップ

メッツォコロナ
🌐 Mezzocorona
📍 イタリア　トレンティーノ
🌐 https://www.trentino.com/en/trentino/trento-and-surroundings/mezzocorona/

高速道路や鉄道駅もある南チロルの入り口となる交通の要衝の街。「半分の王冠」ということだが、言い伝えでもあるのだろうか。景色は長野の田舎街のようだ。

公式サイト

ビア・コロナ
🌐 Via Corona
📍 イタリア　プッリャ州
⚫

ナポリの反対側フォッジア、旧市街区の裏通り。洗濯物が干しっぱなしであったり、ベスパの三輪車が停まっていたりと、昔のイタリア映画に出てくるような、なかなか風情のある通りだ。

Google マップ

コロナ
🌐 Corona
📍 イタリア　ブレシア県
⚫

ガルダ湖近く、州道が通る集落。ガソリンスタンド、大衆食堂しかない。周囲も日本の田舎同様ののんびりとしたエリア。のどかな風景だが、イタリア全土のうち半数近くにのぼる感染による死者が発生した北部地域である。

Google マップ

モンタナ・コロナ

🔤 Montana Corona

📍 イタリア　ペルージャ県

🌐 http://turismo.comune.perugia.it/pagine/monte-corona-000

12.5km、4 時間半のトレッキングコースがある。獲得標高 690m と少々キツめだ。山頂には中世の修道院があり、アペニン山脈の美しい景色を楽しめる。

公式サイト

ビア・コロナ

🔤 Via Corona

📍 イタリア　ボルツァーノ自治県

🌐

南チロルの村、クルタチ。斜面には延々と続くブドウ畑が連なる農村。コロナ通りからは遠く主峰ダンテルモイアをはじめとする、ドロミテのカティナッチョ山群が見える。

Google マップ

ビア・コロナ・アウストラーレ

🔤 Via Corona Australe

📍 イタリア　シチリア

🌐

南部イタリアとなると、全く街並みの様相が変わる。シチリア北部アルカモの海沿いのビーチを見下ろす斜面の通り、住宅街。マリーナやバーが並ぶリゾート地だ。

Google マップ

ビア・コロナ・ボレアレ

🔤 Via Corona Boreale

📍 イタリア　シチリア

🌐

島の西側マザラ・デル・バッロの郊外。周りは農家のような家が続く道。途中で舗装が剥がれはじめ、やがてオフロードに。中国のド田舎にありそうな景色だ。

Google マップ

コロナ・センター

🔤 Corona Center

📍 スペイン　アンダルシア

🌐

セビーリャ郊外ボルムホスのオフィスビル。シンプルな外観で日本にもありそうな建物だが、スペインにあるとまた違う風情だ。低層部分はショッピング、レストランフロアとなっている。

Google マップ

カレ・デ・ラ・コロナ
🚇 Carrer de la Corona
📍 スペイン　バレンシア
◎

13世紀に建てられたサンタマリア大聖堂のあるバレンシア旧市街地、先史時代博物館横の通りだ。近くにはお手頃なカフェ、レストランも多数ある観光スポットだ。

Google マップ

カレ・デ・ラ・コロナ・ダラーゴ
🚇 Carrer de la Corona D'Arago
📍 スペイン　バレンシア
◎

中堅都市トレントの端、団地や地上げあとの空き地が点在するエリア。フェンスには缶スプレーによるグラフィティや単なる落書きなど、治安が悪そうな通りだ。

Google マップ

カレ・デ・ヨクノウ・デ・ラ・コロナ
🚇 Carrer de Llocnou de la Corona
📍 スペイン　バレンシア
◎

こちらも中堅都市トレントの川沿いの通り、人気のない団地が並ぶ下町風だが、物陰からひったくりが出てきそうな雰囲気だ。周辺はシャッター街となった日本のさびれた商店街のような雰囲気。

Google マップ

ラ・コロナ
🚇 La Corona
📍 スペイン　バレンシア
◎

地中海から10kmほど内陸、アドールの山間部周辺の地名、モンテコロナという山があり、バー「モンテコロナ」、レストラン「モンテコロナ」、タトゥーショップ「コロナ」もある。

Google マップ

カレ・デ・ラ・コロナ・ボレアル
🚇 Carrer de la Corona Boreal
📍 スペイン
◎

イビザ、マヨルカへの定期船が出ている港町デニア。町はずれの開発地区を縦断する道路だ。周囲は空き地だらけで殺風景、新しい団地や公園が出来つつある。

Google マップ

カッレ・サンタコロナ

🔤 Calle Sta. Corona
📍 スペイン　タランコン
🌐

マドリードから南東へ50kmの小さな町、新しめの4階
建てアパート2ブロックを縦断する通り。田舎の小さ
な町とはいえ、鉄道駅や高速インターもある立地だ。

Google マップ

サンタ・アニエス・デ・コロナ

🔤 Santa Agnes de Corona
📍 スペイン　イビザ島
🌐 https://www.seeibiza.com/santa-agnes-de-corona

イビザ島の西にある小さな古い町。オリーブとアーモン
ドの果樹園が広がるのどかな農村部だ。

公式サイト

コロナ・フォレスタル自然公園

🔤 Parque natural Corona Forestal
📍 スペイン　カナリヤ諸島
🌐 https://www.tenerife.es/portalcabtfe/es/site_content/46-medio-
ambiente-de-tenerife/1072-parque-natural-de-corona-forestal

カナリア諸島 サンタ・クルス・デ・テネリフェ、西大
西洋に浮かぶ島だが、冬には冠雪したテイデ山を望むこ
とができる。テイデ山は標高 3,718 m の活火山だ。

公式サイト

ミラドール・デ・ラ・コロナ

🔤 Mirador de La Corona
📍 スペイン　カナリヤ諸島
🌐

コロナ・フォレスタル自然公園とは全く反対方面にある
ピーク。展望台となっており、眼下に広がる街並みと大
西洋を一望できる人気スポット。サイクリングコースが
設定されている。

Google マップ

モンタナ・コロナ

🔤 Montana Corona
📍 スペイン　カナリヤ諸島
🌐 https://turismolanzarote.com/en/

カナリヤ諸島の一角、ランサローテ島にある荒涼とし
た火山。何度かの噴火により溶岩台地と 300 以上のク
レーターがある。この景色を生かし『恐竜100万年
(1966 年)』などの映画のロケ地となった。

公式サイト

モンテ・コロナ

Monte Corona

スペイン　コミジャス

https://www.comillas.es/ficha-ruta-senderismo-6.php

カンタブリアの標高の低い海岸沿い、樫やブナの広葉樹林帯が広がる山。高低差は160m、8.3km、2時間ちょっとの気軽なトレッキングコースが用意されている。マウンテンバイクもOK。

公式サイト

ザンクト・コローナ・アム・ヴェクセル

Sankt Corona am Wechsel

オーストリア　ニーダーエスターライヒ州

https://www.erlebnisarena.at

「コロナコースター」なる乗り物で一気に山肌を下るアトラクション。レンタルもあるマウンテンバイクコースがある。冬場はスキーも楽しめるアウトドアスポット。観光客を迎える村のマスコットの名は「コロナ」だ。

公式サイト

コロナ・アベニュー

Corona Ave

オーストラリア　クイーンズランド州

ブリスベン郊外アッシュグローブの住宅街のブロックを周回する通り。周回といっても1周300mほど。内側のブロックは完全に島、2車線だが高低差を利用している。

Google マップ

コロナ・ロード

Corona Rd

オーストラリア　ニューサウスウェールズ州

シドニーから西へ30kmの郊外フェアフィールドウェストの住宅街。二車線で道が広いうえ、1階平屋建ての住宅ばかりなので、広々としている。周囲の公園やショッピングモールもバカでかい。さすがオーストラリア。

Google マップ

コロナ・ロード

Corona Rd

オーストラリア　ビクトリア州

メルボルンの南、フィリップ島住宅街の通り。島といっても瀬戸内海や長崎のように橋でつながっている。ただし、メルボルンから湾を一周するため、かなり大回りとなる。

Google マップ

クイーンズ、コロナアヴェニューの交差点

ニューヨークで一番陽性率が高かったのが よりによってクイーンズの「コロナ地区」

　2020 年 8 月下旬、ニューヨークからこんなニュースが届けられた。
　共同通信によれば、8 月 19 日までにコロナウィルスの抗体検査を市民
約 840 万人のうち約 146 万人に実施。地区別の陽性率を発表した、と
いうもの。ニューヨーク市平均では 27% ということであった。
　そのなかでも注目するポイントは、陽性率がダントツの 51% というク
イーンズのコロナ地区。二人に一人は陽性という計算になる。コロナウィ
ルスがコロナ地区で大暴れしたという皮肉な状況となった。同日のウォー
ル・ストリート・ジャーナルでは、コロナ地区だけで市内最多の感染者を
出し、446 人が死亡したと報じている。
　このコロナ地区、本編で紹介した通り、ヒスパニック系、アジア系の
ニューカマーが多く、ひとことで言って貧困地区。各方面からすでに指摘
のある通り、貧困地域での感染が深刻であることを実証した形となった。
同じく黒人やヒスパニック系が多く、あまりガラがいいとはいえないブロ
ンクス地区ですら 33% ということなので、コロナ地区の感染がかなりの
ものであったことがうかがえる。
　「東京の 2 週間後はニューヨーク」と恐怖を煽っていたマスコミや識者
は、この数字を東京と比較して、どう説明するのだろうか。いまさらなが
ら、小一時間問い詰めてみたいところだ。

ハンガリー王冠領と日本人の陽性疑惑宿泊客

特別寄稿：ハマザキカク（本書編集者）

　3 月 6 日、ハンガリーを団体旅行で訪れていた城西国際大学の学生 15 人が新型コロナウイルスに完成した疑いがあるとして、ブダペスト市内の病院に隔離された。検査の結果、全員が陰性であることが判明し、滞在先のホテルに戻った。そしてなんと彼らが滞在していたホテルの名前が「Mercure Budapest Korona Hotel」だった。メルキュールはフランス資本の国際ホテルチェーンで、このホテルはカルヴィンテール駅近くに位置する 4 つ星。

　さて、なぜわざわざホテル名に「コロナ」が付けられているのか気になることだろう。歴代のハンガリー王は「聖イシュトヴァーンの王冠」を戴冠することでその正統性を認められてきた。その王が支配する領域は「ハンガリー王冠領（A Magyar Szent Korona Országai）」と呼ばれた。王冠は現在でもハンガリー国の象徴なのである。街中や商品ブランドで王冠を意味する「Korona」を目にする事が多い。このホテルにわざわざチェーン名の他に「Korona」と付けられているのも、それが理由と思われる。偶然の産物と言えど、よりによって「コロナホテル」にコロナ陽性の疑いが掛けられた日本人が泊まっていたとは、何とも間抜けな話である。

コロナと DQN ネーム

　キリスト教に「コロナ」という聖人がいる。２世紀頃、ローマ帝国の弾圧により殉教した女性ということだ。2020 年 3 月 27 日付ロイター電によれば、オーストリアとドイツのバイエルン地方で、疫病から守る守護聖人として崇敬の対象となっているとのこと。キリスト教圏では、聖人にちなんだ名付けが多いので「コロナ」という名前は由緒あるものなのだ。

　ところが、このコロナ騒ぎのなか、キリスト教圏以外で珍事が発生した。BuzzFeedJapan によれば、インドでは「コロナ」「コビッド」という双子を皮切りに、「サニタイザー（消毒剤）」「ロックダウン」と名づけられた新生児が登場。いずれもコロナ禍の困難を思い出にするためだという、親の都合によるどうでもいい理由からだ。

　一方、我が日本でも聖人とは全く関係ない名前の「ころな」ちゃんがいる。女の子に多く、ひらがなであればかわいらしいのだが、いわゆるDQN ネームとなると話は別だ。例を挙げると「転無」「恋色奈」「衣那」「心羅奈」「環光」といった「ころな」ちゃん。漢字本来の読みを無視した難読ネー

有名サイト『DQN ネーム（子供の名前
@あー勘違い・子供がカワイソ）』でも複
数の当て字「ころな」が。

ムのものだ。「恋色奈」ちゃんに至って
は将来ヤリマンになるのではないかと危
惧される。いずれにせよ「コロナウイル
ス」と同じ名前ということと、DQN ネー
ムの合わせ技で二重苦だ。学校でのいじ
めも倍となりそうで、まことにお気の毒
である。

　なお青森県の小学二年生村越光冠（こ
ろな）君に、長野県警OB山田文大さん
が光冠君を応援する気持ちを込め歌った
歌を録音したCDなどを贈ったと９月
17 日付の中日新聞で報じられている。

俺コロナ男が出没したドラッグストア！

愛知の新名物「俺コロナ」

なぜか愛知県で多発

　ノーベル文学賞作家アルベール・カミュの小説『ペスト』（1947年）。70年前の古い小説であるが、色々示唆に富んだ描写や、2020年の出来事では？とも思われるエピソードが多数あることで再び注目された。

　その小説『ペスト』の中でこのようなエピソードが描かれている。

　ある朝一人の男がペストの兆候を示し、そして病の錯乱状態のなかで戸外へとび出し、いきなり出会った一人の女にとびかかり、おれはペストにかかったとわめきながらその女を抱きしめた。

　そう、愛知県蒲郡市で発生した「コロナばらまき男」の出現を予言する

ような描写である。蒲郡の「コロ
ナばらまき男」以降、なぜか愛知
県で次々とこのような自称「俺コ
ロナ」男によるお騒がせ事件が何
件か発生した。5月15日におい
ては1日に2件逮捕案件が出る
など、このころになると「俺コロ
ナ」は「愛知県名物」「愛知だけ
で打線を組む」などとSNSで揶
揄されるほどとなってしまった。

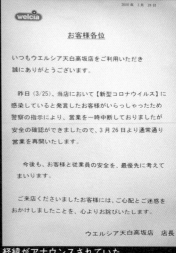

経緯がアナウンスされていた

本当に愛知県名物なのか集計してみた

　本当に愛知県で多発しているのか、愛知県より人口の多い東京大阪では
発生していないのか。色々気になったので新聞、週刊誌、テレビなどの記
事をもとに、蒲郡の「コロナばらまき男」以降、事件を集計してみた。
　── 愛知県が圧倒的に多い。
　新聞警察沙汰となった発生地域はダントツに愛知県。その他の地域では
特に集中して発生した地域というものはあまり見受けられず、分散してい
るような印象だ。また、東京23区及び大阪市の中心街での「俺コロナ」
事件は「地下アイドルイベント妨害予告」以外は特に見受けられなかった。
これは実際にアイドル襲撃事件が近年発生しているため、主催者側が大事
をとって警察に通報したものと思われる。
　また、犯人のプロフィールは中高年男性、無職がトップ。「若気の至り」
で血の気の多い若者がもっと「俺コロナ」とやってもよさそうなのだが、
意外と少ない。最年少はキャバクラ客引き少年、ただし「あいつコロナ」だ。
「俺コロナ」の最年少は食い詰めて交番で「コロナ感染」の嘘をついたと
言う19歳である。

決めセリフで圧倒的に多いのは「俺コロナ」であるが、ギリギリの線を突き、ほのめかす「微熱がある」などバリエーションもそれなりにある。後期には無言で咳を吹きかけるという変わり種まで登場した。

　「あいつコロナ」では、愛知県と山形県が同点でツートップ。前述の客引き少年と別項に書いた「加藤スポーツ店」だが、記事で紹介したとおり、加藤スポーツ店以外にも数件の近隣店舗が「あいつコロナ」の被害に遭っており、実質愛知県が1位である。

ここで BI ツールなどを使って分析

　テキストマイニングや BI ツールを使うにはデータ件数が少なすぎるのだが、ビジュアルで一目でわかるという利点もあるため、ちょっとデータをぶち込んでみた。

上の図は、「俺コロナ」のワードクラウドだ。愛知県の地名が踊っているのがお分かりだろうか。

感情推移

文書を分割して分析し、感情の起伏の推移を時系列的に可視化しています。各感情はその屈伏が大きいほど、領域の縦幅が大きくなります。また、グラフの左端が文書の先頭を表しており、右に進むほど終わりに近づきます。

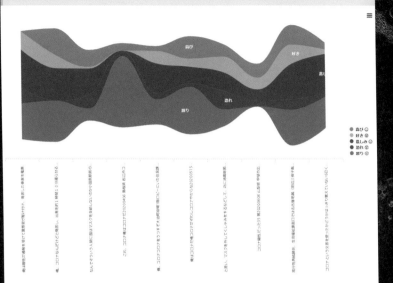

文字が見づらくて恐縮であるが、X軸は後述の「俺コロナ事件簿」の全文字列を10分割したものだ。

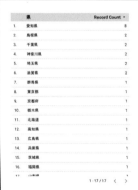

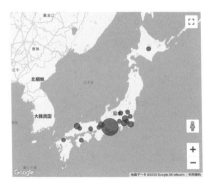

「俺コロナ」

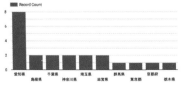

そして、BIツールで出力したレポート。愛知県の部分のバブルの大きさはダントツである。

認める
行く　　　　　女性　　　　　　まく
インターネット　　妨害　従業員　　ばらまく　流す
ほしい　デマ　書き込み　巣窟　愛知県　　　　会社員　業務
疑い　名誉毀損　仙台市　客　関連会社　感染　虚偽　しつこい

新型コロナウイルス

容疑　成り済ます　示す　コロナ　富谷市　挙げる
書く　　　　　　　　　陰性　　　　　　　　　　　信じる
題す　だまし取る　　松本市　役員　飲食店
加藤　きそん　逮捕　感染者　　飲食　出す
断る　渡辺　届け出る　　　　　書き込む　紙　貼る
働く　おりる　山形県　かかる
　　　　載せる

「あいつコロナ」のワードクラウドを見てみよう。データ数が少ないため、バラけてしまっ
たが、赤字の動詞の部分でネガティブな様子がよくわかる。

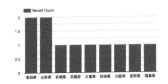

	県	Record Count ▼
1.	愛知県	2
2.	山形県	2
3.	宮城県	1
4.	京都府	1
5.	三重県	1
6.	秋田県	1
7.	大阪府	1
8.	長野県	1
9.	福島県	1

1 - 9 / 9　〈　〉

「あいつ」コロナ

そして最後に、「あいつコロナ」データを BI ツールで出力したレポートも掲載しておこう。

■ 名詞 - ■ 名詞

名詞 - 名詞	スコア	出現頻度
業務 - 妨害	8.25	11
妨害 - 疑い	5.54	
愛知県 - コロナ	1.33	7
営業 - 妨害	1.25	4
容疑 - 否認	2.40	3
妨害 - 無職	0.86	3
三次市 - 金融機関	3.00	2
新型コロナウイルス - 感染	0.67	
埼玉県 - コロナ	0.14	
名古屋市天白区 - コロナ	0.14	
名古屋市中村区 - コロナ	0.14	
陽性 - 雅	1.00	1
陽性 - 大丈夫	1.00	1
陽性 - 允	1.00	1
陽性 - 伴	1.00	1

さらに係り受け解析結果を表示する

偉大なる田舎の特性か

「俺コロナ」が愛知県で多発することにより、新聞、週刊誌などでは「なぜ愛知県なのか」といった記事が登場した。中高年男性に「ゆがんだ自己顕示欲があるのだろう」など様々な考察がなされた。確かにミッドライフ・クライシスに陥った中年や偏屈じいさんならやりかねない。

しかしながら、愛知県よりもはるかに人口の多く、コロナに対しピリピリしている雰囲気の東京で、地下アイドルイベント妨害のコロナ男しか登場していないのは、どうも納得がいかない。又聞きであるがクラスターの発生したライブハウスには相当の抗議がきたということなので、もし「俺コロナ」が出現したらすぐ通報されそうなものだ。また、同じく愛知県よりも人口の多い大阪であれば、「俺コロナやねんな」「うわ、寄らんといて」という、お笑いの本場らしいやりとりがそこかしこで行われたと思われるが、逮捕者が出ているわけではない。東京大阪でも一定数の迷惑偏屈じいさんはいるはずだ。

ここでひとつの仮説を立ててみたい。尾張三河の地は日本の東西をつなぐ要衝であったため古くから発展してきた。近代以降、特に戦後は太平洋ベルト地帯の一角を担う日本の工業生産の集約地として日本経済を支えてきた。そう、基本的には労働者、ブルーカラー中心の街なのだ。

江戸時代享保年間、尾張藩主徳川宗春は規制緩和政策により、演芸場、

遊郭などを復活させ、街に賑わいを呼び戻し「芸どころ名古屋」と言われる下地を作った。しかしながら、徳川宗春はときの将軍徳川吉宗と真っ向から対立する政策を実施したため、尾張藩士の中でも分裂が起き、わずか8年で失脚とあいなった。日本の1960年代サブカルのはしり、植草甚一が紹介した言葉を借りれば「ヒップ」な宗春、「スクエア」な吉宗といったところか。

　商業都市として栄えた大阪気質を表すキーワードとして「おもしろがり」というものがある、「ヒップ」であるということだ。また、なにかにつけ大阪と対比される東京であるが、「スクエア」とは言い難いように思えるがどうだろう。移民の国アメリカと同様、上京してくる人材が豊富であるため、新しいカルチャーが絶えず生まれ続けて、それをバックアップするライブハウスや出版社などの装置が十分揃っているからだ。翻って愛知では人口のわりにそういった「ヒップ」な 環境は極端に少なく、どちらかといえば「スクエア」である。

　よく言われることであるが名古屋は「偉大なる田舎」。その意味するところは、それなりに大都市として発展しているが、住民の考え方は保守的でよそ者に厳しい田舎の集落と同じメンタルであることをたとえている。日本でチェーン店展開する場合、名古屋で成功すれば全国でもうまくいくという話があるほど、厳しい「スクエア」なマーケットであるということだ。

　なぜ愛知がこのように「スクエア」なのか。工業地帯であるということがヒントかもしれない。ビジネス記事などによく紹介されるが、1%の不良品を対策するため日本ではその1パーセントをゼロにする努力をする。中国欧米では1%ぶん余分に在庫し、不良が出たらそれと取り替えるという対策に走る、というたとえ話がある。どちらがいいという話ではないが、コストやスピードという点では欧米式が有利だが、日本から見ればそれは手抜きに見える。日本のものづくりのメソッドが浸透した工業地帯で仕事をする人は手を抜かず、不良品をゼロにするという真面目な考え方に傾くわけだ。ましてや愛知は「トヨタ生産方式」が生まれた地である。より一層「スクエア」になるのは自明。

　そうなると「俺コロナ」のイタズラも放っておくわけにはいかなくなる。不良品をゼロにするということは、「俺コロナ」がホントウかどうかにもかかわらず、エラーとして弾かなければならない。ましてや、最初の「俺

コロナ」が実際の感染者で、立ち寄ったフィリピンパブの女性キャストを感染させたという大事件が県内で発生したため、その後、警察当局も厳しい態度で臨んだというあたりが、「俺コロナ」が愛知名物となったのではないだろうか。

　元々あまり冗談が通じない「スクエア」な土地柄、そして警察が真面目すぎるほど仕事したという2点が、愛知県で「俺コロナ」大量逮捕の実績につながったのではないかと、コロナビールを片手に考えてみた。

　次のコーナーでは、参考資料として「俺コロナ」「あいつコロナ」の事件簿を掲載しておくので、ぜひ参考にされたいと思う。

コロナばらまき男が出現した
蒲郡駅前のフィリピンパブ！

蒲郡駅周辺はフィリピンパブ多く激戦区となっている。

俺コロナ事件簿

発生日時	県	市町村	名前	年齢	性別	職業	決め台詞
3月4日	愛知県	蒲郡市	伴充雅	50代	男	無職	「ウイルスをばらまいてやる」「俺は陽性だ」
3月13日	島根県	雲南市	狩野仁	44	男		「うつるから」
3月16日	群馬県	桐生市	小暮清	54	男	土木作業員	「自分はコロナ」
3月20日	東京都	江戸川区	辻山孝太	30	男	会社員	「コロナから復帰しました。ファンの皆さん今日はお願いします！　行きマウス」
3月25日	愛知県	名古屋市天白区	中山浩一	49	男	アルバイト	「俺、コロナなんだけど」
3月26日	千葉県	成田市	児嶋典博	69	男	無職	「俺、陽性」
3月29日	愛知県	名古屋市中村区	岸野尚史	42	男	派遣社員	「コロナビーム」
3月30日	神奈川県	小田原市		60代	男		「俺はコロナだ。小田原城を感染させる」
3月31日	京都府	城陽市		59	男	無職	「僕はSARSです」
4月1日	埼玉県	さいたま市	橋本佳朋	54	男	無職	「俺はコロナだ」
4月2日	栃木県	宇都宮市	桑原健次	65	男	自営業	「検査でコロナと言われた」
4月6日	島根県	松江市	世良八重子	66	女	無職	「コロナばらまく」
4月7日	愛知県	名古屋市中村区		78	男	自営業	「これ、コロナ」
4月8日	愛知県	名古屋市天白区			男		「俺はコロナだ」

事件概要	備考
保健所から自宅待機を要請されたが、同日夕、家族に「ウイルスをばらまく」と話し、タクシーで外出。市内の居酒屋、フィリピンパブに立ち寄り、ホステスに感染させた	その後元々の持病により 18 日に死亡
マスクをしない状態でせき込み。複数の駅員に駅舎を除菌作業をさせるなどして業務を妨害した疑い	「駅の窓口が閉まっているのは、自分がコロナウイルスに感染しているからか」「1 メートル以上離れないとうつる」などと絡む
乗客から乗務員に連絡があった。通報を受けて警察官が駆け付け、発言した乗客を電車から降ろしたが、酒に酔っている様子だったという	下り電車 3 本に最大 57 分の遅れが出るトラブル
ツイッターのうそ書き込みでアイドルイベントを偽計業務妨害の疑い	容疑を認め、「認識が甘く、後先を考えなかった」と供述
女性店員 2 人に対し「俺、コロナなんだけど」「陽性だから」などと叫びながら、せきをしたり、息を吹きかけたりして、店の営業を妨害した疑い	マスクがないことに腹を立て犯行に及んだ。求刑懲役 1 年 6 か月
6 日午後 4 時 5 分ごろ、成田発松山行きの格安航空会社(LCC)ジェットスター・ジャパン航空機内で、離陸直前に「俺、陽性だけど大丈夫」と発言し、出発を約 1 時間 10 分遅らせるなどして業務を妨害した疑い	離陸直前であったため、飛行機は駐機場へ引き返すこととなった。容疑者は「言っていない」と容疑を否認
店員らに対し「俺コロナだよ」と叫び、店の営業を妨害	名古屋地裁(田辺三保子裁判官)は 6 月 26 日、懲役 10 月(求刑懲役 1 年 6 月)を言い渡した。前科あり
男性は小田原城 2 階休憩スペースの長いすに横たわり、注意した警備員に「俺はコロナだ」などと叫んだ。小田原駅前の繁華街は複数の小田原署員が防護服姿で駆け付けるなど、周辺は一時騒然	男性は飲酒しており、「うそだった」と話しているという
感染症にかかっているとコンビニ店員に告げて、店内を消毒させた偽計業務妨害	流行性角結膜炎「僕、さわるとうつるので」というくだりが「僕、サーズ(SARS、重症急性呼吸器症候群)」と誤解され、店に消毒作業をさせて業務を妨害した、という疑いで誤認逮捕、不起訴
自宅近くにあるドラッグストアで、男性店長(47)に「俺はコロナだ」「なんでそういう人間に国はマスクを支給しないのか」などと述べ、営業を妨害	「マスクが売っていなくて頭にきた」と供述
「ケーズデンキインターパーク宇都宮店」で、店員にせき払いをしながら「病院で検査を受けコロナだって言われた」などと言い、店の営業をできなくした疑い	被告は被告人質問で「パソコンの設定が複雑で自分の能力を超えてしまい、イライラして言ってしまった。反省している」と述べた
松江市役所で市職員の業務を妨害、現行犯逮捕した。	市役所 1 階の通路で、男性職員(41)に対して「東京に行ってきた。コロナをばらまきに来た」、生活福祉課窓口では「コロナをばらまきに来た。今日は人数が少ないからやめようかな」「マスクをとってしゃべれば一発だけど」
「ミヤコ地下街」のマッサージ店で、女性店員 2 人に対し受付台を叩きながら、「これ、コロナ」などと叫び、営業を妨害した	犬山市に住む自営業「『この野郎』と言って机を叩いたことは間違いないが、コロナとは言っていない」と容疑を否認
三菱 UFJ 銀行植田支店で、「『俺はコロナだ』という客が来ている」と行員から警察に通報	2 月末に同行では愛知県江南市の江南支店に勤務する行員 1 人が新型コロナウイルスに感染、現場はピリピリしていたと思われる

日付	都道府県	市町村	氏名	年齢	性別	職業	発言
4月17日	北海道	函館市	三浦忍	61	男	無職	「俺コロナ、ばらまいてやる」
4月17日	愛知県	大治町	北憲和	37	男	無職	「俺コロナ」
4月22日	千葉県	柏市	グエン・ディン・ナムらベトナム人3名	20～30代	男		「微熱がある」
4月29日	高知県	高知市	安本博文	49	男	無職	「コロナをうつす」
5月8日	神奈川県	横浜市		25	男	自称ゲーム代行業	「コロナ感染」
5月15日	愛知県	東郷町	伴野徳保	63	男	無職	「俺コロナだぞ」
5月15日	広島県	三次市	佐村博	72	男	無職	「わしは今熱があるんじゃ、ついこの前までコロナだった奴と話をしたけえの」
5月15日	愛知県	名古屋市中川区	山田幸弘	54	男	アルバイト	「俺はコロナだ」
5月21日	兵庫県	姫路市	大汐利一	67	男	無職	「わしコロナやからな」
5月23日	滋賀県	近江八幡	宮下信明	41	男	無職	「私はコロナウイルスに感染しています。他の人たちに感染しても良いと思い毎日出勤しています」
6月3日	茨城県	結城市	古川敏明	68	男	無職	「俺はコロナだからこの店にぶちまけてやる」
6月6日	福岡県	糸島市		50	男	無職	「これから病院でPCR検査を受けなくてはいけない」
6月8日	山梨県	甲斐市			男		「コロナ陽性だった」
6月23日	埼玉県		S氏	40代	男	中堅ゼネコン勤務	「俺はコロナだから（自分を叱責した上司にも）移ったに違いない」
7月1日	滋賀県	野洲市		35	男		「・・・・・・・」
8月10日	愛知県	稲沢市	イノマタ・ピメンテル・クロドアルド	46	男		「俺コロナ」
9月7日	大阪府	岸和田市				大学生	「陽性になった」

函館市湯川町にある農協支店店舗内で従業員に「俺コロナ、ばらまいてやる」などと言って同店を臨時休業にさせ、業務を妨害	容疑者は「俺はそんなこと言ってない」と容疑を否認しているうえ、「コロナにはかかっていない」と供述
大治町役場1階ロビーにいた住民課の女性職員に「俺、コロナ」などと言って咳をし、庁舎内の消毒作業を行わせるなど、通常業務を妨害した疑い	男逃走 庁舎閉鎖、8月11日有罪判決懲役1年6月、執行猶予3年（求刑・懲役1年6月）
不法残留容疑で取り調べ中「微熱がある」と申告、署員が防護服で聴取を続けた	容疑者らが住むアパートの隣人から「うるさい部屋がある」と110番通報があり、署員が駆け付けて発覚
高知市のコンビニでレジカウンターをたたき、方言で「コロナをうつすぞ」と怒鳴って20代の女性パート従業員を脅した疑い	「店員とのやりとりで腹が立った」と容疑を認めている
「新型コロナウイルスに感染している可能性がある」とうそをつき、業務を妨害した	「家賃が払えなくなったが、コロナで世の中大騒ぎしているので感染していると言えば何とかなるかと思った」と供述
東郷町の施設で30代の女性職員に対し、「俺コロナだぞ」などと言いながらつばを吐きかけ、施設の業務を妨害した疑い	いこまい館、伴野容疑者は「外に出るよう言われて腹が立った」。8月13日罰金20万判決
三次市の金融機関で「この前までコロナだった奴と話をした」と言い、咳などをして業務を妨害した	「コロナという文言を使ったかどうかはっきり覚えていない」と容疑を否認
隣人の自営業男性（51）に「俺はコロナだ。コロナばらまくぞ」などと言いながら息を吹き掛け脅迫	息を吹きかける新ワザ、6月22日不起訴
姫路市の商業施設の食品売り場で会計をする際、自身が新型コロナウイルス感染者だと告げ、レジの従業員の女性（60）を脅した疑い。	「そんなことは言っていない」と容疑を否認
ロッテ本社に「私は滋賀工場で働いています。私はコロナウイルスに感染している。他の人たちに感染しても良いと思い毎日出勤しています」などと記載した文書をファクス送信し、同社滋賀工場（滋賀県近江八幡市）の業務を妨害した疑い。	容疑者はロッテ滋賀工場から遠い石川県加賀市在住。逃走を手助けしたとして同居する女（62）を犯人隠避容疑で逮捕
逮捕容疑は3日午後8時40分ごろ、店内で従業員に「ぶちまけてやる」と言い、マスクを外してくしゃみをするとして、店に消毒除菌作業をさせるなど業務を妨害した疑い。	6月17日逮捕。「覚えていない」と否認
新型コロナウイルスに感染しているかのような発言をして警察官の業務を妨げた	「6日くらい前からずっと熱がある」などと言ったため、対応した署員を隔離し、パトカーを消毒した
70代女性が長男を名乗る男から「新型コロナウイルスが陽性だった」などと言われ、計1500万円をだまし取られた	7日に「陰性だがPCR検査のとき小切手をなくした、800万振り込んで欲しい」、翌日8日「陽性だった、上司に700万返さなければならない」と言われ、合わせて1,500万円振り込んでしまう
	二週間自宅待機を会社に命じられ、夏からの減棒と配置転換という名の「左遷」も命じられた
公園で遊んでいた小学生に、男が自分のマスクをはずし、いきなり咳をかけてきた	不審者情報「俺コロナ」と宣言しないところがポイント
前日の夜に酒に酔い店の前で暴れていて、店主に謝罪に訪れたところ暴行事件に発展	「俺はコロナじゃない。店主が近づいてこないように言っただけだ」と供述
教育実習中の大学生が「PCR検査で陽性だった」と申し出たため、小学校と、隣接する幼稚園が臨時休校	大学生は「早く実習を終えたかったので嘘をついた」と供述

海外

発生日時	県	市町村	名前	年齢	性別	職業	決め台詞
3月25日	ロンドン				男		自分は新型コロナウイルスにかかっている」
	ロンドン				男		「これでお前もコロナだ」
4月1日	ソウル		ジェジュン	36	男	タレント	「新型コロナに感染した」

あいつコロナ事件簿

発生日時	県	市町村	名前	年齢	性別	職業	決め台詞
2月27日	長野県	松本市		51	男	会社員	「松本市の小林創建という会社の社長とそのご婦人だそうだ」
3月2日	山形県	米沢市	インターネット関連会社役員	36	男	インターネット関連会社役員	「(店が) 新型コロナ」
3月11日	秋田県	横手市					「社長夫婦がクルーズ船に乗ってコロナウイルスに感染したそうだ」
3月17日	愛知県	名古屋市中区		19	男	アルバイト	「この店はコロナ」
3月27日	山形県	山形市	渡辺達也	28	男	作業員	「コロナの巣窟」
4月2日	福島県	須賀川市	渡辺岳司	54	男	会社員	「家族がコロナに感染している」
4月5日	宮城県	仙台市	渡辺純子	55	女	団体職員	「コロナ感染女性」
4月6日	三重県	松阪市		20代	男女		「コロナが出た」
4月13日	京都府	京都市北区	前田勇次	27	男		「友人がコロナに感染」
4月19日	愛知県	瀬戸市					「加藤さんは死んだ」
5月6日	大阪府	枚方市	熊井康文	65	男	店舗型性風俗店「星の王子様」経営者	「全従業員が検査で陰性だった」

イギリス・ロンドンの駅で新型コロナウイルスに感染しているという男につばを吐かれた駅員が死亡	切符売り場で働いていた駅員の女性2人に男がせきをしながら言い掛かりをつけてつばを吐く。数日後、女性は2人とも感染したことが分かり、そのうち1人は4月5日に死亡
タクシーの乗客に「これでお前もコロナだ」と言われてつばを吐かれた運転手の男性が死亡	運賃トラブルで口論になり、唾を吐かれ、数日後、呼吸困難などの症状が出たため入院、感染が確認されその後死亡。イギリスでは週に200件ほど「俺コロナ」事件が発生しているとのこと
日韓で活動する元東方神起の歌手ジェジュンがコロナ感染をエイプリルフールネタにし炎上	韓国の新聞各紙は大バッシング。韓国大統領府の国民請願窓口に処罰を求める意見が殺到した。

事件概要	備考
	「事実無根」とホームページで否定し、地元2紙に広告を出して40万円かかった。5月27日不起訴
新型コロナウイルス感染者がいるかのような虚偽の情報を流し、山形県米沢市の飲食店の業務を妨害	店を経営する男性は同月11日、米沢署に相談し、その後に被害届を出していた。男性は朝日新聞の取材に対し、「社会を疑心暗鬼にさせるようなことはしないでほしい」
	店の売り上げは30%減、宅配している牛乳の解約が通常の2～3倍もでた
同じビルのライバル店を訪問する客にコロナで休業とうそをつき信用毀損	被害を受けた居酒屋は通常通り営業していたが、客は予約店舗には行かず、少年が働く居酒屋で飲食をした
山形市内の飲食店名を示し、携帯電話で会員制交流サイト（SNS）に「コロナ感染者がいるから行かないでくださいね。コロナの巣窟」などと3回書き込み、業務を妨害した疑い	男はホステスにしつこくメールを送ったことで入店を断られ、その腹いせに投稿した。被害当日に店関係者が書き込みを見つけ、店長が届け出た
店主の家族が新型コロナウイルスに感染したとのうその情報をインターネット上に書き込んだ	5月27日逮捕「職場のうわさを信じて書き込んだ」と容疑を認めている
富谷市の女性が新型コロナウイルスに感染したとの虚偽の内容を書いた紙をまいた名誉毀損容疑	6月9日逮捕、仙台市や富谷市、大和町の商業施設や住宅の駐車場などに、被害女性（43）の氏名や住所のほか、「コロナ感染女性」などと書いた紙6枚をばらまく
飲食店を名指しして新型コロナウイルスの感染者が出たなどとツイッターでデマを流し名誉毀損の疑い	駅部田町の中華料理店「中国菜館明華」の名を挙げ「コロナが出た」「店の中国人らしい」
息子に成り済まして現金1000万円をだまし取った	友人とコロナをダシにしたハイブリッド版オレオレ詐欺。6月8日逮捕
同市では3月28日に初めて60代男性の感染が確認され、翌日にその家族の感染も明らかになり、「加藤スポーツ店」の加藤さん夫婦と目されたらしい	「緊急告知!!」と題し「全くのデマです」と大書したチラシをレジに貼り、2千枚を新聞折り込みで配布したが、来店客は日に1、2人と以前の1割に減ってしまった
「ウイルス検査の結果、全従業員に陰性診断がおり安全が確認された」と虚偽の広告を載せ不正競争防止法違反（誤認惹起）	陰性という逆パターン6月22日逮捕「従業員の生活がかかっていた。客集めのためにやった」と供述

コロナで死んだというデマが
流された加藤スポーツ店！

風評被害も風評被害、デマを流された

じつはイケてる愛知県瀬戸市

　愛知県瀬戸市という地方都市のはずれに住んでいるため、普段から筆者のTwitterでは地元のオワコン具合を嘆いているのだが、いろいろほじくり返せば　結構これはイケてるんではないかという部分もたまに発見したりする。

　古くから多くの陶芸家を輩出した街ということで、若手芸術家がこの地にアトリエを構えたり、廃墟を利用したアートフェスが行われたりと芸術方面では頑張っている。その割に全く隣の名古屋で話題にならないところがオワコンであるが。

コロナ関連でもイケイケ

　実は今回のコロナ騒動でも愛知県瀬戸市は結構イケている。もちろん感染を抑え込んだとか、医療関係者のヒーローが登場したとかという良い話ではなく。どちらかといえば悪い方の話だ。となるとイケイケではなくサゲサゲということか。しかも愛知県定番の「俺コロナ」ではなく、さらに陰湿な「あいつコロナ」という事件なのだ。

　ゴールデンウィークに入る前の 2020 年 4 月下旬、朝日新聞 Digital に次のようなタイトルの記事が掲載された。『「加藤さんは死んだ」デマ 本人が怒りのチラシ 2 千枚』。日本テレビのニュース番組でも報道され、その後、地元ローカルテレビ局、毎日、産経といった全国紙などでも報道されたのでご存知の方は多い事件かと思われる。

　事件のあらましを要約すると、スポーツ用品店を経営する加藤徳太郎氏がコロナで死んだというデマが流れ、否定のため店頭での告知はもちろん、新聞折込チラシまでせざるを得なかったという事件だ。加藤氏は市会議員を務めた経験があるため、地元ではそこそこ名の知れた人ではある。店は量販店ではなく、地域の学校や子供達を対象とした昔ながらの街のスポーツ用品店だ。長年手堅く商売をされており、加藤氏のキャラと相まって地域で愛され続けられている店である。

　緊急事態宣言も随分前に開け、すっかり落ち着いた 7 月上旬、東京では第 2 波かというような感染状況を横目に、加藤氏に今更ながらお話を伺いに行ってみた。

加藤氏談話

　現場はあの有名建築家黒川紀章が設計した菱野団地の外れ。この菱野団地、有名建築家作ということに加え、スターハウス型の棟があるため団地マニアの中ではわりと知られている。高度成長期に山の上を切り開き、ニュータウンとして生まれた街だ。また戦時中は名古屋から疎開してきた愛知航空機の菱野地下工場があったりと、狭いエリアながらも激動の昭和史を体現するエリア。オワコン感に包まれた瀬戸市といえども、この辺りは新しい住宅やお店ができたりと、アーケード街のある旧市街地に比較するとまだ活気がある。アメリカの街並みでいえばちょっと古いミッドタウンだ。

自己紹介の後、店主の加藤氏に色々お話を伺ってみた。新聞、テレビニュースでの報道、そしてチラシの効果もあってか、ここ最近はデマも消え、随分落ち着いたということだ。既に多くのメディアで報道された通りなので細かいことは省略するが、今回取材し、今まで報道されていなかったエピソードを紹介してみたい。

　「加藤スポーツ店店主がコロナで死亡」と言うデマに尾ひれがつき、隣に店を構えるカメラ店でも感染者が発生というデマが流れた件に関しては報道で一部触れられていた。ところが加藤氏が見聞きした情報では、カメラ店の反対隣にあるカラオケ喫茶、道を挟んで信号の向こうにあるクリニック、さらに団地内のクリニックでも同様のデマが流布し、それぞれの店主が対応に追われたということだ。

　近隣の小学校のスポーツクラブでも児童がうわさをし、コーチから一報を受けたということで、父兄の間にもうわさが広まっていたことを裏付ける。報道にあったとおり、たまたま市内で同じ年ごろの男性感染者が出たため、加藤氏がとばっちりを受けたような形となった。しかし、ここでナゾなのはなぜ加藤氏が、ということだ。市全体がオワコン老齢化のため、同じような年ごろの男性でデマを流されそうな人はほかにも数多くいる。ひとつ加藤氏が仮説を立てていたのは、3月末、隣接する名古屋市守山区選出県会議員の事務所スタッフ（瀬戸市在住）が感染し、大事をとって県議もしばらく自宅待機となった件。これが混同され、尾ひれがついた可能性があるのではという仮説。ただ、この県議は保守系、加藤氏はどちらかといえば革新系、政治の場から退いて10年以上経つため、加藤氏自身もこの仮説には納得がいかない部分があり、結局のところデマの出どころはわからずじまいということだ。

　また、2km程離れた喫茶店「コメダ瀬戸山口店」でも、タイミング悪く、店内禁煙の健康増進法改正に対応するため内装工事で休業し、工事関係者が出入りしたため、これを「消毒」が入ったとあらぬうわさになってしまった。こちらも一部報道で紹介されていたので、ご存知の方がいるかもしれない。喫茶店の店主は加藤氏とも知り合い。お互いに連絡を取り合い、事態を収拾しようと店頭で告知するなどの対応でしのいだ。こちらの喫茶店では5月中旬、店頭の告知を見たあの高須クリニックの高須克弥氏がデマに対する怒りのツイートを投稿したため、Twitter界隈でも話題となっ

た。もっとも喫茶店のスタッフは
誰一人として高須克弥氏が来店し
たとは気づかなかったというオチ
がある。

正義マン、自粛警察

　実はもう一つ加藤氏から興味深
いエピソードを拝聴した。上記の
喫茶店に対し、嫌がらせがあった
ということだ。デマがピークを迎
えた頃の話である。この喫茶店に
勤務する学生アルバイトへの感染
防止の大義名分で、店に直接言わ
ず大学当局に問い合わせ、間接的
に攻撃するという手の込んだ嫌が
らせをする「正義マン」が登場し
た。なるほど、本人を直接攻撃す

緊急告知!!

加藤スポーツ
瀬戸市緑町1-47
☎0561-84-1323

瀬戸市緑町の加藤スポーツ店は通常営業
しています。店主は健康で元気です。

コロナウィルス感染にかかっているとか
店内に防護服の人が消毒に入ったとか、最
近では店主がコロナで亡くなったというの
は全くのデマです。

　常連客の間でもそんな噂になっていて元気であることがわ
かるといっています。一部の根も葉もない噂を信じていたか
のような感じで店主当人は本当に困っています。
　毎日のように報道されるコロナ感染拡大のニュースに心配
の方も多いと思いますが、休業を余儀なくされている店や営
業自粛で廃業危機の店、またSNS情報では心無いデマが広
まっていて困っている店など、当店もいわれなきデマに本当
に困っています。
　皆さん、どうか人の言う噂に惑わされずに自分の目
で確かめて下さい。お問い合わせして下されば、全く
のデマであることが判明します。
　皆さんと力を合わせてコロナ感染を克服してい

加藤氏手作りの折込チラシ

るよりも周囲を攻撃するということは、かつての「ネット掲示板荒らし」
や最近の「炎上」において、嫌がらせのセオリーとしては鉄板だ。破壊力
は直接攻撃よりはるかに大きい。日本の会社組織でよくある「根回し」や、
借金の取り立て屋が勤め先に押しかけるのと同様、外堀から埋めていくと
いう効果がある。

　さいわい、加藤氏の店舗へは落書きをされる、窓ガラスを割られるなど
の、直接の嫌がらせ攻撃はなかった。しかし、一人歩きしたデマにより、
目に見えない痛手を受け、店の業務、売上にも影響を及ぼした。すでに何
人かの心理学者がコメントしているが、デマを伝播するのは善意からとい
うのが厄介だ。これに「自粛警察」「正義マン」といった使命感が加わる
と本人の意図とは逆に他者にとってはただの害悪となる。こうなると、ド
イツの軍人フォン・ゼークトの言葉とされる「組織論」でいえば、軍人の
4タイプのうちの「無能な働き者」である。

高須克弥氏が
立ち寄った喫茶店！

デマ、うわさとの対峙

「デマ」「うわさ」。なにげなく同じ「流言飛語」の意味として使ってい
るが、社会学や心理学の世界では「デマ」と「うわさ」は別のものと定義
されている。誰かが悪意を持って意図的に広めるのが「デマ」、自然発生
的に広まるのが「うわさ」、ということだ。「悪意を持って」というのは「陥
れる」「驚かせる」といったリターンが目的。加藤氏も恨みを買うような
心当たりはなく、今回の件はどちらかといえば「うわさ」であろう。「デマ」
であれば、「うわさ」よりは発生元の悪意を持った誰かにたどり着く可能
性はある。自然発生の「うわさ」では、発生元にたどり着くのに、かなり

お客様各位

コメダ珈琲瀬戸山口店では、お客様が帰られた後は、除菌をしております。

又4時間に一度店内換気をしております。

現時点で、コメダ珈琲全店で新型コロナウイルス　　　　は出ておりません。

根拠の無いデマ・噂話に振り回されません様にお願いいたします。コメダ珈琲店

高須氏のツイートで話題となったチラシ。ウイルスの下で伏せられた部分はおそらく「感染者」と記載されていたと見られる。

の困難を要するのは想像に難くない。

1973年、取り付け騒ぎとなった「豊川信用金庫事件」において、うわさ発生元の女子高生のたわいない会話までたどり着いたというのは、奇跡としか言いようがない。そういうこともあり、結局、加藤氏は警察への相談は見送ったとのことだ。

たまたま発信力のある元市会議員の加藤氏ということで、知人への告知、チラシの制作、そして多くのメディアが取り上げ、デマも早く終息に向かったが、そうでなければ、こういったデマにどうやって対峙すればよいのだろうか。これは誰にでも降りかかる可能性を秘めた災難である。コロナウイルス検査で陽性となれば、いまだ問題はあるものの行政、医療がなんらかの手を尽くしてくれる。根も葉もないデマは自分で何とかするしかないのが現状だ。ある意味、コロナウイルスに感染するよりも厄介なものかもしれない。かといって、行政に完全な対策させるとなると、中国のような監視カメラだらけの社会になり、それも考えもので非常に難しい問題である。「人のうわさも七十五日」ということわざがあるが、悪いうわさは「七十五日」といわず、すぐに消えてほしいものだ。

取材協力：加藤スポーツ店

第 5 章

歌手・バンド

　ラテン系のファミリーネーム「Corona」さん。メジャーではないが、それほどマイナーというわけではなく、時々見かける、もちろん珍名さんというほどではない。日本の苗字で言えば、クラスメイトにはいなくても学年には必ずいる「東條」さん、「稲垣」さんレベルといったところであろうか。といった事情により、ミュージシャンの「Corona」さんが何人もいる。

　もちろん、ファミリーネームの文脈とは別に、「王冠」「太陽コロナ」をイメージしてネーミングしたミュージシャン、バンドもいる。多いのはダントツでメキシコ、続いて国境を接しメキシコからの移民も多いアメリカとなっている。

　ほとんどはローカルで活動するマイナー歌手・バンド、あるいはトラックメイカーだ。この機会に彼らのサウンドに触れてみてはいかがだろうか、お気に入りミュージシャンが見つかるかもしれない。最も有名なのはユーロディスコで 1990 年代大ヒットを飛ばしたイタリアの歌姫「Corona」あたりだろうか。なお、スイスの有名スラッシュメタルバンド「コロナー（Coroner）」は「検視官」という意味なのでリストからは除外した。

Alejandro Corona

👤 アレハンドロ・コロナ

📍 メキシコ　　　　　　　　🎵 ジャズ　　　🔲

1954年生まれ。クラシック出身のジャズピアニスト。国立音楽院、ヨーロッパ留学とキャリアは一流。近年はスムースジャズのアルバムをリリースしたりとトレンドにも敏感だ。

Andrea Corona

👤 アンドレア・コロナ

📍 メキシコ　メキシコシティ　🎵 ポップス　　🔲

2016年ごろからライブハウスを中心に活動するメキシコのウクレレ弾きメガネっ娘。ほんわかフワフワした不思議ちゃんサウンドが、ちょっとクセになりそうだ。

Angel Corona

👤 アンヘル・コロナ

📍 ドミニカ共和国　サントドミンゴ　🎵 ダンス　🔲

意外とドミニカ共和国は結構トラックメイカー、ラッパーの宝庫。「Corona」関連だけでも数人引っ掛かった。トラップ、デンボウ、レゲトンを融合したサウンドだ。流行りのLo-Fiヒップホップナンバーも。

Anna Korona

👤 アンナ・コロナ

📍　　　　　　　　　　　　🎵 ダンス　　　🔲

Pavel Svetlove、Max Dyuryaginらとの共同名義が多い女性トラックメイカー。2013年からの活動だが、プロフィールなどは不明だ。ハウスからラウンジといったあたり。

Araceli Corona y su Grupo Faisán

👤 アラセリ・コロナ&ファイサン

📍 メキシコ　トラスカラ　🎵 トラディショナル　🔲 メキシコ民謡

バンド名は「アラセリ・コロナと雉」。メキシコで雉は特別の意味があるのだろうか。コロナ兄弟を中心とし、地元で活動中のローカルバンド、冠婚葬祭、イベントへの出演が中心。

Banda Corona de Michoacan

👤 バンダ・コロナ・デ・ミチョアカン

📍 メキシコ　ミチョアカン　🎵 ポップス　🔲

総勢20人近くとなるバンダ。メインはやはり伝統的なメキシコサウンド。そのほかジャズっぽい演奏などもアルバムに収録されている。ベースラインのチューバがいかにもメキシコ。

Banda Corona del Rey

👤 バンダ・コロナ・デル・レイ

📍 メキシコ　マサトラン　🎵 ポップス　🔲

こちらもメンバー多数のバンダ（楽団）。後列のホーン隊は11人のため豪華な音を奏でる。メンバーは別の仕事をしながらの冠婚葬祭やイベントでのバンド活動。

Banda la Super corona

👤 バンダ・ラ・スペール・コロナ

📍 メキシコ　マサトラン　　🎵 ポップス

Banda Super Corona と同じ地域で活動するが、バンドロゴから全く別のグループだ。紛らわしいためか、リーダー Rafa Becerra の名前を追加するようになった。

Banda Super Corona

👤 バンダ・スペール・コロナ

📍 メキシコ　マサトラン　　🎵 ポップス

メンバー 16 人のバンダ（楽団）。イメージロゴは王冠に「Super」の頭文字「S」を顔に見立てた王様のデザインだ。アルバムにはローカルイベントでのライブ音源も収録されている。

Bardos de la Corona

👤 バルドス・デ・ラ・コロナ

📍 コロンビア　ボゴタ　　🎵 ヒップホップ

女性ボーカル含む 3 人組、ヒップホップといえど R&B 風の歌モノで売れ線狙いだ。2016 年初アルバムリリース。地域のイベントやフェスでライブを中心とした活動中。

Beatriz Corona

👤 ベアトリズ・コロナ

📍 キューバ　　🎵 クラシック

現代キューバの作曲家。管弦楽、協奏曲の作品集や合唱曲集のアルバムが NAXOS などのレーベルからリリースされている。現代の作曲家といえど、難解な作品ではないので聴きやすい。

Black Corona

👤 ブラック・コロナ

📍 オーストリア　インスブルック　　🎵 ロック　　🎵 メタル

2016 年結成のメロデスバンド。ライブを中心に活動してきたようだが、コロナ禍の 2020 年初頭に待望のアルバム『The Mission』をリリース。グループ感が心地よい。

Brianna Corona

👤 ブリアナ・コロナ

📍 カナダ　　🎵 ポップス

YouTube で火のついた二十歳そこそこの若手シンガー。Alicia Keys、Jessie J らの影響を受けているといえばどんな音か想像可能。五分刈り女子。

Broadway Corona

👤 ブロードウェイ・コロナ

📍 イタリア　　🎵 ダンス　　🎵 ハウス

2014 年あたりから活動しているトラックメイカー。数々のコンピレーションアルバムに参加している。ほとんどの作品はハウスおよびテックハウスの結構激しい系。

Callejero de Villa Corona

👤 カレヘロ・デ・ヴィラ・コロナ

📍 メキシコ　ハリスコ州コロナ村　🎵 トラディショナル　🎵 メキシコ民謡

メキシコではそれぞれの街にて、彼らようようなバンドが冠婚葬祭、イベントで演奏するのが日常風景。楽器構成はマリアッチに近い、ドラムとサックスがいる。ヨーロッパ公演もこなす実力派だ。

Camillo Corona

👤 カミーロ・コロナ

📍　　🎵 ダンス　🎵 ハウス

00年代より活動の痕跡がみられる詳細不明のトラックメイカー。作品はハウス、ディープハウスを中心に、ラウンジ＆チル。如何にもイビザ島で鳴っていそうな音だが、本人はどこの国の人だろうか。

Carmen Corona

👤 カルメン・コロナ

📍 アメリカ　🎵

西海岸で活動中のメキシカン歌姫。アルバムカバー、ステージでのいで立ちはいつもカウガールの格好だが、小道具の拳銃が西部劇定番の回転式ではなくオートマティックだ。

Claudia Corona

👤 クラウディア・コロナ

📍 メキシコ　🎵 クラシック　🎵

メキシコのトップピアニスト、幼少よりピアノを習い初ステージは8歳。ドイツ留学先の指導教員の一人が、この章にも登場するAlejandro Coronaと奇妙な縁だ。

Cora Corona

👤 コーラ・コロナ

📍 ベルギー　🎵 ダンス　🎵

オペラのような歌い方、おばさんのボーカルが強烈なスペースディスコ。謎が謎を呼ぶ怪盤『Jungle Love』、1978年の作。当時はヨーロッパでスペースディスコが流行。

Corona

👤 コロナ

📍 イタリア　🎵 ダンス　🎵 ユーロダンス

「The Rhythm of the Night」など90年代ユーロダンスでヒットを飛ばした歌姫。かなり売れたので、日本でも耳にしたことがある人も多いと思う。現在も活動中だ。

Corona

👤 コロナ

📍 クロアチア　🎵 クラシック　🎵 合唱

かつて日本でも一瞬流行った「ブルガリアンヴォイス」を彷彿とさせる、クロアチア民謡のアカペラグループだ。「ブルガリアンヴォイス」との違いは男女コーラスとなる点。

Corona
👤 コロナ
📍 セルビア　　　　　　　　　🎵 ポップス　　　🎹 R&B

セルビアのトップ歌手 Predrag Miljković の別名義。セルビア語によるヒップ
ホップ風味満載の R&B といえばわかりやすい。90 年代から活躍する大御所
だ。

Corona
👤 コロナ
📍 チェコ　　　　　　　　　　🎵 ロック　　　　🎹 メタル

90 年代プラハで活動していた今は亡きバンド。パワーメタル系とのことだが、
『život není kriminál』を聴いてみたところ、イントロから能天気な LA メタ
ルみたいな音がして癒される。

Corona
👤 コロナ
📍 ドイツ　　　　　　　　　　🎵 ロック　　　　🎹 フォークロック

こちらもプロフィール詳細不明なアーティスト。アルバムのカバーワークがパ
ステルカラーの癒し系の通り、アコースティックギターをバックに弾き語り＆
ラップのフォークソング風だ。

Corona
👤 コロナ
📍 ポルトガル　　　　　　　　🎵 ヒップホップ　🎹

シャコタンシビックのアルバムカバーが印象的だ。エレクトロのコンピレー
ションアルバムへの参加がメインであったが、近年の作品は Lo-Fi ヒップホッ
プに寄ってきている。

Corona
👤 コロナ
📍 南アフリカ　　　　　　　　🎵 ダンス　　　　🎹 ハウス

マグヌス・クラウセンとマイク・デイビス二人による 1998 年結成のユニッ
ト。2001 年ファーストアルバムリリース。南アフリカの主要なフェスのほか、
ヨーロッパにも遠征。

Corona Artis Ensemble
👤 コロナ・アルティス　アンサンブル
📍 スウェーデン　　　　　　　🎵 クラシック　　🎹 合唱

今や世界最大のクラシック専門レーベルとなった庶民の味方 NAXOS よりリ
リース。古楽、宗教音楽を得意とする室内楽団。宗教音楽につきものの合唱付
きのアルバムもリリース。

Corona Borealis
👤 コロナ・ボレリス
📍 トルコ　イスタンブル　　　🎵 ロック　　　　🎹 メタル

1998 年結成と古いメロデスバンド。YouTube は 2010 年、Facebook は
2013 年で更新停止と活動はすでにしていないようだ。いつしか再結成なり
復活を望みたい。

Corona Chamber Choir and Orchestra

👤 コロナ室内合唱団
📍　　　　　　　　　🎵 クラシック　　🎵 バロック

ヨーロッパにはこのような優秀な楽団が数多く埋もれている。楽団のプロフィールは不明なところが惜しいところだ。J.S. バッハの作品によるアルバムを 2 枚リリースしている。

Corona Coloniensis

👤 コロナ・コロニエンシス
📍 ドイツ　ケルン　　　　　🎵 クラシック　　🎵

1988 年結成の合唱アンサンブル。バロック、バロック以前の古楽がレパートリーの中心だ。NAXOS、ワーナー、ハルモニア・ムンディからアルバムを多数リリースしている。

Corona de Chiapas

👤 コロナ・デ・チャパス
📍 メキシコ　チアパス　　　　🎵 ポップス　　🎵

メキシカンマリンバ発祥の地、チアパス州で活動するバンダ。ブルースの街メンフィスのようにマリンバが盛ん。地元芸大には専門コースもあるほどだ。マリンバ海外公演を行うバンダも。

Corona de Espinas

👤 コロナ・デ・エスピナス
📍 チリ　ビニャデルマール　　🎵 ロック　　🎵 メタル

南米チリから、2004 年結成の 4 人組バンド。メンバーのパンク、ブラックメタルといった経歴から、うねりまくるギターとベースラインのストーナーサウンドが生まれた。

Corona Guitar Kvartet

👤 コロナ・ギター四重奏団
📍 デンマーク　コペンハーゲン　🎵 クラシック　　🎵

1995 年の結成以来、ヨーロッパや北米でツアーを行い、交響楽団からタンゴ・ミュージシャンまで、様々なグループや各国の作曲家と共演。バロックから現代音楽まで OK のギターカルテット。

Corona in the Pipebag

👤 コロナ・イン・ザ・パイプバグ
📍 ドイツ　コブレンツ　　　　🎵 ロック　　🎵 フォーク

2010 年ぐらいから活動していた学生 5 人組バンド、惜しくもアルバム 1 枚と EP1 枚で解散。音を聴けばわかるが、2014 年にはロックフェスで優勝するなど実力はある。

Corona Kings

👤 コロナ・キング
📍 ブラジル　サンパウロ　　　🎵 ロック　　🎵 パンク

サンパウロで活動する 2012 年結成のメロコア 3 ピースバンド。彼ら曰く「本物のロックンロール」ということだ。疾走感あふれるパワープレイはずっと聴いていても飽きない。

Corona Mortis
👤 コロナ・モーティス
📍 ドイツ　ザールラント　　🎵 ロック　　🎵 メタル

2013年結成のブラックメタルバンド。2016年のシングル『Demo』と2019年の『Fool's Eulogy』と寡作だが、悪くはないので今後の活動に期待したい。

Corona Nimbus
👤 コロナ・ニンバス
📍 ブラジル　テレジーナ　　🎵 ロック　　🎵 メタル

ブラジルのストーナー二人組ユニット。うねるようなベースラインは「ブラジル北東部のメソポタミア」と称される。出身地テレジーナの乾燥した気候だと評される。

Corona Obscura
👤 コロナ・オブスキューラ
📍 オランダ　ヘールレン　　🎵 ロック　　🎵 メタル

スラッシュ / デスメタルの3ピースバンド。発表がデモテープ1本のみ、さらに活動停止から長く、プロフィールの詳細は不明だ。1997年結成ということで今聴くと多少古臭い。

Corona of the Sun
👤 コロナ・オブ・ザ・サン
📍　　　　　　　　　　　🎵 ロック

2005年アルバム『Beyond That Dimming Horizon』1枚のみの謎バンド。活動期間が短かったためか、メンバー構成などプロフィール詳細は不明だ。UKっぽいガレージロックだ。

Corona Skies
👤 コロナ・スカイズ
📍 フィンランド　トゥルク　　🎵 ロック　　🎵 メタル

2005年結成、ボーカルをはじめ少々古臭いが疾走感あるギターリフ。近年日本にも紹介されたのでCD持っている人いるかも。いまやメタルの本場となった北欧からの刺客。

Coronabeats
👤 コロナビーツ
📍 ラトビア　リガ　　🎵 ヒップホップ

2008年から活動するラトビアンラッパー。ラトビア語は意外とラップに合う。大手インディーズレーベル「dirty deal audio」の運営者の顔も持つ。

coronaQ
👤 コロナQ
📍 日本　　　　　　　🎵 ポップス

2018年からの男性シンガーソングライター、公式サイトのプロフィールもあまりに簡潔すぎて詳細不明。アコースティックピアノ、ギターをバックにファルセットで歌う。

Coronas 100

👤 コロナス 100

📍 スペイン　マドリード　　📊 ロック　　🔲 パンク

2001年ごろ結成、初アルバム『Vias de Paso』は2014年と寡作だ。ライブ中心で活動してきたのだと思われる。それぞれの音楽志向の違いにより2018年発展的解散。

Coronatus

👤 コロナタス

📍 ドイツ　ルートヴィヒスブルグ　　📊 ロック　　🔲 メタル

女性ツインボーカルのゴシックメタルバンド。意外と活動歴があり、1999年結成以降、メンバーチェンジを繰り返しながら8枚のアルバムを発表している。オペラみたいな歌い方だ。

Cristo Corona

👤 クリスト・コロナ

📍 スペイン　イビザ　　📊 ヒップホップ　　🔲

おもにイビザ島で活動するラッパー。歌もののトラックも十分売れ線だ。帽子と髭からして熱心なイスラム教徒のようにみえるが、ロゴマークに十字架イメージがあったり詳細は不明だ。

Dan Corona Band

👤 ダン・コロナ　バンド

📍 アメリカ　オースティン　　📊 ロック　　🔲

自称「Heavy Blues」。2016年シングルに続き2019年EPリリース。レジェンドSRVを絶対意識している音作りだ。というかこの界隈の人は簡単に逃れられないであろう。

Dani Corona

👤 ダニ・コロナ

📍 アメリカ　サンディエゴ　　📊 ヒップホップ　　🔲

DaniCo、Daniel Corona名義でも活動中のラティーノヒップホップ、レゲトンアーティスト。カバーワークがOutrun風だったりとヒップホップらしくない一面も。

Diego Coronas

👤 ディエゴ・コロナス

📍 ポルトガル　　📊 ダンス　　🔲

アンゴラ起源、リスボンで発展した音楽「クドゥーロ」を中心とした、ラテンダンスミュージックのボーカリスト。ほかにレゲトンなどのコンピアルバムにも参加と顔は広そう。

Edson Corona

👤 エドソン・コロナ

📍 メキシコ　　📊 ヒップホップ　　🔲

自称「アーバンアーティスト」の若手メキシカンラッパー、すでにシングルは多数発表。売れ線狙いの聴きやすいメロディラインだ。もっとが個性を押し出してもよかろう。

Enzo Corona

👤 エンツォ・コロナ

📍 イタリア　　　　　　　📊 ポップス　　　▦

シチリア島出身のシンガーソングライター、1981 年生まれ。それなりの長いキャリア、シングルを 10 枚ほどリリースしているが、フルレングスのアルバムは制作していないようだ。

Fernando Corona

👤 フェルナンド・コロナ

📍 メキシコ　　　　　　　📊 ポップス　　　▦

メキシコ出身だが、フロリダ州マイアミ在住、両国で忙しく活動するメキシカンポップス界の中堅どころ。バンダサウンドをバックに歌う作風のため、メキシコ風味満載だ。

Geena Corona

👤 ジーナ・コロナ

📍 メキシコ　プエブラ　　📊 ダンス　　　　▦

首都メキシコシティの西の街、プエブラで活動する女性トラックメイカー。地元 FM 局にてラジオ DJ の顔も持っており、DJ イベントやフェスの運営といった裏方仕事にも携わる。

Geo Corona

👤 ジオ・コロナ

📍　　　　　　　　　　　📊 ダンス　　　　▦

2019 年。アルバムのカバーデザインが素晴らしい。公式サイトのデザインも凝っている。架空の惑星「Geo Corona」をテーマとしたアンビエント、チルアウトだ。

Gianluca Corona

👤 ジャンルカ・コロナ

📍 イタリア　カリアリ　　📊 ジャズ　　　　▦

ロンドンでも活動するジャズギタリスト。2006 年アルバム『Rebis』はエレキギターによるトリオ、2017 年『London Stories』は Maciek Pysz とのアコギデュオセッションだ。

Grupa Korona

👤 グルッパ　コロナ

📍 ボスニア　　　　　　　📊 ポップス　　　▦

ボスニア民謡の 5 人組バンド、リード楽器はアコーディオンだが超速弾きも。ドラム、フルート、クラリネットのほか、バルカン半島伝統の琵琶を細くしたような弦楽器「シャルギヤ」が特徴。

Humberto Corona

👤 ウンベルト・コロナ

📍　　　　　　　　　　　📊 ポップス　　　▦

坊ちゃん刈りのメキシコ伝統音楽マリアッチシンガー。最近のライブのチラシを見たところ、坊ちゃん刈りからイキリリーゼントになり、ルックスが向上した。なぜに坊ちゃん刈りだったのかナゾ。

Jose Corona

👤 ホセ・コロナ

📍 メキシコ　　　　　　　　🎵 ヒップホップ　　⊞

2018年以降シングル、EPリリースしているルーキー。ボコーダーのエフェクトをかけたり、スローな売れ線のメロウラップに作品が偏っている。バリエーションも欲しいところだ。

Kay Corona

👤 ケイ・コロナ

📍　　　　　　　　　　　　🎵 ダンス　　　　　⊞

2013年ごろから多数のコンピレーションアルバムや他アーティストとのジョイントがみられるが、プロフィールの詳細は不明。作品の傾向はディープハウス中心だ。

Keith Corona

👤 キース・コロナ

📍 アメリカ　オースティン　　🎵 ヒップホップ　　⊞

チカーノが多いテキサス州オースティンで長らく活動しているラッパー。デビュー以来EP、シングルをコンスタントに発表。その集大成がアルバム『Live from 78745』。

Kiki Corona

👤 キキ・コロナ

📍 キューバ　ハバナ　　　　🎵 ポップス　　　　⊞

キューバの音楽ヌエバ・トローバ系のシンガー・ソングライター。1970年代には実際ムーブメントに参加したホンモノ。映画、テレビのサントラやプロデューサー業も。

King Korona

👤 キングコロナ

📍 アメリカ　ロサンジェルス　🎵 ヒップホップ　　⊞

コロンビア出身、アーバン・ラティーノ・ヒップホップ。2019年デビュー。インダストリアル、トラップ、レゲトンの影響が強く、それぞれの作品は似たり寄ったりになりがちな中では個性的な方だ。

Korona

👤 コロナ

📍 アメリカ　　　　　　　　🎵 ロック　　　　　⊞

1980年、AORデュオ。いかにもなAORで、特徴がないといえば特徴がない。1970年代後半から80年代前半当時はAOR全盛期、結局のところ鳴かず飛ばずで終わったようだ。

Korona

👤 コロナ

📍 ポーランド　　　　　　　🎵 ポップス　　　　⊞

1990年代、ポーランドで流行ったアイドルグループの歌、現地では有名曲の様だ。2018年に完全にオッサンと化したボーカルによる再録音が配信され、MVも制作された。

Korona Konkrete

👤 コロナ　コンクリート

📍 アメリカ　ニューヨーク　　🎵 ヒップホップ　　🎵

ギャングスタラップ。2018年のシングル『Bag』のみと寡作なのは、Facebook に投稿してあった通り「保護観察中」だからだろうか。悪くはないので次作を期待したい。

Kristina Corona

👤 クリスティナ・コロナ

📍 アメリカ　ロサンジェルス　　🎵 ポップス　　🎵 R&B

薬物、暴力で苦労したティーンエイジを音楽によって救われた彼女、それらの経験を反映した音楽は Aaliyah、Ariana Grande、2 Pac らがルーツとなっている。

La Real Corona

👤 ラ・レアル・コロナ

📍 ドミニカ共和国　サント・ドミンゴ 🎵 ヒップホップ　　🎵

2019年にリリース集中。ドミニカ共和国より、踊れる歌モノラティーノヒップホップ。レゲトンの香りただようトロピカルサウンドは、そのままカリブ海に魂を持っていくような錯覚に陥る。

Landavazo Corona Dúo

👤 ランダヴァーゾ・コロナ・デュオ

📍　　　　　　　　　　　🎵 ジャズ　　🎵

ピアノソロのメガネのオッサンと女性ボーカルのジャズユニット。高級レストランや会員制ラウンジのフロアで演奏していそうだ。アルバムはスタンダードナンバーカヴァー。

Lara Korona

👤 ララ・コロナ

📍 ドイツ　　　　　　　🎵 ロック　　🎵

活動は2007年から2013年。他バンドとのスプリット出した後、2012年にアルバム『Land Unter』をリリースし、活動停止となったようだ。歪んだギターがうなりまくるスラッジメタル。

Lola Corona

👤 ローラ・コロナ

📍 イタリア　　　　　　🎵 ポップス　　🎵

イタリアのイマドキ歌謡曲だ。『Dimmi che ci sei』『Però me chiamme ancora』2枚のシングルリリース。歌はうまいのでフルアルバムを聴いてみたいところだ。

Los Coronas

👤 ロス・コロナス

📍 スペイン　マドリード　　🎵 ロック　　🎵 サーフ

1991年より続く歴史あるサーフロックバンド。サーフロックということで、ギターはベンチャーズサウンドを意識。そしてマカロニウェスタンのサントラのようなトランペットで一気にスペイン風な印象に。

Los De La Corona

👤 ロス・デ・ラ・コロナ

📍 メキシコ　　　　　　　🎚 ポップス　　　🎛

メキシコ民謡マリアッチからトランペット、アコーディオン、バイオリンが抜けた 3 ピースバンド。リードギターはエレキのため現代的な音作りで新鮮だ。

Mario Corona

👤 マリオ・コロナ

📍 スペイン　　　　　　　🎚 ダンス　　　🎛

テックハウスを中心に、ハードミニマル、ディープテック方面のトラックメイカー。2014 年あたりから「beatport」などで発表を続けている。作品はこの手の音楽に多い 7-8 分と長めの曲。

Martina Corona

👤 マルティナ・コロナ

📍 イタリア　　　　　　　🎚 ポップス　　　🎛 R&B

プロフィール詳細不明の女性シンガー。他アーティスト作品へのゲストボーカルとしての実績もいくつかある。声量で押すというよりは雰囲気重視の癒し系ボーカルだ。

Mary Corona

👤 マリー・コロナ

📍 　　　　　　　　　　　🎚 ポップス　　　🎛

スペイン語圏のおばさん歌手だが、声は出ているのだが、歌が場末の演歌歌手のようなヘタクソさ。2007 年のアルバム『Popurri Musical』で癒されよう。

MC Korona

👤 MC コロナ

📍 ロシア　　　　　　　　🎚 ヒップホップ　　　🎛

預言者か？「MC Korona」というネームもそうだが、2019 年に『Вирус（ウイルス）』というシングルリリース。どちらかといえば歌モノラップなので聴きやすいほうだ。

Miz Korona

👤 ミズコロナ

📍 アメリカ　デトロイト　　🎚 ヒップホップ　　　🎛

00 年代から活動している女性ラッパーというよりはおばさんラッパー。他アーティスト作品へのゲスト参加も多いベテラン。今回コロナ禍でアルバム『The Virus』も発表。

Moth Corona

👤 モス・コロナ

📍 　　　　　　　　　　　🎚 ダンス　　　🎛 ラウンジ

いわゆる「Jazzy Lounge」。この手のトラックメイカーにありがちだが、プロフィール詳細不明。80 年代フュージョンを思わせるギターが心地よい。一方でベースブリブリのファンクナンバーも。

Mother Corona

👤 マザー　コロナ

📍 イギリス　オックスフォード　🎵 ロック　🎵 メタル

ストーナーロックの3ピースバンド、2008年結成後、2010年異ミニアルバム『Mother Corona』を初リリース。その後2枚のアルバムを発表、活動はしているようだ。

Natalia Corona

👤 ナタリア・コロナ

📍 メキシコ　🎵 ポップス　🎵

R&Bっぽいアレンジで変化をつけようとしているのだが、どうしてもマリアッチ風になってしまう。歌詞の途中に自分の名前を入れるのはメキシコのローカル歌手やバンドでは当たり前なのだろうか？

Ray Korona Band

👤 レイ・コロナ　バンド

📍 アメリカ　🎵 フォーク　🎵

1946年生まれ、元弁護士の白人フォークシンガー。差別、環境、教育、貧困といった社会問題に対するメッセージソングを多数発表、惜しくも2014年没。

Ricardo Corona

👤 リカルド・コロナ

📍 メキシコ　タバスコ　🎵 ポップス　🎵

聴きやすい売れ線メロディ、鉄板ラティーノポップ。2012年ごろデビューと思われる。今のところリリースは2枚のシングルと1枚のEP、フルアルバムの発売が待たれる。

Ron Corona

👤 ロン・コロナ

📍 アメリカ　🎵 ロック　🎵

どこかラモーンズを思わせるパンク、もちろんラモーンズより曲は数十秒長い。2017年アルバム『Fun Burst』以来ライブ、ラジオ出演が中心、次作のレコーディングはいつ？

Samir Corona

👤 サミール・コロナ

📍 メキシコ　🎵 ヒップホップ　🎵

2018年以来、3枚ほどシングルリリース。また、他ヒップホップアーティストのシングル、アルバムのゲストとしても参加の実績がある。やはりメロウラップは流行りなのだろうか。

Sergio Corona

👤 セルヒオ・コロナ

📍 ドイツ　🎵 ダンス　🎵

メキシコの国宝級ベテランコメディ俳優と同姓同名だが、こちらはトラックメイカー。キックがズンドコ来るミニマル、ディープテックな作風でカッコイイ音作りである。

Solar Corona

👤 ソーラー・コロナ
📍 ポルトガル　バルセロス　　🎵 ロック　　🎵 サイケデリック

アルバムカバーワークの通りサイケデリックロック。さすがサイケ、1曲あたり6分以上と曲が長い。最新アルバム『Saint-jean-de-luz』は全曲10分以上、20分超えの曲も。

Sonus Corona

👤 ソナス・コロナ
📍 フィンランド　トゥルク　　🎵 ロック　　🎵 メタル

2011年結成、フィンランドからのプログレメタルバンドだ。緩急の変化の多いリズム、激しいギターリフから突然静かになったりと、まさにプログレっぽい展開は必聴。

Staff Carpenborg and the Electric Corona

👤 スタッフ・カルペンボルグ　アンド　ジ・エレクトリック　コロナ
📍 ドイツ　　🎵 ロック　　🎵 プログレ

1969年突如現れ、消えた謎バンド。誰かの別名義との説もあるが詳細は不明だ。アルバムカバーワークは当時の風俗丸出しでエモい。サイケ、フリージャズ枠にもはまらないアタマがおかしくなる音。

Stefano Corona

👤 ステファノ・コロナ
📍 イタリア　　🎵 ポップス　　🎵

2017年のシングル2枚と寡作だが、Facebookを見る限り活動しているようだ。世界各地で放映されているオーディション番組のイタリア版『The Voice of Italy』にも出演。

Stefano Corona

👤 ステファノ・コロナ
📍 イタリア　　🎵 ダンス　　🎵

2010年前後にリリースが集中しているトラックメイカー。ハウスを中心にサルサをサンプリングしたりと引き出しは多い。現在活動中かどうか、その他のプロフィールも不明だ。

Swish Corona

👤 スウィッシュ・コロナ
📍 アメリカ　ソルトレークシティ　　🎵 ヒップホップ　　🎵

作風なのか、ほとんどのトラックはメロウなラップバラードだ。激しさはまったくない。2019年よりシングル5枚リリースと活動スタートしたばかりなので、今後に期待。

The Corona Lantern

👤 ザ・コロナ・ランタン
📍 チェコ　プラハ　　🎵 ロック　　🎵 メタル

「百塔の街」プラハより2014年結成の5人組。メタルといっても「ドゥーム／スラッジ」といわれる歪んだギターがひたすら暗いものだ。フェスに出演するほどの実力。

The Coronas
👤 ザ・コロナス
📍 アイルランド　ダブリン　　🎵 ロック　　▦

2007年デビューの3ピースバンド。疾走感あるギターサウンドはメロディアスで90年代マンチェスター風味。アイルランドではそれなりに実績があり海外ツアーも行うほどの人気だ。

The Cosmic Coronas
👤 ザ・コスミックコロナ
📍 アメリカ　ニューヨーク　　🎵 ロック　　▦

女性ボーカルのロックバンド6人組、ボーカルの名前はアマゾンの「Alexa」と同じ。パンク、ソウルなと影響を受けたさまざまな音楽により、一言では表せない複雑な要素を展開する。

The Michael Corona Project
👤 ザ・マイケル・コロナ　プロジェクト
📍 アメリカ　　　　　　　　🎵 ロック　　▦

アルバムのカバーワークはまさに「太陽コロナ」。唯一のアルバム『Delusions of Grandeur』はエレキギターによるメタルとフュージョンの中間、全編ギターインストだ。

Tito Corona
👤 ティト・コロナ
📍　　　　　　　　　　　　🎵 ポップス　　▦

ケーナの音が哀愁を誘う少女ボーカルのフォルクローレ、70年代はじめに活動していたようだ。ジャケットには弦楽器の姿も。スイスやフランスのレーベルからレコードリリースと、いろいろナゾが多いバンド。

Tony Corona
👤 トニー・コロナ
📍 メキシコ　　　　　　　　🎵 ポップス　　▦

メキシコ伝統のメロディでバンダ（楽団）をバックに歌うオッサン歌手だ。カラオケ喫茶を拠点とする演歌歌手のように、メキシコではこの手の歌手が星の数ほどいるのだろう。

Tony Corona
👤 トニー・コロナ
📍 メキシコ　　　　　　　　🎵 ポップス　　▦

シングル『Comme dice tu』を2019年リリース。泣きのバラードだ。同姓同名のオッサン歌手がいるが、こちらは若手イケメンの洗練されたラテンアーバンポップ。

Tres Coronas
👤 トレ・コロナ
📍 アメリカ　ニューヨーク　　🎵 ヒップホップ　　▦

2001年クイーンズにて結成のラティーノ・ヒップホップユニット。レコード会社との契約ごたごたなどで分裂解散を経て、2019年コロンビアのフェスで臨時復活。ラティーノヒップホップ、レゲトン。

W. Corona

👤 W コロナ

📍 メキシコ　モンテレイ　　　　🔲 ヒップホップ　　🔳

メキシコ北部のモンテレイより、売れ線のアーバンラッパー。2010 年ぐらいから界隈に出入りし、2014 年初アルバムリリースと 10 年近いキャリア。

Yosh Corona

👤 ヨシュ・コロナ

📍 メキシコ　トルーカ　　　　🔲 ダンス　　🔳

メキシコシティの東側の都市トルーカで活動中のトラックメイカー。作品の傾向は心なしか微妙に懐かしい匂いのするエレクトロニカ中心、2016 年からシングルをリリース中。

코로나 Corona

👤 コロナ

📍 韓国　　　　🔲 ロック　　🔳

韓国のロック専門レーベル MIRRORBALL MUSIC から売れ線狙いの 4 人組。悪くはないがアルバム収録曲がどれも似たような曲になるのは、他ジャンルでもみられる現象。韓国の仕様か。

オススメビデオクリップ

スペインのサーフロックバンド、ロス・コロナス。「Baila Lola」MV より。サウンド同様、MV もカッコイイ。

メキシコのマイナー歌姫ナタリア・コロナ。「Rama Seca」MV より。間奏のセリフ部分で「Natalia Corona」と必ず名乗りを上げるのが特徴。

コロンビアのヒップホップ歌謡グループ、バルドス・デ・ラ・コロナ。MV「Quantum」より。こちらも間奏中ムダに「Corona！」と名乗りを上げる。

キャリアの長いおばさんラッパー、ミズ・コロナ。「Respect The Name」MV より。名前が名前だけに「バカにすんな！」とコロナ騒ぎの中、新曲リリース。

熟女の風俗 最終章立川店 HP より http://tachikawa-saisyuusyou.com
問題のスクリーンショット、タイトルは「ワクチンBBA配布中！！」だ。
このほかにも人気アニメをパクった「ババライブ」「クソばばぁ☆ブギ」「進撃のクソば
ばぁ」といったバナーもあり、スベリまくっている。いずれも古臭いというか遅れている
ので、オッサンが書いているのだろう。

風俗に AV ！スケベ界のコロナ

コロナを撃退？！ワクチンBBA！！

　2020 年年春先からのコロナ騒動で「濃厚接触」必至のいわゆる「夜」
の業界も苦境に立たされた。緊急事態宣言に伴う営業自粛要請を受け入
れ、休業を選択した風俗店がある一方、自粛の同調圧力をかい潜って、通
常営業もしくは時短営業で生き残りを賭けたところも。
　東京郊外のとある熟女専門派遣型風俗店では、このような集客コピーを
自社ホームページ及び風俗ガイドサイトに掲載し、なんとか日銭を稼ごう
としていた。

　巷じゃ『コロナ』『コロナ』って毎日聞こえてきて

もううんざりっすよね？？

でも・・・

知ってました？？？

まだ学会じゃ発表されてませんが、

【コロナ】にはばばぁが効くらしいですよｗｗｗ

【コロナ】なんてばばぁでパツイチっすよ。（原文ママ）

　ご覧の通り、キャストは熟女なのだが、「ばばぁ」だのなんだのヒドイ呼び方だ、ツイフェミ界隈からしたら絶好の攻撃対象なのに、なぜかこういったリアル風俗方面には攻撃しないのがナゾである。極めつけは「コロナを撃退？！ワクチンＢＢＡ！！」というコピー。「ワクチンＢＢＡ」なるおすすめ熟女を毎日紹介するのだが、掲載された写真を見る限り「ＢＢＡ」という年齢でもなく、それほどの「地雷」感はなかった。

　ちなみに大阪の風俗店が「全従業員が検査で陰性だった」とホームページに虚偽の広告を掲載し、不正競争防止法違反（誤認惹起〈じゃっき〉）の疑いで大阪府警に摘発された事件の前後、それまでトップページに掲載されていた、この 香ばしい集客記事は消されてしまった。

「ころな」姫も出勤表から消えた

　わりとありがちだと思われた源氏名「ころな」だが、店舗名や企業名などと同じく、最近ではあまり流行らないキーワードであるためか、名乗っている姫は全国でわずか数名であった。いずれも2020年3月頃から出勤予定はすでに空白となってしまった。唯一、水戸のOL風俗店の「ころな」姫 が、健気にも風俗ガイドサイトの自店ページに「写メ日記」を投稿し集客を頑張っていたが、肝心の店が営業自粛で長期休業に入るということで、昼の仕事をに戻ると引退宣言、これで業界から「ころな」姫はいなくなってしまった。水戸の「ころな」姫は新しい仕事が見つかったのか気になるところだ。

　そういえば、1980年代後半、あの村西とおる監督「クリスタル映像」時代の作品に豊田4姉妹がいた。「聖梨華（セリカ）」「加露羅（カローラ）」「香里奈（カリーナ）」「爽亜羅（ソアラ）」の女優陣だが、なぜか「コロナ」はいなかった。

「FANZA」に掲載されている「コロナ社」の作品。2013年11月の作品が最新だ。もっとも古い作品で2007年11月のもの。全作品ダウンロード¥300だが、人気メーカーの過去作品と同価格なので、はたして購入者がいるのか疑問だ。

コロナ社なる2線級AVメーカー

　ところが、女優ではなく、科学系専門出版社と同名の「コロナ社」なるAVメーカーがあった。過去形なのは会社そのものがなくなってしまったためか、現在新作が発表されておらず、活動の実態が見られないからだ。大手アダルトコンテンツプロバイダー「FANZA（旧DMM）」には、2000年から2013年あたりまでのDVD作品が掲載されているため、別の企業が権利だけ引き継いだ可能性がある。VHS時代のビンテージ作品を配信したほうが数字になると思うのだが、なぜか掲載はない。

VHS時代にはそれなりのレーベル

　この「コロナ社」、1980年代前半のAV黎明期から作品を発表しているが、今一つ存在感が薄く、あまり記憶にない。VHSビンテージAVの中古通販サイトでいくつか作品が販売されているが、タイトルやパッケージを見る限り、「パクリ」路線の作品が多かったようだ。一例を挙げると「宇宙企画」の『ミス本番』シリーズに対抗する『ザ・本番』、「アテナ映像」の『ザ・面接』シリーズの関西弁サブタイトルをパクった『奥さん、

（以下関西弁）』シリーズに代表される作品群。ほかには「レイプ」もの が得意だったようである。それでも VHS 時代は業績もよく、社長はフェ ラーリを乗り回していたということだ。

　AV 業界が大発展したバブル期には「コロナ社」もアイドル級の単体女 優をブッキングできたが、バブル崩壊後の 1993 年あたりから、人妻モノ の企画作品ばかりとなり、無名女優中心となる。たまに単体女優かと思え ばいわゆる「キカタン」女優しかブッキングできなくなってしまったよう だ。さらに 1990 年代後半からのインディーズレーベル 躍進により、「脚 本」「カメラワーク」「編集」といった技術面でも大きく差をつけられた。 「FANZA」に掲載されている同年代の「ソフトオンデマンド」「マドンナ」 といったメーカーの作品と比較しても「タイトル」「パッケージ」を見た だけでダメなのが伝わってくる凋落ぶりだ。実際「コロナ社」作品のトレー ラーを確認してみたのだが、あまりにもクソ作品すぎて苦痛でしかなかっ た。せめて「トンデモ抗日ドラマ」のように楽しめるクソ作品であればよ かったのだが。

高騰する VHS 時代の AV

　エロ本、ヤンキー雑誌といった下世話なジャンルの本は消費されてすぐ 捨てられる。またその賞味期限もごく短期間であることが多いため、後年 の中古市場では希少品となる。古書店を経営している知人も、この手の商 品の入手にはかなり苦労をしており、古書組合のせりにもなかなか登場し ないため、必然的に高値維持となるとのボヤキだ。中古 VHS ビデオ作品 も同様で、販売する店舗においては、売り場作りや保管場所の問題も発生 するため、売れなければ、やはり捨てられてしまうことも多くなる。

　「コロナ社」の VHS 作品の中でも、1983 年あたりのごく初期の作品、 バブル期の単体女優作品は高値維持である。1992 年発売、その頃トップ AV 女優であった朝岡実嶺主演『GAME OVER』に至っては、当時の定 価をはるかに超える￥24000 以上の中古価格がつけられている。「コロナ 社」は 2 線級メーカーということと、活動を停止して久しいため、リリー スした作品の全容をつかむことはなかなか困難である。全作品コンプリー トのためにはまずは作品目録を制作するハメになりそうだ。どなたか挑戦 してみてはいかがだろうか。

「コロナ社」初期の VHS 作品パッケージ、当時は人気アイドル女優もブッキングできた。

名古屋名物の
ゲイ専門総合施設
コロナクラブ

有名ハッテン場、コロナクラブの定期ツイートを分析！

現在、館内に xx 名お客様がいらっしゃいます

　名古屋の「コロナ」といえば「俺コロナ」「コロナワールド」。そして、絶対外せないのが「コロナクラブ」だ。東京方面のホストクラブでクラスター感染が多数発生したため、SNS では「ホストクラブ」から「コロナクラブ」に呼び方を変えろなどという怒りの声も聞こえるが、「コロナクラブ」は唯一無二、名古屋堀川沿いのアソコだと声を大にして言いたいところ。

　「コロナクラブ」、知ってる人は知っている、知らない人は全く知らないという、宿泊も可能なゲイ専門総合施設だ。館内にはバーラウンジ、レストラン、屋上にはプールがあるという豪華なつくり。繁華街からは少し外れるが、名古屋駅からタクシーでワンメーター、徒歩でも 10 分ちょっと

とアクセス便利な立地である。

——「現在、館内に xx 名お客様がいらっしゃいます」

　ゲイのみならず、名古屋のサブカル野郎にも上記の「コロナクラブ」定期ツイートが知られている。毎回のツイートは無機質に数字のみのブレなさで力強い点が注目されている。

前身は納屋橋「ドンバラ会館」

　名古屋銘菓「納屋橋饅頭」、酒麹で皮を発酵させた酒饅頭。納屋橋に本店を構えていたのでこのネーミングとなった。名古屋城と伊勢湾を結ぶ堀川にかかる 1610 年（慶長 15 年）からある橋だ。現在の納屋橋周辺は再開発でかなり綺麗になり、昔の面影はない。かつては広小路通から、一歩足を踏み入れたら明らかに空気感が変わるヤバさがあった。その名残は、納屋橋北側の一部に風俗ビルがわずかにあるだけだ。最も異様な空気感を漂わせていた辺りは、現在高級フランス料理店だ。

　その異様な空気を醸し出していた中心が「コロナクラブ」の前身となる「ドンバラ会館」だ。ネーミングがゲイ雑誌の「アドン」「薔薇族」を採用した安直さもややウケる。9 階建ての煤けた古臭いビルは鉄格子で覆われ、見るからに中に入ることを拒絶しているような建物であった。対面にボウリング場の廃墟があった頃が一番荒んでいた頃だろうか。このあたりは映画館が何軒かあり、東宝系の大型封切館、今もある名画専門の「ミリオン座」、そして、納屋橋交差点南東角には「納屋橋劇場」というナゾの映画館があった。ナゾというのは、小津安二郎作品などの古い名作映画 2 本と、ポルノ映画の 3 本立てとなっているところ。高校のクラスメイトが 18 禁のポルノ映画をこれ幸いにと「納屋橋劇場」へ観に行ったところ、ゲイの方々のハッテン場で命からがら逃げ出してきたということだ。「納屋橋劇場」で知り合って「ドンバラ会館」でゆっくり過ごすという使われ方もしていたようである。

　いつから「ドンバラ会館」はあったのだろうか。『週刊現代』1979 年 2 月 20 日号 176 〜 178 ページにて『名古屋のホモの殿堂「ドンバラ会館」の大繁昌 』、また、『話のチャンネル』1980 年 10 月 18 日増刊号に

ゲーム機の新型 Xbox、
自衛隊の下甑島レーダー基地に似ている建物だ

て『性風俗異変　ホモ人間全員集合？　名古屋ドンバラ会館』と５ペー
ジにわたり特集されている。これらの記事からすると、少なくともこの
1978 年あたりにはオープンしているはずだ。

　当時のゲイ雑誌に掲載された広告を見ると「ふんどし同好者ルーム」「ア
メリカンボックス」「スナックアドンの薔薇」といったナゾのパワーワー
ドが踊る。地下１階から９階までそれぞれフロアーごと特色のある設備
や部屋があり、自分の好きなジャンルを選べる総合施設であった。多少キー
ワードは変わったものの、現在の「コロナクラブ」と同じようなサービス
が提供されていたようだ。

　前述したとおり、バブル期に納屋橋周辺の再開発が進み「ドンバラ会館」
は閉鎖、既に近所でゲイ向けホテルとして経営していた「ホテルコロナ」
をスクラップアンドビルドし、1992 年に「コロナクラブ」へと生まれ変
わった。この「ホテルコロナ」、もう１軒名古屋駅近くにもあったという
ことだ。

親会社はあのローカル有名企業

　ここで賢明な読者はもうお気づきかと思う、これだけの事業規模を運営するためには企業として大きな体力が必要ということ。

　じつは「コロナクラブ」、愛知県下で大規模リサイクルショップを展開する「キンブル」が経営している。テレビの情報番組などにも定期的に登場するので、東海三県以外でも耳にした事のある方がいるかもしれない。もともと「キンブル」の創業オーナー檪木久助氏が始めたサブ事業である。鍋釜  の行商から身を起こし、材木問屋、飲食店、ホテルなどを経営。その後、リサイクル事業を軌道に乗せたという久助氏、かなり破天荒な人物で、現役の頃はレコードデビューや、ワイドショーの大金持ち紹介コーナーに出演。一線を退いてからは、自ら劇団を組織し、老人ホームの慰問などに力を入れるという、根っからのエンターテイナーである。

2011 年ツイート開始から集計

　きっかけはサブカル仲間との会話だ。コロナ騒動となり「濃厚接触」必須の「コロナクラブ」のツイートの数字はどうなっているのだろうかという話題から、最近は客数減少気味ではないかという、どうでもいい議論が行われた。そうこうしてるうちに 2020 年 4 月 9 日より「コロナクラブ」は休業、緊急事態宣言が開けてもなかなか営業再開されないため、このまま廃業の可能性があるのではないかと心配に。ノンケなので利用するわけではないのだが、サブカル野郎としては少々気になるところだ。

　そこで 2011 年の秋までツイートを遡り、数字を拾ってみた。ここでお断りしておきたいが、あくまでも「コロナクラブ」のツイートから拾った数字という点だ。財務諸表や決算書類から拾った数字ではない、そもそも

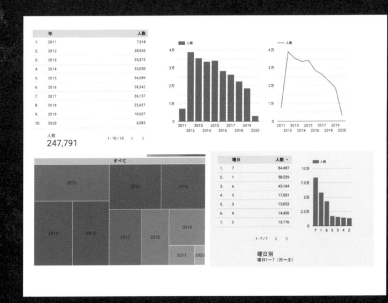

年		人数
1.	2011	7,318
2.	2012	38,953
3.	2013	35,357
4.	2014	33,530
5.	2015	34,089
6.	2016	28,342
7.	2017	26,157
8.	2018	22,437
9.	2019	18,507
10.	2020	3,085

人数
247,791   1 - 10 / 10   〈 　〉

曜日		人数 ▾
1.	7	84,629
2.	1	58,529
3.	6	43,184
4.	5	17,561
5.	3	15,853
6.	4	14,409
7.	2	13,778

1 - 7 / 7   〈 　〉

曜日別
曜日1〜7（日〜土）

「キンプル」自体非上場企業なので決算は公表されていない。ツイートの数字が正確かどうかというところも不明である、もしかしたら盛っているかもしれないので話半分程度に理解していただきたい。

「俺コロナ」と同じく分かりやすく BI ツールでレポートにしてみた。2011 年は秋から、2020 年は営業休止のため 4 月上旬まで。実質 2012 年から 2019 年までの数字の変化を見てみよう。2012 年の年間合計から 2019 年では 50% までダウン、厳しい情勢が伺える。

ここで少し原因を探っていきたいと思う。00 年代あたりから市内に若い年齢層を対象としたクルージングスペースが登場、さらにその中からコンセプトにこだわり、入店基準も厳しくターゲットを明確にした店舗が登場したため、若い客層がそちらに流れてしまったのではないかという仮説。もう一点は少子高齢化人口減少によるマーケットの縮小という仮説。別業態であるが、ゲイが集まるサウナ店、映画館といったところが名古屋市内でも何軒か廃業に追い込まれている。

もう一つ注視すべき点は、急激に数字が下がっているわけではなく、8

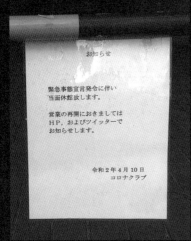

コロナクラブ入口と、掲げられた休業アナウンス

年かけてじわじわに下がって半分になったということ。減収でも増益して
いればよいのだが、「コロナクラブ」のようなサービス業ではどうだろう
か。近い業態の旅館業において、厚生労働省の資料『旅館業の実態と経営
改善の方策』では、当期純利益の動向要因に「客数の減少」を挙げる経営
者が実に 42.9% と圧倒的に高い割合となっている。

今後の展望とシナリオ

　クロスセルに持って行くには、客単価向上するにはなどなど、ああでも
ないこうでもないと、いろいろシナリオを考えてみたが、所詮野次馬、妙
案は出てこない。前述の厚生労働省の資料ではホテル・旅館は次のような
特性があるとされている。

　①資本集約型の装置産業的性格を備え、多額な設備投資が必要であるこ
　　と。

②投下資本の回収が長期にわたること
③収入が客室数により制約を受けること
④固定費負担が大きい上、価格は比較的硬直的で経営の弾力性に乏しいこと
⑤求められるサービスの差別化

　この業態で顧客ロイヤリティを獲得する要素は「出会える」ということではないだろうか。そう考えると婚活サイトやビジネスマッチングサイトのようなマーケティングも必要となるかもしれない。

　今更の話であるが売上高を構成するものは「客数 × 客単価」。客単価は顧客価値の指標ともいえる。顧客価値とは、「顧客が必要としていること」と「自分たちが提供できること」が重なる部分。いくら顧客が必要としていても提供できなければ、顧客価値は生じない。また競争優位は、顧客価値とは別の話となる。顧客価値のうち、競合が手を出せない部分が競争優位となる。上記ホテル・旅館の特性でいえば「⑤求められるサービスの差別化」ということになろうか。そんなことは当の「コロナクラブ」が十分承知していると思うので、今後の動向を注視していきたいと思う。

第 6 章

アルバム・曲

　「ビッグワード」と思しき「Corona」、Pre コロナ時代において、アルバムや曲のタイトルに使われている作品が、それほど多くはなかったのは意外であった。

　注目すべきは、コロナウイルスの出現を予言したように、曲タイトルに「Corona」「Virus」を採用した作品が 2 曲あったこと。これらの曲が掲載されているサイトでは「先見の明」に賞賛のコメントが寄せられている。

　本来のラテン語の意味が「王冠」ということもあり、メタルミュージックの世界観とも相性が良いようで、いくつかの作品が見受けられる。「太陽コロナ」をヒントとした楽曲ではエネルギーやパワーをイメージした 力強いサウンドの作品が多い傾向だ。さらには歌詞に世界観を表現するアイコンとして「コロナビール」が登場する曲も注目したいところ。

　また日本の大物ミュージシャンも「Corona」というタイトルの曲を発表しているが、東日本大震災後のサザンオールスターズ「TSUNAMI」の前例があるように、今後、従来通りライブのセットリストに残るのか、しばらく封印されるのか気になるところだ。

Corona - Original Virus Mix

👤 Indart 📅 2003

📍 スペイン ■■ ダンス ■■■

2003年のトライバルナンバー、アルバム『Corona』より。「Virus Mix」とこのとき預言か。クインシー・ジョーンズら同 Mix を手掛けた 70 年代ファンクミュージックを思わせるグルーブ感。

Corona Virus

👤 Bratkilla & C-Netik 📅 2014

📍 ポルトガル ■■ ダンス ■■■ ハードダブステップ

2014 年にズバリのタイトル。そのため本人の YouTube は古い投稿にも関わらず、預言的中に賞賛のコメントが殺到。曲は激しいミニマル展開を繰り返す。

Kóróna landsins

👤 Ómar Ragnarsson 📅 2003

📍 アイスランド ■■ ポップス ■■■

環境活動家でもあるオマー・ラグナルソンのアルバム『Ómar lands og þjóðar - Kóróna landsins』より。彼に賛同する歌手が多数参加。

Koronás címer a szíved felett

👤 Romantikus Erőszak 📅 2016

📍 ハンガリー ■■ ロック ■■■

同名アルバムタイトルチューン、「あなたの心の王冠」という意味。1994 年より活動する 5 人組ベテランバンド。じっくり聴かせるアコースティックナンバー。

Mon Aamar Bhul Korona

👤 Swagato De 📅 2006

📍 インド ■■ ポップス ■■■

ちょっと番外編。インドの曲がやたら見つかったのだが、ベンガル語で「Korona」は否定形、この場合「誤解しないで」となる。曲は伝統的なインド歌謡。

Welcome to Korona, Asshole!

👤 Spring And The Land 📅 2018

📍 ドイツ ■■ ロック ■■■

5 人組ギターバンドのアルバム。バイオリンもいるドイツらしくないアメリカ南部を思わせるフォークロック。アルバムには「Corona (Live)」も収録。

Da ti bada korona

👤 Djena 📅 2017

📍 ブルガリア ■■ ポップス ■■■

ブルガリアの歌姫、アルバムタイトルの意味は「あなたに冠を与えるために」。タイトルチューンはオリエンタリズムあふれるダンスナンバー。文明の交差点らしい。

Happy! Corona Blossom

👤 桃井はるこ 📅 2016

📍 日本　　🎵 ポップス　　▦

人気声優による PC ゲーム『コロナ・ブロッサム 』主題歌。ゲーム本体以外にそのオリジナルサウンドトラックも発売。もちろんその他のオタグッズもラインナップ。

Korona

👤 Filos 📅 2015

📍 カナダ　　🎵 ダンス　　▦

10 曲収録のアルバム。狙ってのことだろうが古臭いレトロウェイブ、シンセウェイブっぽいナンバーに偏っている。プロデューサーもできるため作品レパートリーは拾い。

風とコロナ

👤 村田和人 📅 1989

📍 日本　　🎵 ポップス　　▦

昨今、世界的に注目されている 80's Japanese シティポップのキーパーソン。アルバム『太陽の季節』より、作詞はサエキけんぞう。アルバム通してハズレなし。

Korona Grammata

👤 Christos Thivaios 📅 1995

📍 ギリシャ　　🎵 ポップス　　▦

シンガーソングライターのクリストス・チバイオス、バンド時代のアルバム『Meres Adespotes』より。いまや多くの歌手がカバーするギリシャの懐メロとなった。

Korona

👤 Yochk'o Seffer 📅 2009

📍 ハンガリー　　🎵 ジャズ　　▦

『Yog II - Sefira』より。架空の宇宙言語「コバイア語」歌詞の変態プログレバンド Magma 最初期メンバー。その後、仏アヴァン・ジャズシーンを先導するリード奏者となる。全曲ブッ飛んでいる。

Korona

👤 Timo Klabunde 📅 2017

📍 ドイツ　　🎵 ニューエイジ　　▦

2017 年、ドイツの若手監督がメガホンをとった映画『Am Tag die Sterne / Stars At Day 』のサントラ。映画は小規模な映画祭で複数受賞。

A fájdalom koronája

👤 Christian Epidemic 📅 2005

📍 ハンガリー　　🎵 ロック　　▦ メタル

割と長めのキャリア、1996 年から活動のブラックメタルバンド。タイトルの意味は「痛みの冠」。バンドとしては初のフルアルバム『Isteni Orgia』より。

Koronas Club

👤 Tech C

📅 2018

📍 イタリア　　　　　　　　　🔲 ダンス　　　🔲

シングル『Koronas』より、収録のもう 1 曲は「Koronas Dark」。ナポリを拠点とし、ヨーロッパ以外にも遠征するベテラントラックメイカーの作。

Kóróna Cola

👤 Royal Gislason

📅 2018

📍 アイスランド　　　　　　　🔲 ヒップホップ　🔲

お笑いのウド鈴木に風貌の似たラッパー。剃り上げた後頭部には王冠の入れ墨。別作品のアルバムカバーワークにも王冠のデザインが。貴族階級の家系なのだろうか？

Korona

👤 Contrast

📅 2018

📍 ドイツ　　　　　　　　　　🔲 ロック　　　🔲 メタル

アルバム『Aurora』より。2005 から活動する 5 人組。ほぼ 5 年に 1 度アルバム発表という寡作だが、裏を返せばよく練っているともいえる。メロデス。

コロナ

👤 Nook

📅 2019

📍 日本　　　　　　　　　　　🔲 ロック　　　🔲

アルバム『Trash box』より。正直、音色と声に不安があるため雰囲気重視。アメリカに同名のジャズミュージシャンがいるが、そちらを聴いたほうがよさそうだ。

Słoneczna korona

👤 Project '96

📅 1996

📍 ポーランド　　　　　　　　🔲 ダンス　　　🔲

アルバム『Klimaty』より、当時流行のユーロトランス。ジャケットのカバー、サウンドをはじめ、いろいろ古臭いが、たまにはこういうのを聴いて癒されてみるのも良き哉。

Korona

👤 Chris Camarna

📅 2016

📍 ドイツ　　　　　　　　　　🔲 ロック　　　🔲

声のわりに AOR っぽい展開。と思い、ほかの曲も聴いてみたところ、しっかりロックしているナンバーも。アルバム『Unendlich frei』より。ドイツ語。

Korona

👤 The Chilling Ones

📅 2016

📍 　　　　　　　　　　　　　🔲 ダンス　　　🔲

チルアウトアルバム『Reversive Forwardism』より。本人の詳細プロフィールが不明だが、他アルバムのタイトルによると 1994 年からトラックを作っているようだ。

コロナ
👤 篠山浩生　　　　　　　　　　　　　　　　　🗓 2018
📍 日本　　　　　　　■■ ポップス　　　■■■

バンド「THURSDAY'S YOUTH」ボーカル担当によるソロ名義。ギター弾き語り。けっこう歌詞はメッセージ性が強いので、好みは分かれるかもしれない。

コロナ
👤 SunSet Swish　　　　　　　　　　　　　　🗓 2008
📍 日本　　　　　　　■■ ポップス　　　■■■

2005年から活動する3人組バンド。メジャー契約だけあってPVに有名俳優が出演したり、アニメのテーマソングに曲が採用と人気。アルバム『PASSION』より。

コロナ & ライム - feat. BONNIE PINK
👤 Gagle　　　　　　　　　　　　　　　　　　🗓 2009
📍 日本　　　　　　　■■ ヒップホップ　　■■■

2004年から仙台で活動する3人組ユニット、日本のHIPHOP界ではかなりのベテラン。アルバム『Slow But Steady』より。メンバーは地元ラジオ局などそれぞれソロ活動も。

Corona
👤 Minutemen　　　　　　　　　　　　　　　　🗓 1984
📍 アメリカ　ロサンジェルス　　■■ ロック　　■■■ パンク

アルバム『Double Nickels on the Dime』より。MTVのバカ番組『jackass』のオープニングで流れるあの曲だ。ジョニー・ノックスビルの顔が思い浮かぶ。

ふれ合う世界（コロナイメージソング）
👤 布施明　　　　　　　　　　　　　　　　　　🗓 1972
📍 日本　　　　　　　■■ ポップス　　　■■■

当時すでに人気歌手となっていた布施明による作品。一般流通はせず非売品。コロナ購入者、自動車ディーラー、工場関係者に配られたレア盤だ。

大いなる旅へ ..... コロナ
👤 坂本孝明　　　　　　　　　　　　　　　　　🗓 1971
📍 日本　　　　　　　■■ ポップス　　　■■■

ブラボーコロナ、コマーシャルソング。日本を代表するカントリー歌手による歌。カントリーミュージックがまったく流行らないわが国だが、当時はちょっとした流行であった。

追憶のストレンジャー（New コロナより愛をこめて）
👤 マキシン・ウェルダン　　　　　　　　　　　🗓 1982
📍 日本　　　　　　　■■ ポップス　　　■■■

当時『007』シリーズに出演していた俳優ロジャー・ムーアが登場するコロナのコマーシャルソング。歌もバックの演奏も『007』のテーマ曲丸パクリだ。

Corona

👤 やきざかな　　　　　　　　　　　　　　　📅 2018
📍 日本　　　　　　　🔲 ニューエイジ　　🔳

インストアルバム『思い出ぽろぽろ』より。ピアノの鍵盤右端の高音部だけによるインスト作品。他の作品もすべてそんな感じで、あまり違いがわからない。

Corona

👤 Mike Diaz　　　　　　　　　　　　　　📅 2018
📍 メキシコ　　　　　　🔲 ヒップホップ　　🔳

シングル、また1時間を超えるフルアルバム『Renace』にも収録。なぜか忍者好きのラッパー。忍者が好きすぎて最新トラックでは忍者をテーマとした作品をリリース。

コロナ

👤 UVERworld　　　　　　　　　　　　　📅 2009
📍 日本　　　　　　　🔲 ロック　　🔳

アルバム『AwakEVE』より。緊急事態宣言中、急遽 YouTube での動画配信ライブを実施した彼らだが、この曲はセットリストにはなかった。封印だろうか。

corona

👤 19（ジューク）　　　　　　　　　　　　📅 2001
📍 日本　　　　　　　🔲 ポップス　　🔳

アルバム『up to you』より、ベスト盤にも収録された曲だ。サザンオールスターズの『TSUNAMI』が東日本大震災後封印されたように、今後の動向が気になる。

コロナ

👤 向谷実　　　　　　　　　　　　　　　📅 2018
📍 日本　　　　　　　🔲 ジャズ　　🔳

元カシオペアのキーボード奏者によるソロプロジェクト・アルバム『THE GAMES -East Meets West 2018-』より。ブラジリアンテイストあふれる夏の曲だ。

コロナ

👤 サクラメリーメン　　　　　　　　　　　📅 2007
📍 日本　　　　　　　🔲 ポップス　　🔳

メジャーレーベルの神戸出身3人組バンド、さすが売れ線。駿台予備学校 CM ソングとしてシングルリリース。アルバム『ロングロード・オデッセイ』にも収録されている。

Korona

👤 Krzysztof Klenczon i Trzy Korony　　📅 1971
📍 ポーランド　　　　　🔲 ロック　　🔳

アルバム『(Nie) Przejdziemy do Historii』より。ワレサ旋風より10年前、サイケデリックなアルバムジャケットが当時をしのばせる。ギターは歪んでいる。

Korona grammata

👤 Asistoloi

📅 2000

📍 ギリシア　　　　　　　🎸 ロック　　　　🎚 メタル

アルバム『Ofthalmapates』より。サウンドはチープで古臭い 80 年代メタル。2000 年とあるのはおそらく CD 発売年。録音は 80 年代か 90 年代初頭と思われる。

Corona Borealis

👤 Holdaar

📅 2014

📍 ロシア　カリーニングラード　　🎸 ロック　　　🎚 メタル

アルバム『Corona Borealis』収録の 2 曲目。ブラックメタルでも、ナチズムや国家社会主義（National Socialism）をテーマとした NSBM というさらに過激な路線だ。

Corona Borealis

👤 Cadacross

📅 2002

📍 フィンランド　　　　　　🎸 ロック　　　　🎚 メタル

このアルバムも『Corona Borealis』、デス / ブラックメタル界では定番のタイトルの様だ。キラキラキーボードが鳴り響くフォーク系メロデス。活動は 1997 年から 2006 年。

Corona

👤 Inconcessus Lux Lucis

📅 2014

📍 イギリス　マンチェスター　　🎸 ロック　　　🎚 メタル

EP『Crux Lupus Corona』よりラストの曲。なかなか重くて暗い、海外サイトのレビューも高評価だ。2009 年結成、3 ピースバンドだがライブでのドラムはサポート。

Lo Podrido, Corona la Inmencidad

👤 Transmetal

📅 2004

📍 メキシコ　　　　　　　🎸 ロック　　　　🎚 メタル

アルバム、タイトルチューン 2 曲目。1987 年結成老舗のスラッシュ / デスバンド。アルバムのチープなカバーワークが初期から、あまり進歩のないところに好感が持てる。

Heart of the Corona

👤 Garden of Shadows

📅 1998

📍 アメリカ　メリーランド　　🎸 ロック　　　🎚 メタル

1996 年結成の 5 人組、惜しくも 2002 年解散のメロデスバンド。6 曲入り EP なのだが、1 曲それぞれが長いためフルアルバム並みの 39 分となっている。ギター兼サブボーカルは女性。

Corona de frastimus

👤 Vultur

📅 2009

📍 イタリア　サルディニア　　🎸 ロック　　　🎚 メタル

ブラックメタル。ラテン語で「禿鷹」を意味するため同名バンドが多いが、こちらはサルディニア島の恐怖伝説をテーマとしたバンドだ。2005 年結成とキャリアはそれなりにある。

Corona Regni Satanæ

👤 Túrin Turambar   📅 2010

📍 ポーランド   ♫ ロック   ▦ メタル

1992年結成、何度か活動と休止を繰り返している。ファンタジー小説『フーリンの子供』の世界観、やたらと絡む不協和音などいわゆる、Experimental Black Metal系。

Corona de epidemia

👤 Morbosidad   📅 2017

📍 アメリカ　ヒューストン   ♫ ロック   ▦ メタル

1991年結成老舗のブラッケンド・デスメタルバンド。ヒスパニック系でメキシコでも活動とのことだ。なぜかアルバムタイトルが預言めいたものがある。

Corona de strega

👤 The Gore   📅 2018

📍 イタリア   ♫ ロック   ▦ メタル

5人組のストーナーメタル。2003年結成のわりにこれまでアルバム2作のみと寡作。ディストーションのかかったギターリフに対抗するかのような汚いボーカル（デス声ではない）。

Северна Корона / Corona Boreali

👤 Северия   📅 2014

📍 ブルガリア   ♫ ロック   ▦ メタル

4人組ブラック、ペイガンメタルバンド。2003年結成、2009年には解散してしまった。宇宙をテーマとする曲もあるためか、こちらのアルバムジャケットは昔の天宮図の絵画だ。

Corona

👤 The Republic of Desire   📅 1999

📍 フィンランド   ♫ ロック   ▦ メタル

下着姿美女のスケベなアルバムカバーのEP『Biopreparat』より、5人組インダストリアル風味のデスメタルバンド。活動は1997年から2011年。

Corona Mundi

👤 Démona   📅 2000

📍 アルゼンチン   ♫ ロック   ▦ メタル

EP『Aguardando el abismo』より。サンタフェの4人組デスメタルバンド。スラッシュメタルぽい展開だ。デモテープとこのEPのみで消えたようで、詳細は不明だ。

Corona de funerales

👤 Aspergillum   📅 2018

📍 メキシコ   ♫ ロック   ▦ メタル

メキシコのMorbid K.による一人ブラックメタルバンド。20分ほどのEP『Aspergillum』より、最後5曲目のナンバー。十分にキモい（誉め言葉）サウンドだ。

Sangre para la corona

👤 Battle Cry
📅 2010

📍 アルゼンチン　　　　　🎵 ロック　　　　🎵 メタル

シングル『Dia en llamas』2曲目。1998 年結成の現役バンド故、少々古臭いスペイン語パワーメタルだ。さらに最新作アルバムジャケットもそこはかとなくオールドスクール。

Antigua corona de la blasfemia

👤 Ahriman
📅 2015

📍 コロンビア　ボゴタ　　　🎵 ロック　　　　🎵 メタル

メンバー全員白塗りに隈取のブラックメタルバンドの EP『Under the Sign of the Unholy War』より。ゾロアスター教の悪魔の名前のため、似た名前のバンドが多い。

Abandoned Mines of a Corona

👤 Black Spring Monolith
📅 2013

📍 ドイツ　　　　　　　　🎵 ロック　　　　🎵 メタル

バンドとして音源初リリースの EP『Sun』より 15 分と長すぎる曲。インダストリアル、アヴァンギャルドといったデスメタルを通り越したサウンドだ。

Corona de rayos (Feat. Fer)

👤 Hyper Talbot
📅 2014

📍 スペイン　　　　　　　🎵 ロック　　　　🎵 メタル

EP『LIVE @ La Gramola. The Bloody Dirty Sanchez Fest』より。タイトル中のフェス名「Bloody Dirty Sanchez」が気になる。

Baby Baby (Corona cover)

👤 Teodasia
📅 2019

📍 イタリア　　　　　　　🎵 ロック　　　　🎵 メタル

ちょっと番外編、あの Corona のヒット曲をカバー。2006 年結成ゴシックシンフォニックメタル。Corona 並みに声が出る女性ボーカルけっこう凄いのでは。

Corona Club

👤 Drio
📅 2016

📍　　　　　　　　　　🎵 ダンス　　　　🎵

名古屋の日本最大級ゲイスポットと同名タイトル。コンピレーションアルバム『Second Life』より。ただしカバーワークはセクシーな女性の写真だ。

The Corona Club

👤 Trey Rushing & 277south
📅 2017

📍 アメリカ　テキサス　　　🎵 カントリー　　🎵

こちらも名古屋のコロナクラブと同名タイトルだが、「The」を冠してちょっと強い。アルバムカバーがヒゲ熊系カウボーイのポートレートなのは、何かの暗示だろうか。

コロナ

👤 カシオペア　　　　　　　　　　　　📅 2001

📍 日本　　　　　　🎵 ジャズ　　　🎹

カシオペア後期、2001年に発表されたアルバム『MAIN GATE』より。向谷実の「CORONA」、実はこのカシオペア時代のアルバムに収録されたのが初出。

Reina Sin Corona

👤 Raquel Sofia　　　　　　　　　　📅 2018

📍 プエルトリコ　　　🎵 ポップス　　🎹

アルバム『2:00 AM』より。ラテングラミー賞のみならず、グラミー賞までノミネートされた実力派歌手。デビュー前はシャキーラやフアネスらとの仕事もあり。

コロナ

👤 武満徹　　　　　　　　　　　　　📅 1962

📍 日本　　　　　　🎵 クラシック　🎹

日本が誇る現代音楽の巨匠、武満徹による作品。ピアノ、管弦楽それぞれに作品がある。グラフィックデザイナー杉浦康平との共同作業による図形楽譜が有名だ。

コロナ

👤 Uchusentainoiz　　　　　　　　　📅 2016

📍 日本　　　　　　🎵 ロック　　　🎹

アルバム『Sixxx Sense』収録曲。バンド名の読み方は宇宙戦隊ノイズ。1996年結成のビジュアル系。遥か遠い宇宙から、地球の平和を守るためやってきたという設定である。

corona

👤 DJ6月　　　　　　　　　　　　　📅 2016

📍 日本　　　　　　🎵 ヒップホップ　🎹

聴きやすい、いかにもなJラップ。アルバム『2012-2018音源集BEST』より。2014年ファーストアルバム『バッテンウルフ』リリース。関東地方を中心に活動。

Corona / Lime & Salt - Original Mix

👤 House Head　　　　　　　　　　　📅 2013

📍 スウェーデン　　　🎵 ダンス　　🎹

名前の通り、ハウスを得意とするトラックメイカー。2012年より活動。スウェーデンおよび周辺のアーティストが参加のコンピレーションアルバム『Summer 2013』にも収録。

Corona

👤 Otoemon-ayahiro　　　　　　　　📅 2010

📍 日本　　　　　　🎵 クラシック　🎹

ニューエイジっぽいピアノインスト。アルバム『magnetosphere』に収録。また、2016年の静寂をテーマとしたアルバム『Still』には、コンサート用リミックスを「Corona 2016」として収録。

戦前のコロナレコード

タオバオで発見

　「eBay」以上に眺めていて楽しいのは中国の通販サイト「タオバオ（淘宝）」。いわずと知れたアリババグループが中国国内向けに展開しているサービスだ。中国の街中でよく見かける、地下街出入口で露店を広げるような若者でも出店できるシステムで一気に普及した。その後、格の高い「T-Mall（天猫）」が登場したが、胡散臭い商品、何だこれという商品は相変わらずタオバオの独擅場である。一応海外からも注文が可能であるが、海

外向け卸売サイト「Alibaba」の個人向けサービス「AliExpress」と違い、送料の交渉など発生するのが少々面倒くさい。

　タオバオで「Corona」グッズを探していたら、骨董品のセラーから古い民国時代のレコードが出品されていた。どうやら京劇のレコードのようだ。レーベルには英字の「CORONA」とともに「國樂」とある、なるほど、「中国」と「音楽」というキーワードを使った中国語読みの当て字がうまい。「国乐」と簡体字で百度検索すると、近年のコンピレーションCDや音楽配信サイトの懐メロアルバムが多数リストされる、民国当時としても「ビッグワード」ということだ。俄然興味が湧いてきたのでちょっと掘ってみることにした。

ルーツは日本

　ちなみに、原点に返り「eBay」を探してみたところ、ピッツバーグの「Corona」レコードとフランス語のレーベル「Corona」レコードが見受けられた。ところが、タイミングが悪いのか、肝心の民国「國樂」レコードは発見できず。一方、日本のヤフーオークションを見たところ、浪曲や小唄と思しき戦前の「コロナ」レコードがいくつか出てきた。マークは民国「國樂」レコードと同じ鳥のマークである。当時プレゼンスを高めていたナチスドイツをイメージした威勢のいい「鷲」のマークかと思いきや、よくよく観察すると、どちらもサッカー日本代表のマークでおなじみの「ヤタガラス」である。ということは、ルーツは日本の「コロナ」レコードということになるのか。

　現在でもそうだが、レコード会社のメインレーベルの下にいくつかのサブレーベルが存在する。1936年にスタート1938年初めに消滅の短命ながらも「コロナ」レコードは「日本ポリドール」の廉価版レーベルとして誕生した。

その前にSP盤について

　配信全盛の昨今、音楽メディアの表舞台から消えたと思われていたカセットテープやレコードが改めて脚光を浴びている。さすがにEP盤レコードの新譜は発売されないが、LP盤及びDJの世界でしぶとく生き延びてた12インチシングルはこだわりのあるミュージシャンがリリースし

ている。原材料は塩化ビニール、そのため英語でレコードのことを「Vinyl」と言ったりする。

　ところがこの塩化ビニール製レコードが登場したのは1940年代、それまではSP盤というサイズのレコードが主流であった。SP盤の材料は「シェラック」という樹脂、塩化ビニールに比べるとはるかに重く固い。その昔「レコードが割れる」という表現があったが、衝撃に弱く、実際落としたりするとガラスのように割れてしまうのだ、このようにSP盤レコードは高価な割に扱いに注意を要するという代物であった。ちなみに「シェラック」の原料はカイガラムシの分泌物。庭木や果樹などにつく害虫だ。硬い殻に覆われているが、その殻は分泌物が固まったもので、カイガラムシの本体部分はノミのように小さい。SP盤レコード1枚作るのにカイガラムシがどれぐらい必要だったのだろうか気になるところである。主にインドや東南アジアで養殖されていたということだ。またカンパリソーダの素、リキュール「カンパリ」のあの深紅の色もカイガラムシの一種「コチニール」から抽出した色素である。

　当時の日本において、およそ40%はレコード材料、残りの60%は保護材や絶縁材といった工業用途のあった「シェラック」だが、戦時中には輸入も途絶え、原料不足に陥る。そのため敵性音楽である「ジャズ」を中心にSP盤レコードの供出を呼びかけられた。供出されたSP盤レコードは画鋲をはじめ、一部言い伝えでは電球のソケットや朱肉容器の代用材料になったということだ。

　再生環境にも注意が必要だ。主流の45回転および33回転とは違い、SP盤レコードの回転数は78回転。現在市販のレコードプレーヤーではほぼ対応していない回転数のため、高級品やヴィンテージ品。さらには蓄音機でないと再生は難しい。このような速い回転数のため、盤の大きさにかかわらず収録は片面4分から5分程度しかできないのだ。

　その限られた収録時間を逆手にとって有名となったのが、1936年「前畑ガンバレ」のアナウンスで有名となった、ベルリンオリンピック水泳競技の実況レコード。当時はNHKも録音設備が十分備わっておらず、ベルリンからの短波を受信し、中波に置き換えて生放送していた。そこに目を付けたのが「コロナレコード」の親会社「日本ポリドール」。前回ロサンジェルスオリンピックでも大活躍、ベルリンでも成績の期待できる前畑選

手と、平泳ぎ 200m 競技ならちょうど片面に収まるだろうという目論見だ。ラジオを改造し感度と音声を明瞭化、直接カッティングマシンに流して録音するという仕掛け。無断録音を NHK から怒られたものの、再放送を希望する手紙が NHK に多く寄せられ、「日本ポリドール」が音源を提供したというエピソードがある。

そうそうたる「コロナ」の顔ぶれ

　前述したとおり「コロナレコード株式会社」は 1936 年川崎に作られた。「黒田節」「赤城の子守歌」で知られる当時の人気浪曲作家、秩父重剛も幹部、そして秩父の専修大学野球部後輩である上原敏を「コロナレコード」に引き込み、看板歌手に育て上げた。また、女性の看板歌手として青葉笙子を起用、後に上原敏との共作「鴛鴦道中」を大ヒットさせる。

　戦後、美空ひばりの「リンゴ追分」「花笠道中」、そして「ヤン坊マー坊天気予報」「三百六十五歩のマーチ」の作曲者として知られる米山正夫を、音楽大学卒業したばかりにも関わらず、コロナレコード専属ピアニスト、作曲家として採用。将来の大物を青田買いする先見の明があった企業だ。

　昭和 12 年 3 月 11 日の「京都日出新聞」広告にこのようなものがある。

　京都花月劇場
　3 月 14-17 日 演目追加　アトラクション　コロナ・ショウ
　【番組】城ヶ島新調、関の追分、赤い幌馬車、恋をしたのよ
　【出演】青葉笙子、河東田敏子、尺八：福田蘭堂、セロ：高勇吉、ピ
　　アノ：米山正夫

「コロナ・ショウ」なるおそらく前座のアトラクションが案内されている。京都花月劇場というのはあの吉本新喜劇の劇場だ。尺八、チェロ、ピアノといったいかにも日本的なトリオで米山正夫の名前を見える、彼らがSP盤レコードにクレジットされている「コロナ・アンサンブル」のメンバーということだ。

　このように優秀な人材を揃えたにも関わらず、「コロナレコード」は 1年で経営は悪化、親会社の「日本ポリドール」に吸収されるという形で 2年持たずに潰れてしまった。上原敏、青葉笙子といった歌手らはそのまま

「日本ポリドール」に移籍、その後もヒット曲を連発していく。残念ながら上原敏はニューギニア戦線で死亡、戦後、青葉笙子が「コロナ」以来の盟友を生涯顕彰し続けたことは有名な話だ。

　せっかくなので青葉笙子による『城ヶ島新調・御神火夜曲』SP盤の現物を入手した。この当時はまだA面B面の区別はないのだろうか。「三浦三崎」など馴染みのある地名が登場する『城ヶ島新調』、「夜曲」というには調子のよい伊豆大島の三原山をテーマとした『御神火夜曲』の収録だ。当時は厚紙のレコードジャケットというよりは、薄い紙のレコード袋が主流であったので、保存状態が良いものはかなり少ない。入手したものも、スリーブが破れかけて崩壊寸前の状態であった。「コロナレコード」と大きくカタカナで右から書いてある所も時代を感じさせ癒される。レコード盤中央のラベルも全て右書きであるが、英語のロゴ「CORONA」と一緒にあるため、一瞬脳がバグってしまう。残念ながら筆者所有のレコードプレイヤーでは78回転が再生不能のため、YouTubeであらためて鑑賞と相成った。それにしてもヒット曲をかなり飛ばした青葉笙子であるが、意外とYouTubeにサルベージされている音源は少ない。

中国版「コロナ」もそうそうたる顔ぶれ

　「日本ポリドール」が「コロナレコード」を作ったように中国でも同じ動きが見られた。「國樂（コロナ）」レコードを追うと高聘卿という京劇界の大物が浮かんでくる。

　1930年代初め、上海の「胜利唱片公司（ビクター）」がハルビンに支社を開局。ここへ高聘卿が営業部長としてスカウトされる、天津の「宝利唱片公司（ポリドール）」へ移籍し業務部長を歴任、京劇のレコードに関する仕事を進める。高聘卿自身も当時すでにスターであった马连良、余叔岩に師事し、「青衣」の役者として舞台に立つなどしていた。

　やがて高聘卿は「國樂唱片公司（コロナ）」設立準備のため北京に赴き、最新録音技術を学ぶため日本に研修に行く。1937年、「國樂唱片公司（コロナ）」が北京にて産声を上げる。景山公園の北側の一角に事務所を構え、社長は日本人、なかば国策会社のようなものである。高聘卿は文芸部長としてレコード制作に邁進する。言菊朋、马连良、余叔岩、程砚秋といった当時の京劇スターのほか、雑技や漫談などのレコードも製作した。

　1937 年から 1939 年にいたる 3 年弱の間、「國樂唱片公司（コロナ）」
は 400 のレコードをリリース。1940 年には日本の「コロナレコード」
同様終息を迎える。日本から輸入した最新の録音設備などは「太平唱片公
司」に引き継がれた。この「太平唱片公司」が関西のレコード会社「タイ
ヘイレコード」と関係があるか気になるところだ。

　1941 年、高聘卿は古巣の「胜利唱片公司（ビクター）」に戻り、北京
支社の副社長に就任、「國樂唱片公司（コロナ）」の歴史は完全に終わった。
高聘卿はその後、古い京劇資料の発掘、体系化といった編纂事業に没頭。
ほかの京劇人同様、文革期には相当苦労を強いられたようだ。

　残念ながら日中戦争の後、国共内戦、文革など国が荒れた時期が日本よ
りも多かったうえ、日本の国策会社であったため、現存する「國樂唱片公
司（コロナ）」の SP 盤は希少品だ。中国の動画サイトや音楽サイトにアッ
プされている音源もごくわずかである。日本の研究者が作っているような
SP 盤目録のようなものがあればよいのだが、中国の研究者に今後期待し
たいところだ。

第 7 章

映画・テレビ

「Corona」がタイトルに使われた映像作品をまとめてみた。ラテン語で「王冠」という意味があるため。古くはサイレント映画時代の作品もいくつか存在する。さすがにその時代の作品となるとフィルムも散逸しており、実際どのような作品であったということを調べあげるのは難しい。第二次世界対戦後の作品に関しては、「Amazon プライムビデオ」「Netflix」といったストリーミングサービス、YouTube などの動画サイトに転載されていたりするので鑑賞は可能である。

やはり、スペイン、イタリアといったラテン系の国で制作された作品が圧倒的に多い。『La corona negra』（1951）のように英題『The Black Crown』の方が知られている作品もある。逆にラテン系の国での上映を考慮し、現地語タイトルに「Corona」を採用した作品もある。「王冠」という意味からヨーロッパの王室を舞台とした時代劇がいくつか制作されている点も注目だ。

タイトルに「Corona」と名の付く作品、2020 年以降はコロナウイルスをテーマにしたドキュメンタリーやドラマが増えるであろう。どのような作品が出てるのか、非常に楽しみでもある。

1-2-3 Corona

👤
📍 ドイツ
📅 1948
🎞 ドラマ

ソ連によるベルリン封鎖
のころの作品。ポスター
の女性は主役のコロナ、
サーカス団の芸人だ。コ
ロナを守るためサーカス
団に入団したストリート
チルドレンが活躍する
ファミリー映画。

Ahí viene Martín Corona

👤
📍 メキシコ
📅 1952
🎞 コメディ

マカロニウェスタンが登
場するはるか以前にスペ
インで西部劇が作られて
いた。タイトルのマル
ティン・コロナは主人公
の名前、ロビンフッドの
ような地元のヒーローガ
ンマン。

A 100.000 koronás ruha

👤
📍 ハンガリー
📅 1918
🎞 ドラマ

サイレント映画、最後は
悲しい結末となるお針子
さんのメロドラマのよう
だ。ハンガリーの映画サ
イトにて記録が残ってい
るので、当地では記念す
べき重要作品と思われ
る。

Akin ang korona

👤
📍 フィリピン
📅 2019
🎞 コメディ

下世話リアリティ番組の
クルーたちと訪れた先
のロケ地住民とのコメ
ディ。アナウンサー役に
フィリピンの大女優エン
ジェル・アキノ。わきを
固めるのは若手の人気俳
優たち。

A korona aranyból van

👤
📍 ハンガリー
📅 1979
🎞 時代劇

15世紀のスコットラン
ド女王、メアリー・ステュ
アートを題材とした作品
のようだが、肝心の映像
が確認できないため詳細
は不明。テレビ映画と
して制作された。

All'ombra della corona

👤
📍 イタリア
📅 1913
🎞

IMDB上最古の
「corona」映画。もちろ
んサイレント映画だが、
例によって詳細は不明。
ポスターはもちろんテキ
ストのみ。同時上映の掲
載されているところなど
興味深い点も。

Aquile senza corona

👤
📍 イタリア
📅 2011
🎬 ドキュメンタリー

宮崎駿『紅の豚』にも引用された第二次大戦イタリア空軍のエース、アドリアーノ・ヴィスコンティ。当時の関係者にインタビューし、英雄の真実に迫るドキュメンタリー。イタリア空軍シリーズの一遍。

Come rubare la corona d'Inghilterra

👤 超人アーゴマン
📍 イタリア
📅 1967
🎬 アクション

ポスター見ただけでダメさ加減が伝わってくる名作。『007』と『スーパーマン』をハイブリッドさせた作品。ロジャー・ムーアの劣化版が超能力で大活躍。セットのインテリアデザインは必見。

Campeón sin corona

👤
📍 メキシコ
📅 1946
🎬 ドラマ

当時も強かったメキシコボクシング。フェザー級ボクサー、ロドルフォ・カサノバの伝記をもとに、頂点に上り詰める男の栄光と挫折を描く。スポ根というよりは挫折のメロドラマ。

Corona de lágrimas

👤
📍 メキシコ
📅 1964
🎬 ドラマ

こちらが元祖の『Corona de lágrimas』。主人公の設定は夫と死別の未亡人だが、基本的に2012年版のネタとなった苦労人家族のお涙頂戴物語。新旧合わせて比較観賞してみては？

Campeona Sin Corona

👤
📍 メキシコ
📅 2018
🎬 コメディ

クランクアップはしたが、まだ公開はされていないようだ、エンバーゴもまだ。配役のメンツをみると、人気俳優起用の大作のようだ。出演俳優のFacebookなどからは、撮影の様子がうかがえる。

Corona de lágrimas

👤
📍 メキシコ
📅 1968
🎬 ドラマ

1965年版連続ドラマ『Corona de lágrimas』が人気のためついに映画化。ドラマと違い1時間35分で手っ取り早く鑑賞できる。キャストはドラマ版と大幅に変更されている。モノクロ。

Corona de lágrimas

👤
📍 メキシコ
📅 2013
🎬 ドラマ

1話45分で全112話
というドラマ。日曜ゴー
ルデンタイムに放映とい
うことでメキシコの大河
ドラマだ。メキシコ版『お
しん』ともいえる苦労人
女性と子供たちの数十年
にわたるお涙頂戴物語。

Coronación

👤
📍 チリ
📅 2000
🎬 ドラマ

チリの作家ホセ・ドノソ
原作、2時間越えの映画。
チリの没落名家の爺さん
が若いメイドを雇いよろ
めく話だが、メイドの愛
人（イケメン）にも翻弄
され、人生の黄昏を感じ
る作品。

Corona hoch

👤
📍 ドイツ
📅 2003
🎬 ドキュメンタリー

歴史ある大学寮の男子学
生社交クラブの儀式、友
情を描いた短編映画。イ
ンディーズ作品のため、
ミニシアター、ローカル
の小規模映画祭での公開
のみとなっている。

E! Historias verdaderas: El peso de una corona

👤
📍 ベネズエラ
📅 2002
🎬 ドキュメンタリー

ドキュメンタリー番組
の1エピソード。歴代
のミス・ベネズエラにイ
ンタビュー。ミス受賞後
のキャリアを追う。ミス
ユニバースやインターナ
ショナルを制覇するな
ど、ベネズエラは美女の
産地。

Coronación

👤
📍 メキシコ
📅 1976
🎬 ドラマ

チリの作家ホセ・ドノソ
原作。没落名家のこじら
せオヤジがサイコ婆さん
に悩まされつつ、若いメ
イドを雇いよろめく破滅
話だが、こちらはメキシ
コシティが舞台。

El tesoro de las cuatro coronas

👤
📍 スペイン
📅 1983
🎬 アドベンチャー

4つの冠をめぐる戦いを
描いたダンジョンやら魔
法やら登場するファンタ
ジーアドベンチャー。サ
ントラはあのエンニオ・
モリコーネだ。劇場公開
は赤と青のメガネで観る
3D映画であった。

Higit sa korona

👤
📍 フィリピン
📅 1956
🎬 アクション

「愛と陰謀、めくるめく
謎、火あぶりの王国」と
いうキャッチコピーがポス
ターに踊る。こちらも
元宗主国スペイン風の騎
士とお姫様に扮した俳優
が目立つようにレイアウ
ト。

Korona at Pag-ibig

👤
📍 フィリピン
📅 1958
🎬 アクション

当時のフィリピン2大
俳優が激突。愛、名誉、
力をかけて戦う剣士の物
語。剣士といってもどこ
となくスペイン風だ。ポ
スターには二人の剣士の
間に「王冠」のイラスト
が。

Il dramma della corona

👤
📍 イタリア
📅 1916
🎬

「王冠のドラマ」タイト
ルだけだと時代劇っぽ
い。この年代、大作以外
はポスターも残っていな
い。時代でいえばアール
デコ、多くのポスター、
それどころか肝心のフィ
ルムが散逸したのは惜し
いところだ。

Korona królów

👤 大王カジミェシュ～欲望
のヴァヴェル城～
📍 ポーランド
📅 2018
🎬 時代劇

14世紀ポーランド王国
を描いた国営テレビに
よる壮大な連続ドラマ。
シーズン3終了時にす
でに30分376話、そ
してシーズン4に突入。
日本のチャンネル銀河で
シーズン1が放映。

Il mistero della corona

👤
📍 イタリア
📅 1919
🎬

この年代はサイレント映
画の世界。またフィルム
現物が散逸してしまった
りと詳細が不明のものが
多くなる。こちらも戦前
に活躍したジョバンニ・
ザンニ監督作としかわか
らない。

Korona Rossiyskoy Imperii, ili Snova Neulovimye

👤
📍 ソ連
📅 1971
🎬 アクション

ロマノフ家の王冠を盗も
うとする反動派とGPU
の若き工作員の戦いを描
いたアクション。荒唐無
稽なアクションシーンが
多く、かなりクサい。当
時ソ連の映画批評家は年
間最低映画の称号を贈っ
た。

Kristobal: Tinik sa korona

👤
📍 フィリピン
📅 1990
🎬 アクション

タイトルはダガログ語で「クリストバル茨の冠」。政治家になった俳優ジェストニ・アラルコン主演。主人公はタイトル通りギャング団に丘の上で磔にされてしまうチープなアクション作。

La corona de un campeon

👤
📍 メキシコ
📅 1974
🎬 ドラマ

ボクシングのスポ根映画。ドミニカ共和国生まれのメキシコの名俳優アンドレス・ガルシア主演。子供を自分同様ボクサーにしたい主人公、最後息子はルチャリブレに転向。

Krzyz i korona

👤
📍 ポーランド
📅 2016
🎬 ドキュメンタリー

国営テレビ制作、古代遺跡からポーランド王国誕生までを描いたドキュメンタリー映画。ヒストリーチャンネルの歴史ドキュメンタリーそのままの構成。当然、俳優による再現フィルムも。

La corona d'espines

👤
📍 スペイン
📅 1994
🎬 ドラマ

原作は 1930 年初演、劇作家 Josep Maria de Sagarra の戯曲。1994 年、著名な舞台監督 Ariel García Valdés による、バルセロナのロメア劇場での上演をカタロニアテレビが映像化。

La corona

👤
📍 アメリカ
📅 2008
🎬 ドキュメンタリー

コロンビアのボゴタにある悪名高い女子刑務所で、毎年行われる美人コンテストに密着取材。国際ドキュメンタリー協会部門賞 1 位、アカデミー賞短編ドキュメンタリー部門ノミネートの問題作。

La corona di ferro

👤
📍 イタリア
📅 1941
🎬 時代劇

中世ファンタジー映画。架空の国キンダオールの覇権をめぐる冒険活劇。追放された主人公の王子が復権を目指すが、明らかに当時人気映画であった『ターザン』をパクっているエピソードあり。

La corona di fuoco

👤
📍 イタリア
📅 1961
▦ アクション

ポスターを見る限り、長槍を持つ甲冑をまとった騎士が描かれているため、中世ファンタジーアクションのようだ。残念ながらトレーラーすら発見できず。モノクロ。

La corona negra

👤
📍 スペイン・フランス
📅 1951
▦ ミステリ

あのジャン・コクトー原作、そして『旅情』のロッサノ・ブラッツィ主演。砂漠から多数の手が生えてきたりと衝撃的なオープニングのラブミステリー。禿鷹が象徴的。

La corona di spine

👤
📍 イタリア
📅 1915
▦

タイトルの訳は「いばらの冠」、キリスト教ものだろうか。ポスターや記録が残っている作品はまだマシ、タイトルすらも記録されずに歴史に消えたサイレント映画もあるだろう。

La corona partida

👤 フアナ～狂乱のスペイン女王～
📍 スペイン
📅 2016
▦ 時代劇

「狂女フアナ」として知られるスペイン女王の苦悩を描いた作品。イサベル1世亡き後、スペイン王国の政争に翻弄され、やがて40年以上の幽閉。チャンネル銀河で前後編に分け放映された。

La corona mágica

👤
📍 スペイン
📅 1990
▦ アニメ

『フラッシュゴードン』のような宇宙ファンタジーアニメ。宇宙船がスペインで制作されたのに絵面もなぜかアメコミ風だ。当時PCゲームやトレーディングカードが発売された。

La corona spezzata

👤
📍 ドイツ
📅 2014
▦ アクション

ミラノなどの北部よりかなりガラの悪そうなイタリア南部プーリア。女のために足を洗おうとするマフィアの若頭。親分との確執、警察との闘いなど手に汗握るクライムアクション作品。

La farándula Corona

👤
📍 プエルトリコ
📅 1958
🎬 コメディ

日本でいえば花菱アチャコあたりに相当するプエルトリコのコメディレジェンド、ラモン・リベロのコント番組。あまり先進地域とはいえないながら早い時期にテレビ放送が開始されたとは初耳だ。

Las joyas de la corona

👤
📍 スペイン
📅 2010
🎬 リアリティ

有名タレントが仕込みの若者を集め、マナー教室、スピーチ教室を行い、チャンピオンを決めるというリアリティ番組。アメリカの『Charm School』のライセンス番組。

La joya de la corona

👤
📍 イギリス
📅 1984
🎬 ドラマ

スペイン語圏では『La joya de la corona』として知られているドラマシリーズ。インド独立前夜の混乱に巻き込まれて苦悩するイギリス人家族の話。

Lost Cat Corona

👤 迷子の黒猫とボク
📍 アメリカ
📅 2017
🎬 コメディ

NYのクイーンズ・コロナ地区で嫁に命令され、1日中迷子猫を探すさえない中年男が貧乏くじばかり引くコメディ。『ベスト・キッド』のあの少年がシブい中年になっての主演だ。

La più dolce corona

👤
📍 イタリア
📅 1917
🎬

コロナ騒動の便乗でコロナウイルス型ケーキが登場したが、こちらのタイトルにあるものは、「クグロフ」や「パネトーネ」のようなリング型のケーキと思われる。

Pension Corona

👤
📍 西ドイツ
📅 1990
🎬 ファミリー

第2ドイツテレビ（ZDF）で放映された14話ファミリーコメディ。ゲストハウスを購入し、ベルリンからミュンヘンにやってきた主人公の女性と、ゲストハウスの住人や客との掛け合い。

Quaranta miliardi e una corona

👤
📍 イタリア
📅 1917
🎬

100 年以上前ともなる
と、当時のポスターはテ
キストだけの素気ないも
のがほとんど。日時、上
映映画館、タイトルのほ
かは主演、監督のみとあ
まりにも情報が少ない。
当時はこれで観客を呼べ
たということだ。

Sacra Corona

👤
📍 ハンガリー
📅 2001
🎬 時代劇

偶然だが、制作も王冠
マークが誇らし気な
「Korona Film」。 時 は
11 世紀ハンガリー。ハ
ンガリー王となったゲー
ザ 1 世とその弟ラース
ロー 1 世の波乱にとん
だ生涯を描く。

Reina sin Corona

👤
📍 ドミニカ共和国
📅 2017
🎬 ドラマ

ドミニカ共和国の若手監
督による、ストリートで
生きる二人の少女の運命
を描く意欲作。ドミニカ
共和国国際映画祭にてス
ペシャル・プレゼンテー
ションされた。銃とかク
スリとか出てくるシリア
ス作品。

Sobre el muerto las coronas

👤
📍 メキシコ
📅 1961
🎬 コメディ

1960 年代前半となる
と圧倒的にモノクロ作品
ばかりとなってしまう。
演技も舞台劇のようで大
げさだ。吉本新喜劇にあ
りそうな、死んだはずの
男の葬式コメディ。

Rumbo a la corona

👤
📍 メキシコ
📅 2006
🎬 トーク

60 分のスポーツトーク
番組。サッカー選手、オ
リンピック・メダリスト
らをゲストに呼び、イン
タビューなど。早口の
オッサンと熟女アナが喋
りまくる。さすがメキシ
コということで、話題の
中心はサッカーだ。

Corona Corps: Generation Zebulon

👤
📍 アメリカ
📅 2019
🎬 SF

弱小プロダクションによ
る 41 分のショートムー
ビー。エイリアンのウイ
ルスにより、大人だけ死
滅。残された少年少女た
ちがエイリアンに立ち向
かう B 級作品。

便乗クソ映画『コロナゾンビ』

助けて！ Coronavirus ゾンビに襲われる

——そういえば『貞子』も「リングウイルス」だ。

　コロナウイルスにより人々がゾンビ化、誰でも思いつきそうなこのネタが『CORONA ZOMBIES』と銘打って映画化された。そして2020年4月10日に公開、アメリカでは外出自粛の中、ストリーミング公開ということもあり、ネットで話題となった。そもそもゾンビ映画は中国の抗日ドラマ同様「B級」作品の宝庫。「B級」で済めばいいが、中には「Z級」と揶揄される作品もあるほど、ポンコツ好きにはうってつけの映画ジャンルである。

　コロナ便乗ソングのMVをYouTubeで漁っていた際、偶然この映画のトレーラーを発見した。マジメなドキュメンタリーやドラマではなく、いかにも頭の悪そうな女キャラが主役のホラー作品で、便乗したということだ。ついでに言えばこの女キャラ、アタマもユルいが胸元も相当ユルく、男性諸氏の目の保養となること請け合い。ともすればコメディになりがちなホラー作品であるが、実際、映画データベースサイト「IMDb」のジャ

ンルでは“Comedy¦Horror”となっている。制作者は狙ってやっている
のだが、「Corona禍でフザケるな」と正義マンが怒りそうである。

制作総指揮はあのチャールズ・バンド

　低予算ネットストリーミング作品ということで、ナメてかかっていた
が、1970年代後半より長年数々のホラー映画を製作、代表作『パペッ
トマスター』シリーズで知られる チャールズ・バンドがプロデューサー
だ。そして、カルト作品連発のフルムーンフィーチャーズ（Full Moon
Features）からのリリース、もちろんフルムーンフィーチャーズは彼の
スタジオである。

　わずか28日で完成、なぜそんな短期間で完成できたかは後ほどする解
説するとして、作品の時間が61分と少々短めだ。中国の動画配信サイト
がよく制作している「微电影」といったところであろう。

　これを機にチャールズ・バンドの過去作品を何作か観賞したが、なかな
かツッコミどころが多く、いや、ツッコミどころしかなくフザけた作品ば
かりである。なるほど「B級」映画マニアが絶賛するだけのことはある
プロデューサーだ。

クソさ加減を堪能してほしい

　28日という短期間で制作できたのには理由がある。実はこの作品、
ニュース映像と過去のホラー映画を切った貼ったでつなげ、セリフを吹き
替えてある部分がほとんど。YouTubeやニコニコ動画のMAD作品のよ
うなものだ。従って出演俳優はわずか3人で済んでいる、女優1名は声
のみ出演、ゾンビ役の男優は唸っているだけのセリフ、したがって頭ユル
ユルの女キャラ、Barbieの一人芝居のようなものとなっている。今回、
新たに撮影した部分は全体の20%程度ではないだろうか。

　栄えある サンプリングの対象となった過去のホラー映画は2作品だ。
一つにはコロナゾンビ特殊部隊の戦いに吹き替えられたブルーノ・マッテ
イの『Hell of the Living Dead』（1981）。ニューギニアの化学薬品工
場で流出した毒ガスによりゾンビが発生、特殊部隊がゾンビ退治に行くと
いうストーリー。チャールズ・バンドが非常にリスペクトしている作品と
いうことだ。もう一つは『Zombies Vs. Strippers』（2012）、チャール

主人公の Barbie

ズのスタジオ、フルムーンフィーチャーズからの作品だ。ストリッパーが
主人公、ストリップバーが舞台なのでムダにハダカが出てくるところがお
勧めの作品だ。

　上記２作の過去のホラー映画の映像に加え、コロナ関連のニュース映像
を加工しているので、トランプ大統領や「ウイルスなんかでパーティーは
やめないよ」とうそぶいていたフロリダのパリピ若者も登場する。

　冒頭から "Corona Virus" と "Corona Beer" で「休日でみんなビー
ル飲んでるの？」、さらに "Wuhan"（武漢）と "Utan"（ラップグルー
プ Wu-Tang Clan）「そのラップグループ好きなのよ」と「布団が吹っ
飛んだ」レベルのベタな親父ギャグを披露。ゾンビ毒ガスが漏れた武
漢のコウモリスープ工場の会社名は、詐欺を意味する "Scam" とアン
ディ・ウォーホールのパッケージでおなじみキャンベルスープを合わせた
"Scambell's" だ。

　ニュースでゾンビ襲撃中のストリップバーから現場レポートが寄せられ
るというシーンが登場するが、レポーターはゾンビに襲われないのだろう
か。また、トイレットペーパー輸送船がハイジャックされ、コロナゾンビ
対策特殊部隊が救援に向かうという、どうでもよいシーンばかりである。

　『The Guardian』の記事によれば、みどころは 20 分ぐらい、後はスキッ
プしたほうがいいと書かれている。「Film School Rejects」では、スーザ

コウモリスープ工場は "Scam" と "Campbell's" で "Scambell's"

トイレットペーパー船がハイジャック

ン・ソンタグや『ゴジラ』を引用し、コロナ便乗に関し、批判している。
クソ映画の面目躍如といったところだ。

『CORONA ZOMBIES』続編登場！？

2020年5月15日、フルムーンフィーチャーズから『Barbie &
Kendra Save the Tiger King』がリリースされた。製作総指揮もチャー

続編では登場人物が増える

BARBIE & KENDRA SAVE THE
TIGER KING

Barbie たちがタイガーキングを救いに

ルズ・バンド、主人公の女キャラ Barbie を含め『CORONA ZOMBIES』の布陣を継承。YouTube にトレーラーが公開されているので、チェックしてみてほしい。

作品はフルムーンフィーチャーズの公式サイトでストリーミングされている。料金は 1 か月 $5、1 年（12 か月）$50 のどちらかを選べる。もちろん 1970 年代後半からの膨大な過去作品もアーカイブされている。興味のある向きは会員になってはいかがだろうか？

また、アメリカやイギリスの Amazon プライムビデオにも登録されているということなので羨ましい限りだ。Google Play や App Store にてそれぞれ専用アプリが配信されているので、そちらからの鑑賞も可能である。

第 8 章

中国コロナ
キャンペーンソング

　中央電視台夜 7 時のニュース番組『新聞聯播』にて、ようやく武漢の新型冠状ウイルスによる疫病発生が全国ニュースとなったのが 2020 年 1 月下旬に差し掛かろうかという頃。それもトップニュースではなく 2 番目に登場、そして短いニュースであった。

　しばらくの間、短信のみ伝えるにとどまったが、ようやく 1 月 25 日にトップニュース、政府あげての対応、李克強首相が陣頭指揮にあたるとのニュースとなった。そして全国ニュースから一週間もしない 1 月末ぐらいから抗 "疫" キャンペーンソングがぞくぞくリリース。MV は中央電視台、人民解放軍公式サイトの動画コーナー、一部は爱奇艺など中国の動画サイトにも転載されている。

　キャンペーンソングの内容は大きく二つに分類。一つは封鎖された武漢を応援する歌、有名タレント、歌手を動員し、テレビコマーシャルとしてもヘビーローテーションされた。普段以上にキャンペーンソングが視聴者の耳に届いたはずだ。もう一つは武漢に救援に向かった医療関係者および人民解放軍をたたえる歌。大きな事故や災害があると、必ずこういったヒーローをたたえるキャンペーンソングは以前からも作られてきた。

　共産党独裁の中国ならでは、西側諸国では見られない動きなので、なかなか興味深い。

平凡天使 Angels
作詞：邓紫棋　**作曲**：邓紫棋　**歌手**：G.E.M. 邓紫棋

香港の人気歌手 G.E.M.（邓紫棋）によるキャンペーンソング。マスクを公安派出所に寄付する若者のシーンで始まる。さすがに大物歌手の MV だけあって見ごたえがある。

不要怕，有我在
作詞：赵小东　**作曲**：马政 Allen Lee　**歌手**：马一蚁

医療関係者応戦ソング、新型肺炎への勝利を願い、みんなの心は永遠に一緒だという作品。シンガーソングライター马一蚁のアコギ弾き語りバラード。

为爱出发
作詞：陈 平　**作曲**：李智强　**歌手**：李智强

春節直前の大みそか、武漢へ救援に向かう広東省医療チーム。その崇高な使命感に感動した星海音楽学院の学生ら応援ソングを制作。

你最美
作詞：陈道斌　**作曲**：栾凯　**歌手**：马丹薇

湖南省党委員会と省政府バックアップ、医療関係者、従事者への応援歌。他作品でもクレジットされる作詞家陈道斌は人民解放軍の大御所。

在一起
作詞：郝一洲 周强　**作曲**：周加豪　**歌手**：周强

作詞、歌手の周强はテノール歌手で中国音楽学院教授。硝煙も進撃ラッパもない戦争だが、前線に無数の戦士たちがいるかぎり我々は勝つ！という歌

天使在歌唱
作詞：公丕才　**作曲**：杨华　**歌手**：四川大学艺术学院、四川大学华西医科大学

中央電視台の軍事番組『軍事報道』、甘粛省の放送局、四川音楽学院、そのほか著名ミュージシャンなどが急遽手を取り、共同制作。作詞は軍事小説家だ。

我不退缩
作詞：郑锋　**作曲**：王国欢　**歌手**：黑鸭子组合

コロナ最前線で戦う医療関係者の崇高な精神をたたえるヒーローソング。黑鸭子组合は 90 年代から分裂再結成を繰り返してきたコーラスグループ。二つあるので要注意。

明夜群星闪耀时
作詞：戴天抒　**作曲**：戴天抒　**歌手**：戴天抒

封鎖された街で、いまも暮らしを支える、行政、物流関係者など一般人への応援歌、思い立ってすぐに MV をスマホで制作したようで、縦長のスクリーンとなっている。

有我在你身旁
作詞：肖苏　**作曲**：绍彰　**歌手**：李丹阳

中国政府のキャンペーンソング常連、人民解放軍ソプラノ歌手李丹阳、今回もさっそく北京から応援だ。ソプラノだが中国風唱法でせつせつと歌い上げる。

武汉，你好吗
作詞：王平久　**作曲**：常石磊　**歌手**：朱一龙、李现、常石磊、黄嘉琪

コロナで速攻封鎖された武漢の人々に対し、全国の人民が祈っているという応援ソング。歌うのは朱一龙をはじめとする大物タレント、歌手ら。

火线入党
作詞：韩毅 李庆文　**作曲**：张荣强　**歌手**：汤非

コロナ最前線の現場で、この機に共産党入党を決意した若者をたたえる歌。抗日ドラマ最終回の感動シーンのような展開である。

祖国 我想说
作詞：王济民　**作曲**：田鹏　**歌手**：张红旗

豪華なオーケストラをバックに人民解放軍文工団所属のテノール歌手がアツく歌い上げる。名前からしてすでに共産エリートだ。親も共産党員だろう。

老兵不老 再踏征程
作詞：王梅、朱志鑫　**作曲**：修光祖　**歌手**：李赫

人民解放軍予備役兵も次々武漢へ。彼らを称えるヒーローソング。MVは予備役兵出発のシーンでまとめられており、感動的だ。「老兵は死なず」。

为你加油！
作詞：王万考　**作曲**：王万考　**歌手**：王万考

河南省の田舎、台前県でも宣伝部、文芸連盟、ローカル放送局が応援歌制作。このように中国各地で競い合うようにキャンペーンソング発表が行われた。

武汉我们手牵手
作詞：姜宗福 谭玉平　**作曲**：谭圳　**歌手**：谭圳

バーで歌っていたところをスカウトされたシンガーソングライター谭圳、トム・ウェイツのような潰れた声での中国風メロディのフォークロックバラードだ。

你安好，我无恙
作詞：王晓岭　**作曲**：李凯稠　**歌手**：康辉、董卿、李思思、任鲁豫、尼格买提、朱广权

ニュース、バラエティーといったおなじみの中央電視台アナウンサーたちが勢ぞろい、1フレーズごと、心に響くパワーソングで武漢を応援だ。

坚信爱会赢（粤语版）
作詞：梁芒　**作曲**：舒楠　**歌手**：任达华、钟镇涛、惠英红、莫华伦、张卫健、张明敏、刘恺威、陈伟霆、黄轩、郭采洁、夏利奥、马国明

いまや中国のお茶の間の顔となった任达华、钟镇涛、惠英红、莫华伦、张卫健、张明敏、刘恺威ら香港オールスターによる広東語バージョン。

中国一定强
作詞：王晓岭　**作曲**：印青　**歌手**：阎维文、殷秀梅.

人民解放軍テノール、ソプラノ歌手による軍歌。タイトルも強力だが、肝心の歌のほうもイントロからパワー全開で押しまくってくる。

坚信爱会赢
作词：梁芒　**作曲**：舒楠　**歌手**：王力宏、田桐、成龙、李光洁、肖战、吴京、沈腾、宋佳、杨培安、张蕾、陈建斌、林永健、佟丽娅、海霞、黄晓明、舒楠、雷佳、谭维维

ジャッキー・チェンをはじめとするスター大集合のキャンペーンソング。もちろん中央電視台の大みそか番組や国慶節番組でおなじみのレギュラー陣だ。

家国英雄
作词：马来西　**作曲**：马来西　**歌手**：老兵牟青

イントロのコーラスはよくある国威掲揚キャンペーンソングの展開だが、いい意味で期待を裏切るＡメロ。ロック軍歌歌手、老兵牟青 によるパワーバラード。

巍巍中华是我家
作词：朱松林　**作曲**：刘介华　**歌手**：张秦

「Great China is My Home」、割とありがちなタイトルなので、過去作品のキャンペーンソングかと思ったら、今回新たに制作された歌。

总有英雄在我左右
作词：方李立云　**作曲**：方李立云　**歌手**：方李立云

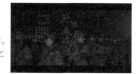

ロック軍歌歌手ということで、Ａメロはロック軍歌のバラード。かと思いきや、ドラマティックな展開を経てサビは中文ラップとなる。

致敬！白衣天使
作词：夏米力·夏克尔　**作曲**：夏米力·夏克尔　**歌手**：夏米力·夏克尔

オールドスクールなマーチ風軍歌。マイナー調で力強い。中東風の名前からわかる通り、新疆出身ウズベク族の人民解放軍テノール歌手だ。

跟我上
作词：陈道斌 王俊　**作曲**：平远　**歌手**：姜必群

武漢の最前線の兵士に送る軍歌。オペラの本場イタリアでの留学武者修行経験もある海軍テノール歌手姜必群版。海軍政治部からのリリースだ。

我要你平安归来
作词：贾铮　**作曲**：于学友　**歌手**：崔姝声

遼寧省宣伝部バックアップ、瀋陽音楽学院よりリリース。瀋陽の
ローカル歌手によるソプラノ独唱応援歌。MV が中央電視台制作
のものよりチープになるのは致し方ないところ。

最美的温暖
作词：李劲　**作曲**：李凯稠　**歌手**：乌兰图雅、汤非、叶翠、王凯、徐子崴

乌兰图雅をはじめとする御用歌手大集合のパワーバラード。パワー
といってもメロディではなく「我是共产党员请让我优先」「祖
国召唤 我请战」といった歌詞のほう。

冲锋吧，战友们！
作词：叶强　**作曲**：张洋　**歌手**：张洋、张一丹、宋奇翔、刘雨雯

海軍軍医大学第一病院のスタッフが、最前線武漢の同志たちを応
援するロックバラードを発表。メロディはバラードだが、歌詞は
暑苦しい軍歌だ。

白衣翩翩
作词：胡翔　**作曲**：胡翔　**歌手**：胡翔

貴州省遵義市の科学文化学芸員の作品ということで、医療関係者
を称えながら、ソーシャルディスタンス、マスク着用、顔を触ら
ないといった啓蒙ソング。

英雄中国
作词：邵强、乔卫　**作曲**：卞留念　**歌手**：吕坤、刘芳、Jennifer Murphy（美国）、苏圣、刘东风

ニューヨークの華僑とアメリカ人ミュージシャンの共演で武漢を
応援。その後、ニューヨークも大変なことになってしまい、武漢
応援どころではなくなる。

背影
作词：陈道斌　**作曲**：栾凯　**歌手**：曹芙嘉

医療関係者応援ソング。こちらも MV は数々の TV 番組や映像作
品に登場する砂絵画家苏大宝の芸術的アニメーション。武漢の名
所や人々が砂絵に。

黒眼睛
作詞：汪炳文　**作曲**：汪炳文　**歌手**：朱勇

患者を見つめる医師やナースの瞳をテーマに応援歌。武漢を担当する中部戦区の同志にも向けた西陸強軍号联合（西部戦区）の有志による作品だ。

爱会永恒
作詞：赵世欣　**作曲**：刘介华　**歌手**：金波

ミサイル軍文工団歌手朱勇によるバラード。人民解放軍歌手といってもポップス系だ。すべての武漢ヒーローに対し、敬意を表し応援する歌。

一路有你
作詞：袁忠宜　**作曲**：袁忠宜　**歌手**：周澎、李思宇

何作ものコロナキャンペーンソングに登場する御用歌手周澎が歌い上げる。古くからの同タイトル曲が数多くあるので、聴き比べも面白そうだ。

山高水长
作詞：车行　**作曲**：咏梅　**歌手**：李晖、扎西顿珠

2018 年発表、ちょっと前の「新時代」キャンペーンソングだが、改めて応援歌として登場。イケメンチベット族歌手扎西顿珠の持ち歌だ。

战疫前线
作詞：翟洋洋　**作曲**：赵新宇　**歌手**：赵新宇

自称「没钱的八流歌手，平头的业余写手」の 赵新宇。ほぼ趣味で音楽をやっているが、この武漢の最前線に応援ソングの MV により、軍事関係のサイトに転載されまくる。

武汉加油
作詞：吕行、北方　**作曲**：吕行　**歌手**：吕行

ロック軍歌の第一人者、吕行による元気の出るパワーバラード。ギター弾き語りのアコースティックナンバーだ。サビはタイトルの「武汉加油」。『デスメタルチャイナ』でも寄稿記事を書いている。

你在燃烧
作詞：曲鳴明 曾瑞　**作曲**：曾瑞　**歌手**：张哲，王妩，黄曦

武漢救援に向かった人民解放軍軍事医学院を称える歌。人民解放軍の文工団ではなく、一般兵による作品。有名詩人作の武漢応援詩にメロディ、朗読版もある。

坚决打赢疫情防控阻击战
作詞：梁绍武　**作曲**：莫军生　**歌手**：谢斌，仵威，程露影，王良，汤宇龙，于添琪

武漢に向かったヒーローたちを称える、広西衛視女子アナ大集合の勇ましい軍歌。かわいい女子アナと軍歌というギャップが素晴らしい。

党旗飘扬的方向
作詞：李劲　**作曲**：李凯稠　**歌手**：乌兰图雅、王凯、喻越越、周澎、叶翠

共産党御用歌手大集合、メロディは普通だがタイトル通り歌詞はかなり暑苦しい。MV のイントロはいきなりの共産党式宣誓に続き、抗日ドラマのシーン。

天使之爱
作詞：丁大勇　**作曲**：文佳良　**歌手**：金大全

元人民解放軍歌手が武漢の医療関係者を称える応援ソングを発表。文工団に所属していたのに百度百科にも掲載されていないマイナーシンガーだ。

战友加油
作詞：韩雅姗　**作曲**：程琳 张进　**歌手**：徐子耕、丁子智

イントロは普通の曲だが、ミサイル軍兵士たちによるアカペラ戦友応援歌。サビは女性兵士のコーラス、音程がずれているメンバーがいるのもご愛敬だ。

有你在，有我在
作詞：有你在，有我在　**作曲**：王衍　**歌手**：王衍

吉本新喜劇チャーリー浜師匠の定番ギャグのようなタイトルだが、マイナー・シンガーソングライターによる、火神山医院をはじめとする武漢応援ソング。

永不言敗
作詞：唐依琳 陈道斌　**作曲**：易传志　**歌手**：常安

人民解放軍おなじみのフレーズ「永不言敗」、スローバラードだが勇ましい。歌うのは四川省出身のベテランポップス女性歌手、常安。

不要怕
作詞：屈塬　**作曲**：李明智　**歌手**：李明智

医療関係者を称える、アコギ弾き語りバラード。李明智は人民解放軍兵士のシンガーソングライターだが、まだマイナー。今後に期待しよう。

保卫武汉
作詞：李毅　**作曲**：孙洪斌　**歌手**：霍勇

中央電視台の歌番組、軍事番組でよく見かける人民解放軍バリトン歌手霍勇による勇ましい軍歌。ステージではいつも白い制服のとおり海軍文工団所属だ。

爱在春天里
作詞：杜志刚、李娅　**作曲**：闫俊波、杨晓云　**歌手**：张秦

歌手の张秦はプロフィール不明。MVではジャージ姿でレコーディングのおばさんだが、歌はかなりのもの。春は必ず来る、希望を歌う武漢、医療関係者応援ソング。

每个人都是战士
作詞：李德清　**作曲**：亢荣昌　**歌手**：亢荣昌

みんな戦士だ！アップテンポのアニソンのようなロックナンバー。亢荣昌は四川省の武警隊所属の現役兵士。任務の合間に作品を制作している。

逆行者
作詞：阿振　**作曲**：阿振　**歌手**：阿振

似たタイトルの曲が多いが、軍事歌謡の阿振によるロックナンバー。阿振は文芸兵ではなく、武警退役後デビュー。軍事歌謡専門のシンガーソングライターとなった。

爱的春天
作詞：刘长金　**作曲**：谢佳卿　**歌手**：谢佳卿

北京文工团の有名歌手谢佳卿によるスローバラード。もちろん医療従事者への応援歌だ。文工団歌手の歌唱レベルの高さには感心する。

逆行的誓言
作詞：董亮　**作曲**：刘凯　**歌手**：龙雅琴、黄腾剑

陆海空の軍医大学医療班を称える軍歌。イントロの力強いホーンから期待感、歌を支えるホーン隊のリズムもラストまで裏切らない軍歌らしい軍歌。

我相信
作詞：陈道斌　**作曲**：姚林辉　**歌手**：姚林辉

彝（イ）族の人民解放軍女性歌手、姚林辉による武漢応援歌。作曲もできるため、軍事歌謡をはじめ普通の作品もある。シンガーソングライター文芸兵だ。

誓死不退
作詞：俞上林　**作曲**：周澎　**歌手**：周澎

防疫キャンペーンソングだけでも何作も発表した周澎の作品。生まれ故郷の陕西省商洛市宣伝部と、西安の映像制作会社が全面バックアップ。

无名天使
作詞：周志方　**作曲**：平远　**歌手**：平静

家に子を残し、武漢に向かった医療関係者を称える歌。平静のボーカルと、MVの映像が泣かせに来る。若手歌手でこの歌い方、将来は大御所歌手だ。

爱的承诺
作詞：陈道斌　**作曲**：王喆　**歌手**：喻越越

作詞、作曲、そして歌手、みんな大物だ。いずれも中国共産党キャンペーンソングの常連、当然作品のレベルも高い。MVの映像がすべて寄せ集めな部分は惜しい。

相信中国
作詞：陈道斌　**作曲**：吴娜 杨朝东　**歌手**：吴娜

武漢に集結した「無名戦士」を称えるバラード。歌い方は彭丽媛（習近平主席夫人）のような中華風ボーカルだ。文工団ではこのスタイルの歌手が多い。

致敬，逆行的英雄！
作詞：贾随刚　**作曲**：郑敬诚　**歌手**：郑敬诚

スローなロックバラードだが、歌詞は日本の軍歌『出征兵士を送る歌』だ。MV の映像がよせ集めの切り貼りだが、それでも感動を誘う。

出征
作詞：韩毅　**作曲**：章荣强　**歌手**：吴志峰

イントロからしてスローバラードかと思いきや、サビの盛り上がりが素晴らしい軍歌。バリトンの吴志峰はもちろん人民解放所属、数々の賞を受賞したベテラン。

逆行在路上
作詞：陆军第 82 集团军某旅官兵　**作曲**：陆军第 82 集团军某旅官兵　**歌手**：陆军第 82 集团军某旅官兵

河北省保定の陆军第 82 集团のとある部隊にて兵士が集まり、MV制作。軍事サイトてリリースされた作品。歌詞は勇ましいパワーバラードだ。

元文工団歌手が
作詞：黄文强　**作曲**：黄文强　**歌手**：黄文强、石梅

第一線で活躍する医療、警察、自治会に敬意。百度検索にすら引っ掛からないドマイナーなおっさんと熟女の歌手によるデュエット。安っぽい MV も味がある。

最亮的星
作詞：吴志德　**作曲**：钱成　**歌手**：吴志德

武漢に出征した医療従事者、人民解放軍兵士応援歌。遼寧省大連に駐屯する空軍 93176 部隊の有志らによる作品。サビで盛り上がるロックバラードだ。

解放军来了
作词：陈道斌　**作曲**：王喆　**歌手**：雷佳

人気人民解放軍ソプラノ歌手雷佳による中華風メロディのバラード。習近平主席夫人である彭丽媛先輩を意識したような中国風の歌い方だ。

使命重于山
作词：王淑红　**作曲**：周利　**歌手**：周利

武漢へ向かった空軍軍医大学西京病院医医療隊の歌。もちろん後に残った病院スタッフらの制作。グランドピアノ伴奏による素人臭い合唱。

唐都医疗队战歌
作词：唐轩仁　**作曲**：　**歌手**：

西安の空軍軍医大学唐都病院から武漢に向かった医療隊の隊歌、こちらも病院スタッフによる制作。アカペラのみだがしっかりと軍歌している。

啊，白衣天使
作词：李勤　**作曲**：陶思耀　**歌手**：马晓晨

人民解放軍ソプラノ歌手马晓晨、自身のアルバム『人间有真情』から応援歌としてシングルカット。MV での細繭メイクが古臭いので確認してほしい。

因为有你
作词：李小军　**作曲**：赵麒　**歌手**：雷佳、吴娜、阿鲁阿卓、王莉

エンドクレジットに解放軍文工団とある通り、「最強陣容」の解放軍歌手らを集めたバラード。大みそか番組やキャンペーンソングなどでおなじみの顔ぶれだ。

守护
作词：空军勤务学院　**作曲**：空军勤务学院　**歌手**：空军勤务学院

江蘇省徐州の空軍勤務学院の学生による MV、防疫最前線の兵士を称えるバラード。空軍の兵站、主計といったバックヤード職種専門の学校だ。

相信春暖花开

作詞：胡宏伟　**作曲：**关不倒　**歌手：**李超、周晓飞、田红军、金大全、姜晓菲、于茜

新聞社瀋陽日報、瀋陽のローカルテレビ局の呼びかけにより、元瀋陽軍区文工団の歌手が集まり、応援バラード発表。愛があれば希望がある。

风雨无阻向前进

作詞：李劲　**作曲：**李凯稠　**歌手：**乌兰图雅 王凯 喻越越 扎西顿珠 叶翠 周澎

陝西省宣伝部バックアップ、いつもの顔ぶれ御用歌手勢ぞろいの歌。なぜか MV では通常のキャンペーンソングのように空母「遼寧」や電波望遠鏡「天眼」が登場。

风雨逆行者

作詞：徐进　**作曲：**高勋　**歌手：**姜艺潇

ドラマ『爱情公寓』でおなじみ、人気歌手姜艺潇による逆行英雄に捧げるヒーローソング。イントロが中央電視台の人気紀行番組『航拍中国』を思わせる。

可爱的眼睛

作詞：陈成　**作曲：**陈成　**歌手：**梁婷婷

甘肃省のミサイル軍 96743 部隊有志による作。火神山医院の医療従事者を称える歌。同名タイトルの曲も多く、ややこしい。もちろん 1993 年王菲ヒット曲とは別。

向前方

作詞：李文绪　**作曲：**鄂矛　**歌手：**张英席

コロナ勝利に向かって進むという、威勢の良いマーチ風軍歌。一言でいうと古臭いタイプの軍歌だが、歌手の张英席はまだ 40 歳前でこの貫禄。

破晓

作詞：马永，刘瀚之　**作曲：**刘瀚之　**歌手：**李晨、欧阳娜娜、张嘉倪、刘瀚之、涵子、蕎艺源

テレビのゴールデンタイムでおなじみの顔ぶれが急遽レコーディングに集結。バラード。リリースは公安局新聞宣伝部、新華社から。

胜利召唤
作詞：王晓岭 李小军　**作曲**：李旭昊　**歌手**：解放军军乐团

建国70周年国慶節の軍事パレードで発表され、好評だった『钢铁洪流进行曲』に武漢応援の歌詞を新たに追加。重厚なコーラスでいかにもな軍歌。

盼望你们的好消息
作詞：李文绪　**作曲**：鄂矛　**歌手**：阿鲁阿卓

彝（イ）族の人民解放軍歌手、阿鲁阿卓が歌うバラード。年間100か所以上の辺境部隊で慰問コンサートを行うという文工団きっての人気歌手だ。

跟我上
作詞：陈道斌 王俊　**作曲**：平远　**歌手**：海之声合唱团

ほかのバージョンもあるが、こちらは海軍有志による合唱だ。現役兵はもとより、退役兵もレコーディングに参加。共産党員としての本領を見せる。

我是你的子弟兵
作詞：陈道斌　**作曲**：平远　**歌手**：汤俊

以前からある軍歌だが、この機に改めて応援歌MVが制作された。作詞陈道斌、作曲平远のゴールデンコンビによる軍歌らしい軍歌だ。

坚信爱会赢
作詞：梁芒　**作曲**：舒楠　**歌手**：王力宏

中国文芸家協会、映画協会とともに、武漢のある湖北省宣伝部がバックアップ、最も話題となったキャンペーンソング、王力宏ソロ版。

你是英雄
作詞：倪永盛　**作曲**：向东　**歌手**：杨鸿基

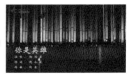

大御所解放軍バリトン歌手杨鸿基による軍歌。悲壮感漂うメロディからの展開、十分な声量でサビで盛り上がりは感動モノだ。

生命之春
作詞：李茜　**作曲**：唐轶　**歌手**：张齐、王益洲、崔爽、刘刚、陈舒、李天、张晓繁、周炎择

雲南広播電視台アナウンサーらによるキャンペーンソング。人民一体となり、コロナ禍を乗り越え、花の咲く春を迎えようという希望を伝える歌。

前行者
作詞：周巍　**作曲**：刘峤　**歌手**：汤俊、王庆辉

クレジットは海軍政治工作宣伝部、歌手の汤俊、王庆辉はいずれも黒龍江省ハルビン出身だ。コロナ最前線へ出征した医療関係者を称えるヒーローソング。

战疫
作詞：许冬子　**作曲**：石继群、邵素芳　**歌手**：石继群

武漢への支援を行う中央軍事委員会直轄の補給部隊、无锡联勤保障中心の軍歌。重要な任務のため、MV からもかなりの気合を感じられる。

我又看见你
作詞：董玉方　**作曲**：小曾　**歌手**：王宏伟

フォーク軍歌の第一人者小曾作曲、そして解放軍テノール歌手王宏伟が切々と歌い上げる応援歌。小曾はすでに退役だが代表作「我的老班长」は名曲。

大爱无痕
作詞：杨启舫，王锡山　**作曲**：兵心　**歌手**：刘和刚

歌い方がド演歌っぽいが、中国人民 14 億人の健康を守る医師を称える歌。MV のエンドクレジットには人民日報健康時報、中国医師会のネーム。

我，向人民报到！
作詞：蒋巍　**作曲**：　**歌手**：田桐、李光洁、沈腾、张蕾、林永健、佟丽娅、海霞、黄晓明

「激情詩人」蒋巍の詩を有名俳優、歌手、作家らが朗読。キャンペーンソング「坚信爱会赢」のシリーズ。公益 CM としても中央電視台をはじめとするテレビで放映された。

天使英雄
作詞：田兰富　**作曲**：石继群　**歌手**：石继群

武漢に出征、最前線の医療従事者を賞賛するラブバラード。歌手の石继群は軍事歌謡のシンガーソングライターの傍ら『快乐男声』『中国新歌声』で審査員も務める。

因为我们在一起
作詞：许诺　**作曲**：亢竹青　**歌手**：王一博

アイドル歌手王一博によるバラード。MV では新華社提供の映像を三日月フレームに。やがて満月となり、背景が黒から白になるという演出。

我和你在一起！
作詞：　**作曲**：ミロスラフ・スコリク　**歌手**：ミロスラフ・スコリク

ウクライナの民族英雄の称号を持つ著名音楽家ミロスラフ・スコリク作曲。彼の伴奏で留学中の中国人ソプラノ歌手が歌う武漢応援歌。

有你在身边
作詞：阿河 / 董楠　**作曲**：董楠/唐轶　**歌手**：王一博_韩庚_杨颖_郑爽

Angelababy、王一博らドラマやバラエティー番組でおなじみの大スターによる武漢応援ソング。リリースは共青団の中国青年報からだ。

武汉伢
作詞：段思思、谭旋　**作曲**：谭旋　**歌手**：17 位来自武汉的文艺工作者

武漢出身のタレント、ミュージシャン、作家など有名人による武漢応援キャンペーンソング。スローテンポで静かな展開ながら故郷武漢に思いを伝えるアツい歌だ。

我们一定会胜利
作詞：由杨涛、田济源、郑楠　**作曲**：薛永嘉　**歌手**：黄晓明、蔡文静、张博

大スター黄晓明をはじめとし有名人大集合のキャンペーンソング。トンデモ抗日ドラマ『抗日奇侠』に出演した女優もトップバッターで登場。

aqua
作詞：　**作曲：**坂本龙一　**歌手：**坂本龙一

坂本龍一が自身の作品『Aqua』を武漢の人々のために演奏。さっそくその映像が中国で公開され、多くの人々が感動した。

心暖心等于世界
作詞：易家扬　**作曲：**易家扬　**歌手：**大张伟、品冠、刘惜君

中国トップクラスの俳優、ミュージシャン 70 名集結のキャンペーンソング。現代の中国版『We Are The World』だ。

守望天明！
作詞：黄文杰、包宇坤、王朴凡　**作曲：**黄文杰　**歌手：**黄文杰

リリックに武漢の名物が登場するヒップホップ武漢応援歌。流行りの Lo-Fi ヒップホップでカッコいい。華中科技大学の学生たちによる作品。

少年壮志不言愁
作詞：林汝为　**作曲：**雷蕾　**歌手：**朱一龙

若手アイドルスター朱一龙による、外出禁止でも街を守る警察を称える歌。もちろんアイドルスターといえども、共産党政府御用達の宣伝担当だ。

爱是桥梁
作詞：曲波　**作曲：**杨青山　**歌手：**王宏伟、黄华丽、汪正正、王莉、王传越、曹芙嘉

北京の文芸連合協会、音楽家協会バックアップ。公益 CM でおなじみの顔ぶれ、キャンペーンソング常連歌手 10 人による武漢応援歌、愛で乗り越えろ。

心在一起
作詞：裴佳兴　**作曲：**刘峤　**歌手：**王庆辉

ローカルソプラノ歌手による武漢応戦ソング。黒竜江省の共青団によるリリースだ。武漢が落ち着いた後、黒竜江省が大変なことに。

祝你平安，2020
作詞：刘青　**作曲**：刘青　**歌手**：杨幂、刘涛、霍尊、陈鲁豫、黄圣依

31 人の大スター勢ぞろい、人民網、国家音楽産業基地バックアップ。MV のエンドクレジットで杨幂、刘涛をはじめとする豪華出演者を確認してみよう。

夜空中最亮的星
作詞：逃跑计划　**作曲**：逃跑计划　**歌手**：

武漢に行った女性医師の子供たちが演奏、その様子が MV になり多くの人が感動。逃跑计划の『夜空中最亮的星』は中国では誰でも知っている有名曲。

天使的阳光
作詞：良辰　**作曲**：孟文豪　**歌手**：佟丽娅 _ 韩磊

人気映画、ドラマ出演でおなじみの女優佟丽娅と 90 年代から活躍する歌手韩磊、二人の大物スターによるデュエット。スローバラードだ。

等我回家
作詞：郭峰　**作曲**：郭峰　**歌手**：郭峰

みうらじゅんのような風貌の共産党御用ロック歌手郭峰によるバラード応援歌。IT 大手のテンセント、中国文芸基金協会バックアップ。

我的祖国
作詞：乔羽　**作曲**：刘炽　**歌手**：チャイコフスキー音楽院交響楽団

モスクワより、定番の愛国歌と、「カチューシャ」で武漢応援。最後はロシア幼女とオーケストラ全員で「中国加油！武汉加油！」。

向上的光
作詞：印子月、朱金泰　**作曲**：徐云霄、朱金泰　**歌手**：朱一龙

アイドル歌手朱一龙によるアップテンポで軽快な応援歌。武漢出身の彼は故郷のために、早くから抗疫キャンペーンにかかわり、多くの公益 CM に出演。

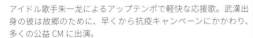

手牵手，我们共同驱散阴霾

作词：ローラン・バン　**作曲**：ローラン・バン　**歌手**：フランスの歌手40人

フランスの著名作曲家による応援歌、中文字幕で登場。この曲の発表のすぐ後、フランスも感染大爆発で大変な状況となってしまう。

春天再相逢

作词：刘婉晴　**作曲**：周易晖　**歌手**：周易晖

北京外语大の武漢出身学生有志が故郷を思い、制作。この学生たちの動きに対し、湖北省武漢電力公社もスポンサードの産学共同作品。

武汉不孤单

作词：陈凯星，阿河，董楠　**作曲**：唐轶　**歌手**：雷佳，王俊凯

人民解放軍大物歌手雷佳とアイドルグループ TF-Boys の王俊凯による熟ショタデュエット応援歌だ。TF-Boys は人気に目をつけられ、早くから御用歌手に。

岁岁平安

作词：李宇春　**作曲**：李宇春　**歌手**：李宇春肖战

シンガーソングライター李宇春によるバラード、御用歌手とは一味違う。また、MV もオリジナル度が高く見ごたえがある。フリー素材度は他作品の 50%ほどだ。

stay with you

作词：孙燕姿　**作曲**：林俊杰　**歌手**：林俊杰

中華圏で人気の歌手、JJ ことシンガポールの林俊杰による、アコースティックバラード。作詞もシンガポール出身の人気歌手孙燕姿だ。

山河无恙在我胸

作词：李茜　**作曲**：宋秉洋　**歌手**：佟丽娅、蔡徐坤

『北京爱情故事』『唐山大地震』でおなじみの女優佟丽娅と若手アイドル蔡徐坤のデュオ。雲南省宣伝部、雲南広播電視台バックアップ。

你们是英雄
作詞：MC 大牙　**作曲**：MC 大牙　**歌手**：MC 大牙

ヒップホップ武漢応援歌、MV 最後には全国の B -Boy の応援ダンスと共青団の名前が。ストリートダンスまで共青団影響下だ。

你要相信这不是最后一天
作詞：裴育　**作曲**：华晨宇　**歌手**：华晨宇

バラエティー番組『王牌对王牌』司会でおなじみ。アイドル出身、人気歌手华晨宇によるロックバラード。元アイドルといえど音楽大卒。

等风雨经过
作詞：方文山　**作曲**：周杰伦　**歌手**：方文山

中華圏のみならず、日本でも人気のある C-POP のトップ歌手二人による作品。周杰伦作曲,歌うのは张学友と超豪華なキャンペーンソング。

会好的
作詞：张艺兴与粉丝　**作曲**：张艺兴与粉丝　**歌手**：张艺兴

EXO 所属の大物アイドル张艺兴によるバラード。ファンからアイデアを募り、制作。MV は他作品のようなニュース映像素材の寄せ集めではなくイラストだ。

我的祖国
作詞：乔羽　**作曲**：刘炽　**歌手**：抗疫一线英雄

有名な愛国歌「我的祖国」を武漢応援、人民鼓舞のため、あらためてキャンペーンソングに。1959 年、郭兰英によるレコーディングが元祖。

珍惜
作詞：崔恕　**作曲**：赵佳霖　**歌手**：许魏洲

许魏洲は上海戏剧学院在学中よりバンド活動をしていた筋金入り。リリースは共青団とその機関紙中国青年報より。インタビュー映像多用の MV は泣ける。

保重
作詞：张楚翘　　**作曲**：谢霆锋　　**歌手**：王俊凯，谢霆锋，萧敬腾

中国、台湾、香港の人気歌手 3 人が集結。香港からはビジネスマンとしても有名な萧敬腾、台湾からは 00 年代より人気の萧敬腾、中国は TF-Boys の王俊凯。

心有光芒
作詞：杨帆 王平　　**作曲**：左辉奇　　**歌手**：玄鸟乐队

陕西省の土着メロディをテーマとした"秦谣"ロックバンド玄鸟乐队がさっそく武漢応援歌を制作。荒涼とした陕西の農村からも応援しているようだ。

有我们在，请放心
作詞：人民日报新媒体　　**作曲**：　　**歌手**：

MV といいつつ、インストバックに朗読の公共 CM のような作り。実際にテレビでも放映された。実のところ同じような公益 CM ばかりで食傷気味だ。

黎明的编钟声
作詞：Jean-Francois Maljean　　**作曲**：Jean-Francois Maljean　　**歌手**：Noemile Maljean

ベルギーの有名作曲家 Jean-Francois Maljean による武漢応援ソング。本人のピアノ伴奏とともに歌うのは娘の Noemile Maljean。MV は手作り感満載。

我在
作詞：霄磊、王壮　　**作曲**：王壮　　**歌手**：霄磊

ロックバラード、霄磊による武漢応援歌。2019 年の人民解放軍設立記念日（建軍節）に発表されたアツい曲だが、あらためて武漢応援のため MV が制作された。

为你骄傲
作詞：甄玉改　　**作曲**：姜世奎　　**歌手**：马延斌

青島から武漢に向かった海軍第 971 医院の医療隊に捧げるロックバラード。作曲は青島ローカルでは超有名な姜世奎、ボーカルの马延斌はマイナーシンガーながらサビで泣かせに来る上手さ。

愛知県西尾市で発見したトヨペットコロナ。抹茶の名産地ということでグリーンにオールペン（筆者撮影）

幻のトヨタコロナキャンペーンソング

トヨタの名車コロナ

　『クルマ情報サイト - GAZOO』というカーライフ全般をサポートするポータルサイトがある。運営はあのトヨタ自動車だ。トヨタのクルマに限らず国内海外メーカーの新車インプレなど掲載されている。運営元トヨタのクルマといえども、インプレで結構モータージャーナリストからツッコミが入れられたり、あからさまな提灯記事が少ないのも魅力である。このように自動車購入のヒントにもなる記事や、ユーザー投稿コーナーを用意するなど、自動車メーカー運営のポータルサイトとしては、取り組みが早かったこともあり、人気サイトとなっている。

　その『GAZOO』において、コロナ騒動のさなか2020年3月から5月にかけて、内外3000車種以上掲載されているカタログページで、長期にわたりアクセスランキング1位となったのがトヨタの名車「コロナ」で

ある。

コロナの非売品レコードが存在した

　1970年代後半から80年代にかけて、「CMのために作られたCMソング」ではなく、CMを出稿するスポンサーとレコード会社の「タイアップ」によるCMソングが流行るようになってきた。これによりCMからヒット曲を生み、ヒット曲から商品を売るという「売れる方程式」が確立された。アメリカのケーブル局MTVの前身WASECが登場するのが1981年、この時代、日本において「タイアップCM」はプロモーションビデオの役割も果たした。

　当時、すでに日本全国に販売網を確立したトヨタではディーラー向けの販促用品を多数用意し、セールスを支援した。そのような販促アイテムの中にレコードがある。実際にテレビコマーシャルで流れた曲や、販促アイテムだけで終わってしまい、レア音源となった曲もある。誰かがYouTubeにアップしているだろうと思っても、意外と見つからず、原盤をなんとか探し当てる以外にサウンドを確認する術がないものが大半だ。

　4代目ブラボーコロナ以降の販促用レコード、コマーシャルソングを集めてみたので、順に紹介していきたいと思う。

『ふれ合う世界』
　作詞：阿久悠　作曲：小林亜星　1972年
　布施明の歌う『ふれ合う世界』、ただしB面だ。A面はボビー・ウィリアムスの歌う同じメロディの「If you will speak with love」で、少々アレンジが異なっている。ボビー・ウィリアムスといってもファンクの大物ではなく、声質からするとマイナーな白人歌手のようだ。

　このモデルのキャッチフレーズ「Bravo! Corona」の掛け声で始まり、「愛」から始まるポジティブな言葉のしりとりが続く歌詞となっている。A面では「Bravo! Corona」の掛け声は曲の最後と、ちょっとした変化球だ。

　ジャケットのカバーワークは、この少し前に大ヒットした映画『イージーライダー』を彷彿とさせるチョッパーと最新モデルのブラボーコロナハードトップを囲む白人の若者たち。ナンバーやハンドル位置などからするとアメリカ本土で撮影された写真のようだ。別パターンのカバーワークが他

 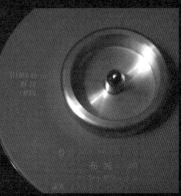

にも3種類あるらしい。

　ちなみにこちらのレコードは非売品。販促用にディーラーや整備工場で配布されたものだ。

『大いなる旅へ・・・・・コロナ』
作詞：伊藤アキラ　作曲：荒川康男　1971年

　同じくブラボーコロナのレコード。こちらは一般に市販されたレコード。当時の価格は400円。歌うのはカントリー歌手の坂本孝昭。日本では全くマイナーなジャンル「カントリーウエスタン」だが、この年代ぐらいまではジャンル分けもあまり進んでおらずハワイアン、タンゴなどと同様にまとめて洋楽ポップスとして一定の勢力があった。ルックスと演奏スタイルはカントリーだが、日本語で歌うとやはり歌謡曲の延長である。ジャケットのカバーワークは小林旭の風来坊映画のような無国籍風だ。

　B面は「THE GREAT JOURNEY - CORONA」。「ふれ合う世界」と同じく、同じメロディの英語歌詞となっているが、A面の「大いなる旅へ・・・・・コロナ」よりはるかにしっくりくる。カントリー歌手坂本貴明の面目躍如といったところだ。

　サビの「コロナ〜♪」はおもわず口ずさみたくなる展開だが、鼻歌でこれを歌っていたら「俺コロナ」で通報されそうだ。

『コロナの歌〜好きなもの〜』

作詞：阿久悠　作曲：平尾昌晃　　1976 年

　当時のアイドル川口裕子のシングル『好きなもの』をベースに「安全コロナ」の販促品として配布されたソノシート。こちらはかなりレア物で現物を未だ入手できていない。ソノシートとはペラペラのレコード、従って通常のドーナツ盤レコードと違い、こちらは片面のみだ。雑誌の付録や販促品として配布されたものがほとんどのため、現存するものはごくわずかとなってしまい、コレクターを困らせる代物だ。

　元曲「好きなもの」のサビ部分リフレインの2回目が「コロナ」に差し替えられている。アイドル歌謡なので軽快な明るい歌かと思いきや、しっとりしたマイナー調の歌である。

『追憶のストレンジャー（New コロナより愛をこめて）』

Composer: Jimmie Haskell, Linda Laurie 1982 年

　当時人気絶頂であった沢田研二がライバルの日産ブルーバードのコマーシャルに起用。「ブルーバードお前の時代だ」のコピーとともに、クルマのセールスも大ヒット。これをトヨタが黙っているわけもなく、コロナクーペのコマーシャルには『007』シリーズに出演の世界的大スターであるロジャー・ムーアを起用、沢田研二風の悪役をやっつけるジェームス・ボンドを思わせる映像、と、ここまでは割と知られている。

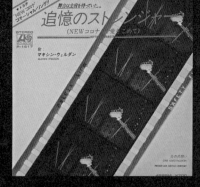

　歌うのはマキシン・ウェルダンというジャズソウルの歌手。日本ではあまり知られていない歌手だが、アメリカでは中堅どころ、なかなかマニアックな歌手を引っ張ってきた。ロジャー・ムーア出演ということで『007』シリーズの「ゴールド・フィンガー」テーマ曲をかなり意識したものだ。というかハッキリいってパクリに近い。

　B面はカルト臭が漂うスペースディスコ「炎の片想い」。プライヴェイト・エア・サービス・カンパニー なるバンドによるこの曲、ジャケット裏にはまったく記載がなくまったく謎。聞き取りにくいが英語で歌っているようで、歌い方や訛りからすると日本人と思われる。また、非売品販促用バージョンの B 面は羽田健太郎による「追憶のストレンジャー」ピアノインストだ。

『クラリ！引力』
　作詞：松山猛　作曲：加藤和彦　編曲：武部聡志　1984 年
　桐ヶ谷仁による初代 FF コロナの CM ソングだが、当時の記憶を辿ってもほとんど印象が薄い。改めてこのコロナのエクステリアデザインやパッケージングを見ると当時としては良い出来のものだ。同様に「クラリ！引力』もクオリティの高い「ナイアガラ」風 80 年代シティポップで海辺をドライブしたくなる心地よいサウンドだ。

　B 面の「テールライト」は桐ヶ谷仁の作詞作曲であるが、ハッキリいって B 面にしておくのが惜しい出来の曲だ。コロナよりも上級クラスのセ

ダンや GT カーのコマーシャルソングに採用すべき、と思えるほどアーバンメロウなシティポップ。彼の 3rd アルバム『Jin』にも収録されているのでぜひチェックを。

また、作詞の松山猛、作曲の加藤和彦もコマーシャルに出演している。

『コロナ氏、聴いてください』

作詞作曲：高橋研 ／ 作詞：大津あきら 作曲：中村雅俊 1993 年

10 代目コロナのイメージキャラクターに起用された中村雅俊による非売品販促用 CD。CD といっても今はなき 8 cm シングル CD である。CD プレーヤーによっては再生ができないものがあるので要注意。8cmCD らしい縦長のパッケージを最大限に生かし、コロナのセールスコピーが踊る。だぶだぶの 3 つボタンスーツのコロナ氏が時代を物語る。大学教授コロナ氏が、新型コロナを気にするといった筋書きのコマーシャルがいくつか作られた。

収録曲は 2 曲。高橋研による「Born Again」、中村雅俊作曲の「君が開く扉（ドア）の向こうに」である。フジテレビ『平成初恋談義』エンディング曲、'93 味の素ギフト イメージソングと、それぞれ、ほかでも使用された曲。同年リリースのアルバム『Lovesong を贈りたい』にも収録されているため、どうしてもついでに仕事しました感がぬぐえない。

コロナ氏、
聴いてください。

GSS-1179

PA 3136

クルマはこうでなくちゃ、
をカタチにしました。

New

コロナ
プロダクト
Corona Product

すべては コンフォート

| パッケージング
Packaging | スタイリング
Styling | パフォーマンス
Performance |

新しいコロナ誕生

CD

懐かしの8cm CD、当時は「短冊CD」とい
う愛称もあった縦長のパッケージが特徴。

Corona
Product

GSS-1179
NOT FOR SALE
STEREO

第 9 章

便乗ソング・バンド

　コロナウイルス発生源となった中国では政府主導のキャンペーンソングが中心であった。一方、世界に目を向けると様相は一変する。「Keep Calm」、手洗いやソーシャルディスタンスの啓蒙ソングといった、わりとマジメなテーマの歌もあるのだが、単に、「コロナウイルスがムカつく」「外出禁止は勘弁してくれ」といった不満を歌うもの、中には発生源となった中国 Dis りソングまである始末。当然、デスメタルバンドにいたってはコロナウイルスでの死をテーマに新曲をリリース。多様性と言い切っていいのか悩むところだが、様々なジャンル、様々な国で、インディーズから大物ミュージシャンまでコロナソングを発表した。

　また、「CoronaVirus」「COVID - 19」、もしくはそれをもじった名義のアーティストが続々登場。すでに活動しているアーティストの別名義がほとんどであるが、この機会にわざわざ結成したユニットもある。

　ヒップホップやテクノといった一人でも活動できる身軽なトラックメーカーを筆頭に、インディーズバンドが続いた。いずれにせよ、作品で「コロナ禍」を表現するという動きが、日本のミュージシャンよりはるかに早かった点は注目だ。

A Coronavirus - Instrumental
👤 Type Beat
📍
◎

🟦 ヒップホップ

アルバム『To Freestyle To』より、中国風インストヒップホップ。カバーワークは自画像と思しきコミック風イラスト。すべての作品が同じデザインの色違いとなっている。

ànd xeex coronavirus
👤 Dip Doundou Guiss
📍 セネガル
◎ https://www.dipdoundouguiss.com

🟦 ヒップホップ

フランス、カナダといったフランス語圏ツアーも行うセネガル・トップラッパー。このレベルになるとさすがにハズレは少ない。数多くゲスト参加作品もあるので、他の作品もぜひ。

Atmosphere CoronaVirus
👤 Alexander Gorya
📍 ロシア
◎ https://www.facebook.com/Alexander-Gorya-341017200094107

🟦 テクノ

アルバム『Covid-19』より、実験音楽のようなアトモスフェリック・ブラック。シングル『Techno Alert』『Coronavirus Intro Siren』『Alarm System』なども。

Bill Gates Made the Corona Virus
👤 Phone Sex
📍
◎

🟦 ロック

アルバム『Split Down the Head (Microwave Spinach)』より、コロナウイルス・ビル・ゲイツ陰謀論をテーマとした曲。様々なサンプリングを駆使したりと凝っている。

CANCION CORONA VIRUS (San Juan 19)
👤 Abraham Macario
📍 グアテマラ
◎ https://www.facebook.com/Abraham-Macario-179338922705488

🟦 ポップス

グアテマラのゴスペルシンガー、当然ほかの作品もクリスチャンソング。ほかに「CORONA VIRUS - Antivirus」「Cuarentena」のコロナ神頼みソング。

Cançoneta del Virus Amb Corona
👤 Andrea Zayas Buchaca
📍 スペイン
◎

🟦 ポップス

アコギ弾き語り。アルバムカバーに描かれたコロナウイルスは青髭のキモカワなオッサン風。さすがイラストレーター、上手いところを突いて表現。

Chin Banawal Virus E Coronawa Ke

👤 Dilip Prajapati
📍 インド　　　　　　　　　　　　　🎵 ポップス
◎

タイトルの意味は「誰が中国でウイルスを作った？」。ボージュプリー語のためまったく聞き取れないが、中国 Dis なのだろうか？　この歌もやたら速いBPM。

China Town Electronics

👤 Coronavirus
📍　　　　　　　　　　　　　　　　🎵 ダンス
◎

アルバム『China Town Electronics: Chinese Slow Disco Progressive Songs』より。アルバム・サブタイトルに「Slow Disco」とあるが、半分はアンビエント。

Chinese Symphonic Virus: Pop Songs for New Year Celebration 2020

👤 Corona Virus
📍　　　　　　　　　　　　　　　　🎵 ヒップホップ
◎

アルバムタイトルに「Chinese Symphonic Virus」とあるが、なぜかヨナ抜きの日本メロディも流れたり。全編インストヒップホップ。

Chumma Se Corona Virus Hota

👤 Vicky Bihari
📍 インド　　　　　　　　　　　　　🎵 ダンス
◎

アイドルっぽい兄ちゃんのボコーダーみたいなエフェクトがかかった歌。メロディとリズムは恒例のヒンディーダンス。トランスほど速すぎないのでなんとか聴ける。

Clan Virus

👤 BlueBucksClan
📍 アメリカ　ロサンジェルス　　　　🎵 ヒップホップ
🌐 https://shopbluebucksclan.com

自身の名前とかけてのアルバムタイトルだ。ほかのリリース作品は「カネ」「クルマ」「ストリート」といったヒップホップにありがちな作品が中心。アルバムカバーワークが物語る。

Corona

👤 coco the virus
📍　　　　　　　　　　　　　　　　🎵 ヒップホップ
◎

インディーズ未満のアーティストだが、「Co、CoCoCoCo」のサンプリングをバックにラップだが、妙に頭の中でリフレインしてしまうぐらいには聴きやすい。

Corona（Covid 19 Virus）

👤 Mr Sir Linda
📍 南アフリカ　　　　　　　　▦ ポップス
🌐 https://www.facebook.com/sirmike7

21日間のロックダウン・コンセプトアルバム『Ekhaya』より、ゴスペルナンバー。教会の仕事をしているようで、ゲストシンガーに合唱団の女性らしきボーカルも。

Corona Crisis

👤 DurchDruckL!v3
📍　　　　　　　　　　　　　▦ テクノ
🌐

ゴス／インダストリアルのEPだが、この原稿を書いている途中でSpotify、Amazon、Beatportといった主要なサイトから消えてしまった。何かあったのだろうか？

Corona Is the Virus

👤 Sammy Sound
📍　　　　　　　　　　　　　▦ ニューエイジ
🌐

ピアノソロ、アルバム『Social Distance on Virus Times』より。「The Corona Song」「Time of Covid-19」とコロナ満載のアルバム。50曲1時間越え。

Corona Se Darona（Corona Virus Awareness Song）

👤 Vicky D Parekh
📍 インド　ムンバイ　　　　　▦ ポップス
🌐 https://vickydparekh.com

ローカルで割と有名なヒンディー・ポップシンガー。バラード風な曲が多い。父親の誕生日、自分の子の誕生日、嫁などを歌にしてプライバシーを切り売りしている。

CORONA SYNDROME（virus brings madness）

👤 MURDERovCROWS
📍　　　　　　　　　　　　　▦ ヒップホップ
🌐

EP『WALK THE PROPHESY OF THIS LAND』より。ダークラップ、インダストリアルなど多くの要素。デス声も登場するメタル風のヒップホップ版。

Corona Virus

👤 Brasa
📍 ドミニカ共和国　　　　　　▦ ヒップホップ
🌐

アルバム『FireStyle』より、ラテン・グラミー賞ノミネートラッパー。ドミニカ共和国を飛び出し、ジェニファー・ロペス、アークエンジェルのトラック制作に関わるほど。

Corona Virus

👤 Ddark
📍 イギリス　　　　　　　　　　　　🎵 ヒップホップ
◎

ガーナ系、UK大物ラッパーによる急遽リリースされたシングル作品。ベースのうねりがコロナウイルスの恐ろしさを表現しているようだ。ほかの作品もおススメ。

Corona Virus

👤 DJ Ariel Style
📍 スペイン　　　　　　　　　　　　🎵 ダンス
◎ https://www.facebook.com/djarielstyle

有名DJ。最新アルバム『Viraltube 13』より。初期作品はハウスやダブステップなどだが、最近の界隈の傾向だろうか、このアルバム収録曲はレゲトン風味のものが多い。

Corona Virus

👤 DJ MC.sa
📍 南アフリカ　　　　　　　　　　　🎵 ヒップホップ
◎ https://www.facebook.com/DJ-MCsa-114409853578972

自己紹介によれば、ヨハネスブルグの17歳だそうだ。アフリカのリズムを採用した作品群だ。アルバム『LION KING AMAPIANO EP VOL1』より。

Corona Virus

👤 Dj Njebza
📍 エスワティニ王国　　　　　　　　🎵 ダンス
◎ https://www.facebook.com/NjebzaDJ/?ref=page_internal

南アフリカとモザンビークの間に挟まれた小国で、元スワジランドで知られるエスワティニ出身。南アフリカのシーンが近いためか、サウンドは十分カッコイイ。

Corona Virus

👤 DJ Vangloryus
📍 アメリカ　ネバダ　　　　　　　　🎵 ヒップホップ
◎ https://www.facebook.com/djvangloryus/

暴動の写真が意味深なカバーワークのアルバム。咳やニュースのサンプリングはもとより、オールドスクールな雰囲気の曲が収録されている。タイトルチューンはサンプリングのみで構成。

Corona Virus

👤 Electronicaz
📍 イギリス　　　　　　　　　　　　🎵 テクノ
◎ https://www.facebook.com/ElectronicazMusic

レトロウェイブ、アルバム『Flapdoodle』より。長年活動しているらしく、Facebookのタイムラインにはスタジオのクラシック・シンセサイザーが大量に。

Corona Virus
👤 Gangster of the Galaxy
📍 アメリカ　　　　　　　　　　　　🎵 ヒップホップ
🌐 https://www.omniamity.com

アルバム『Sacred Exchange』より。中国とも日本ともいえない東洋のメロディと、宇宙をイメージしたサウンドを合体、独特の世界観だ。さすが宇宙ギャング。

Corona Virus
👤 gutta mook
📍 アメリカ　テキサス　　　　　　　　🎵 ヒップホップ
🌐 https://www.facebook.com/GuttaMookCsM

アルバム『Black America』より、スローラップナンバー。一連のアルバムジャケットを見る限り、「Parental Advisory」だらけのギャングスタラップのようだ。

Corona Virus
👤 Iceboy Ben
📍 オーストラリア　　　　　　　　　　🎵 ヒップホップ
🌐

スローラップ作品。過去作品のジャケットを見る限り、どうでもいいネタ系の作品が半数以上ある、そしてスケベな作品も。一応大物プロデューサーらしい。

Corona Virus
👤 Jehovah Shalom Acapella
📍 ウガンダ　　　　　　　　　　　　　🎵 ポップス
🌐 http://jehovahshalomacapella.com

無駄にうまいアカペラ・ゴスペルグループ。異端かどうかの議論がある「Seventh-Day Adventist Church（SDA）」所属のグループだ。

Corona Virus
👤 Ken Da Hood
📍 日本　　　　　　　　　　　　　　　🎵 ヒップホップ
🌐

フルアルバム『Street Life』より、日本語ラップ。Bandcamp や Beatport にもアップロードされてないため、詳細は不明だ。

Corona Virus
👤 Killfiger
📍 アメリカ　ニューオーリンズ　　　　🎵 ヒップホップ
🌐

アルバム『Return of the Grim Reaper』より、ダークなインストヒップホップ。過去作品を眺めると、ヒップホップにしてはガイコツ、血、悪魔といったブラックメタル要素満載。

Corona Virus

👤 Markushmane

📍 カナダ　　　　　　　　　　　　🎵 ヒップホップ

🔗

アルバム『Markushmane 5』より、他のアルバムも聴いたが、すべての作風とにかく暗い、歪んだギターリフのサンプリングが入るなど、ストーナー風ヒップホップだ。

Corona Virus

👤 MR Fame

📍 南アフリカ　　　　　　　　　　🎵 ポップス

🔗

アルバム『Xilandzelelani』より、名前のわりに全く有名ではないマイナーシンガー。アフリカンサウンドをベースとした、レゲトンやダンスチューンが得意。

Corona Virus

👤 Mr Vaccine

📍　　　　　　　　　　　　　　　🎵 ダンス

「Go Fight Covid-19」「It's Not Dead Yet」「Virus Killed,Now Time to Celebrate」の3曲収録 EP。

Corona Virus

👤 Prod.Hennyboy

📍 アメリカ　　　　　　　　　　　🎵 ヒップホップ

🔗 https://www.facebook.com/Prodhennyboy-859533814388877

アルバム『Spring Pack』より、インスト Lo-Fi ヒップホップ。過去作品を聴いてみたが、全体的にこのような傾向の LA Beats っぽいインスト曲が多い。

Corona Virus

👤 Rontae

📍　　　　　　　　　　　　　　　🎵 ヒップホップ

🔗

カバーワークがメタルっぽいが、れっきとしたヒップホップだ。アルバム『Who Is Rontae?』に収録されているが、他の曲も雰囲気は似ている。

Corona Virus

👤 Sachin Pandit

📍 インド　　　　　　　　　　　　🎵 ヒップホップ

🔗

アルバム『Stay Home』よりインストヒップホップ。「Fight Corona」「Go Corona Go」「Stay Home」とコロナ満載アルバムだ。シングルで「Go Corona!」も。

Corona Virus
👤 Sad Goldo
📍 イタリア　　　　　　　　　　　　　　🎵 ヒップホップ
◎

アルバム『DESFRAGMENTACIÓN』より、Lo-Fiヒップホップ作品だ。数多くのシングルを発表しているが、イタリアの種馬のごとくカバーがスケベなものが多い。

Corona Virus
👤 Sixsense
📍 イスラエル　　　　　　　　　　　　　🎵 テクノ
🌐 https://www.facebook.com/SixsenseBenDamski

サイケデリックトランス、ゴアトランスを得意とするトラックメイカー。1996年からの活動ということで、ベテランである。アルバム『Energy Source』より。

Corona Virus
👤 Skirbee
📍 アメリカ　ポーツマス　　　　　　　　🎵 ヒップホップ
◎

他作品のカバーワークにオリジナルのアニメ絵やセーラームーンなど、オタラッパーだ。一部ネームは日本語カタカナだが、長音符の縦横が難しいため「スカ｜ビ｜」となっている。

Corona Virus
👤 Stickman Cyclops
📍 アメリカ　　　　　　　　　　　　　　🎵 ロック
◎

おもにロックンロールナンバーを得意とするバンドだが、この曲は深刻なネタにもかかわらず能天気なL.A.メタルっぽい。歌い方も当時のボーカルをほうふつとさせる。

Corona Virus
👤 The Quarantinis
📍　　　　　　　　　　　　　　　　　　🎵 ロック
◎

「検疫所」と名乗る便乗バンドの1stアルバム『The Quarantinis』より。アルバムジャケットに男性6人の集合写真があるが、果たしてメンバーなのかどうかは不明だ。

Corona Virus
👤 UKATTA
📍 ナイジェリア　　　　　　　　　　　　🎵 レゲエ
🌐 https://www.facebook.com/ukatta

アルバムカバーワークからしてわかる通り、アフリカンレゲエ。どちらかといえばオールドスクールなレゲエナンバーだ。バックコーラスでコロナ連呼。

Corona Virus

👤 Wanted Carter

📍 タンザニア　　　　　　　　　　　　🎛 ダンス

🌐

インスト BGM 中心のトラックメイカー。この曲は能天気なレゲトンナンバーだが、「Corona Virus Sad Instrumental......」というやたら長いタイトルの曲は彼の本領発揮だ。

Corona Virus

👤 XLG OFFICIAL

📍 アメリカ　　　　　　　　　　　　🎛 ヒップホップ

🌐 https://www.facebook.com/xlg.skenny.3

ナイジェリア生まれのメリーランド州育ち。最新アルバム『Young Africa Nigga』の全米ツアーを敢行するなど結構大物。腹が出てるのが惜しい。

CORONA VIRUS (feat. D-coy)

👤 TOMORO

📍 日本　　　　　　　　　　　　　　🎛 ヒップホップ

🌐 http://tomoro-japan.net

いろいろお騒がせな六本木の帝王。2020 年 2 月ダイアモンドプリンセス号コロナ騒ぎのころ、安倍昭恵夫人に官邸ランチに招待されるほどの大物だ。「日本を元気にしたい」とのことからこの曲を 5 月発表。

Corona Virus (Radio Edit)

👤 Robber DJ

📍　　　　　　　　　　　　　　　　🎛 ヒップホップ

🌐

アルバム『Escape (Radio Edit)』より。ほかの収録曲は「カネ」「ストリート」「スケベ」といったものばかり。ついでに収録しました感がある。

Corona Virus (The Worlds New Enemy)

👤 Maldito Villa

📍 アメリカ　　　　　　　　　　　　🎛 ヒップホップ

🌐 https://maldito.bigcartel.com

ヒスパニック系ラッパーだが、ほとんどの作品は英語の lyric。さっそくマーチャンダイズでオリジナルマスクを販売するなど、なかなかの商売上手だ。

Corona Virus 2: La Cuarentena

👤 Yofrangel

📍 ドミニカ共和国　　　　　　　　　🎛 ヒップホップ

🌐

多くのサムネイルのなかから、これはジャケ買い。ドミニカ共和国のラッパーらしいが、カバーワークがあの「いらすとや」だ。当地でも我が国の誇る「いらすとや」は有名なのだろうか。

Corona Virus 2020

👤 Theauthenticap

📍 アメリカ　ネブラスカ　　　　　　　　　　🎵 ヒップホップ

◎

シングル。カバーワークがほかの作品にあるように紫とピンクのグラデーションで「Outrun」「Synthwave」風だ。ただし、まったくその要素はない普通のHIPHOP。

Corona Virus Covid-19 Stay Home

👤 Cash Cartel Beats

📍 アメリカ　　　　　　　　　　　　　　　🎵 ヒップホップ

◎

家にいろいろとメッセージのシングル。別のアルバム『Beats』では、イキッたタイトルが多かったが、コロナウイルスの前では結局StayHomeとなるラッパーが多い様だ。

Corona Virus Danny Rock

👤 Danny Rock Aka SaxManDan

📍 アメリカ　　　　　　　　　　　　　　　🎵 ポップス

🔗 http://www.saxmandan.com

元々はサックス奏者、アルバム『Danny Rock Aka SaxManDan』より。この曲も咳のサンプリングでスタートのラップナンバー。聴きどころはオカズのサックスだ。

Corona Vírus é a Guerra Mundial

👤 MC Mano Earllão

📍 ブラジル　サンパウロ　　　　　　　　　🎵 ロック

🔗 https://www.facebook.com/Earllao69

全くつかみどころのないサウンド。コミックソングだろうが、極端にLo-Fiになったり、変なサンプリングやエフェクトがかかったりと謎すぎる。

Corona Virus Explained & What You Should Do

👤 Atlas Stark

📍

🎵 ダンス

◎

8時間54分にも及ぶアルバム『Atlas Day Dreams (ADD)』より。ポッドキャストかと思い聴いてみたが、しっかり音楽となっている。配信ならではのアルバム構成だ。

Corona Virus Hãy Đi Đi

👤 Huy Bảo ft Thu Hà

📍 ベトナム　　　　　　　　　　　　　　　🎵 ポップス

◎

ベトナムの国民的有名歌手かと思いきや、まったく声の違う同名ボーカル。軽快なダンスチューンだ。YouTubeにチープなMVあり。大手レーベルからリリース。

Corona Virus Ka Kehar Na Nikle Ghar Se Bahar

👤 Vishwanath Anand

📍 インド   ⊞ ポップス

🌐

トランス並みに速いナンバー、インド映画のダンスシーンの動きを見る限り、テンポが速いのが皆さんお好きなようだ。タイトルの意味は「Stay Home」。

Corona virus no me infecte

👤 Jbeat Mix

📍 アメリカ　マイアミ   ⊞ ヒップホップ

🌐 https://www.facebook.com/Jbeatmix.LaTrap786.Jbmix.13mix

キューバをはじめとしたカリブ海のサウンドをトラップナンバーに。Latrap、Reggetrap といった独自のサウンドとなる。これまで数々のアルバム、シングルをリリース。

Corona Virus of the Nineteenth Kind

👤 1010Quarantino

📍   ⊞ テクノ

🌐

14曲主力、1時間越えのアルバム『Kaisolation』より。アンビエント〜ニューエイジ風だがマイナー音階でないのに暗い。そのほかの曲もインストだ。

Corona Virus Se Bachava Ae Mai

👤 Ganesh Singh

📍 インド   ⊞ ワールド

🌐

コロナ関連の曲が4曲収録されたEP『Corona Virus Se Bachava Ae Mai』。このEPのほかにも『Lockdown Bhail Ghare Raise Aai』などリリース。

Corona Virus Super Hero Dedicated Song

👤 Yaman Singh

📍 インド   ⊞ ポップス

🌐

まったくインドらしくないギター弾き語りによる医療従事者応援ソング。言葉以外はフツーの西洋音階バラード。ダンスミュージックばかりだったので新鮮だ。

Corona Virus Type Personality

👤 Brght Nght

📍 ドイツ   ⊞ ヒップホップ

🌐

アルバム『Feva Dreams』よりダークアンビエント・ナンバー。ラップもスローでアルバム全体がカバーワークの通り重く暗い。この1作品だけなので誰かの別名義と思われる。

Corona Vírus, Prevenção É a Salvação

👤 Humberto Luis
📍 モザンビーク　　　　　　　　　🎵 ポップス
🌐 https://www.facebook.com/Humberto-Luis-222706424586381

モザンビークは元ポルトガル領、よってポルトガル語の R&B バラードだ。ほ
かの作品もブラック・コンテンポラリーを思わせるアーバンテイストあふれる
ナンバーなど、アフリカらしさはリズムに少し残るのみ。

Coronabeats

👤 Frank Dust
📍 オランダ　アムステルダム　　　　🎵 ヒップホップ
🌐

グリッチ、ノイズ多用のコンセプトアルバム。このアルバム収録曲もそうだが、
サンプリング中心の 1 分前後の極端に短い、インスト作品を得意とするトラッ
クメイカー。

CORONAVIRUS

👤 El Shaq Produciendo
📍 アメリカ　　　　　　　　　　　　🎵 ヒップホップ
🌐 https://www.facebook.com/ElShaqProduciendoo

アルバム『Instrumental Trap Beats, Vol. I』より、Lo-Fi ナンバー。多く
の作品ではアニメ絵のカバーワークで「影子生口」と記載している。

Coronavirus

👤 Fancy Gadam
📍 ガーナ　　　　　　　　　　　　🎵 ポップス
🌐 https://www.facebook.com/fancygadamofficial

ガーナでスタジアムライブするほどの大物アフロポップシンガー。コロナとの
戦いを訴える啓蒙ソングだ。この曲のリリースは地元ガーナでニュースとなっ
た。

Coronavirus

👤 hogan474
📍
🎵 ダンス
🌐 https://www.facebook.com/hogan474official-107976710558017

アルバム『Better』より、ハウスナンバー。ほかにアルバム『Corona Sucks』も。
マーチャンダイズもあり、カッコイイ、オリジナルマスクも。

Coronavirus

👤 I Got Back Pain
📍 アメリカ　　　　　　　　　　　　🎵 ヒップホップ
🌐 https://www.facebook.com/I-Got-Back-Pain-111021486943461

アルバム『Pain Relief』より、全編スローヒップホップだが、カバーワーク
はじめサウンドもヴェイパーウェイブ風味のものも。

Coronavirus

👤 iMarkkeyz

📍 アメリカ　ニューヨーク　　　　　　🎵 ヒップホップ

🌐 https://www.imarkkeyz.com

早期から登場したコロナ№１ヒット。あのビルボード誌、またCNNにも特集されるほどの影響力を発揮した。有名女性ラッパーCardiBの「CoronaVirus!」のサンプリングは数多くパクられた。

Coronavirus

👤 Interfecto

📍 スペイン　バルセロナ　　　　　　　🎵 ダンス

🌐 https://www.facebook.com/sergi.puertas

アルバム『Vacaciones en Wuhan』より、いきなりの１曲目はレトロウェイブ風味の「Retrovirus」。カバーワークが毛沢東なので、いわゆる「Mao Wave」を意識したのだろうか。

Coronavirus

👤 Lil Eli

📍 アメリカ　　　　　　　　　　　　　🎵 ヒップホップ

🌐 https://www.facebook.com/xanaxismyescape

アルバム『Eli's Universe』より、サンプリングにアニソンを採用、アルバムカバーワークも可愛らしく、フューチャーファンクとの融合がみられる。

Coronavirus

👤 Luvmatt

📍 アメリカ　　　　　　　　　　　　　🎵 ヒップホップ

🌐 https://www.facebook.com/luvmattmusic

アルバム『LUVERBOY』より。このアルバムだけ、なぜかサブスクリプション配信サイトから消えてしまったがSoundCloudで聴くことができる。自称「エモHipHop」ということだ。

Coronavirus

👤 Mariko Baba

📍 マリ　　　　　　　　　　　　　　　🎵 ヒップホップ

🌐 https://www.facebook.com/marikobabaofficiel

マリ共和国在住日系女性の馬場真理子さんかと思いきや、スキンヘッドのおっさん。こちらはレゲトンナンバーだ。フルアルバム『Ma fille』を聴いてアフリカ気分に浸ろう。

Coronavirus

👤 Only Fire

📍

🌐

女性ラッパーの作品だが、なぜかスケベな喘ぎ声のサンプリングが入っている。他の作品タイトルも「Cumshots Fired」「Double Penetration」と下品なものばかり。

Coronavirus
👤 Shitz N Gigz
📍 アメリカ　　　　　　　　　　　　　🎵 ロック
🌐 https://www.facebook.com/TheRealShitzNgigz

ロックンロールナンバー。おそらく一人のコメディバンド、カバーワークはピンクフロイドのアレ。トイレットペーパー版の「Toilet Paper Crisis」もあり。

Coronavirus
👤 Star Monkeys
📍 メキシコ　　　　　　　　　　　　　🎵 ポップス
🌐 https://www.facebook.com/starmomkeys

アルバム『Hasta el Cielo』より。2019年秋に設立したばかりの6人組クンビアバンド。この手のバンドはベテランが多いが、メンバー全員若者、HP立ち上げ、やる気満々。

Coronavirus
👤 Tha Virus
📍　　　　　　　　　　　　　　　　　🎵 ダンス
🌐

ネームもタイトルもあからさまな便乗。もう1曲「Quarantine」というシングルもリリース。この曲もそうだが、やたらキックだけ目立つハウスナンバー。

Coronavirus
👤 Tom MacDonald
📍 アメリカ　　　　　　　　　　　　　🎵 ヒップホップ
🌐 https://www.hangovergang.com/

タトゥー、ピアスだらけの大物白人ラッパー。大物タレントとしては早い時期にメッセージ性の高い曲をリリース。じっくり聴いてみよう。さすがにMVも予算たっぷりでハイクオリティな仕上げ。

Coronavirus
👤 Voytee Komorowsky
📍 ポーランド　　　　　　　　　　　　🎵 テクノ
🌐 https://www.facebook.com/VoyteeJK

映画、テレビなどで活躍するサウンドデザイナーによる作。ということで映画のシーンに挿入される効果音のような作品だ。いま、まさにコロナウイルスが襲って来るような迫力。

Coronavirus - Dio Radio Mix
👤 Dr. Khure
📍
🌐　　　　　　　　　　　　　　　　　🎵 ダンス

ハウスチューン、EP『Coronavirus』より、4種類のMix。シングル『Social Distancing / We're Going to Make It Through This』ではコスプレ女医のカバーワーク。

Coronavirus - Surreal Atmosphere Extended Version

👤 TRALERIGHE

📍

◎

🔳 ダンス

コンピアルバム『Covid-19: Soulful Dance House』より。収録された他のトラックメイカー作品も、わざわざコロナに便乗するまでもないほど秀逸。

Coronavirus (Covid-19)

👤 Zigur

📍 ドイツ ハンブルク

🌐 https://www.facebook.com/smorad.kzg

🔳 ロック

一人ブラックメタルバンド。アルバム『The Origin of Black Light』より、ダークアンビエントなブラック作品。この曲はシングルカットされた。

Coronavirus (Fucc Ya'll Killers)

👤 BUGZEE LIX

📍 アメリカ ニューヨーク

🌐 https://www.facebook.com/bugzeelix

🔳 ヒップホップ

アルバム『Escape from Quarantine』より。別名義は Boy Face。高級車の前でラップする MV がヒップホップでは定番だが、戦車の前でもラップしてる。

Coronavirus (Red Eye)

👤 We So High

📍

◎

🔳 ヒップホップ

SF の世界観を目指しているトラックメイカー、ラップは正直いまーつだ。ほかに SF アンビエント・テーマ・アルバム『Sci Fi Ambience』など。

Coronavirus (State of Emergency)

👤 8-Bit Arcade

📍

◎

🔳 テクノ

アルバム『By Request, Vol. 82』より。初代ファミコンといった昔のチープな音のゲーム音楽をテーマとしたトラックメイカー。ただし、リズムはしっかり今風。

Coronavirus (State of Emergency)

👤 Arcade Player

📍

◎

🔳 テクノ

アルバム『The Impossible Game Soundtrack, Vol. 36』より。古のアーケードゲームがテーマ。アルバムのカバーワークやサウンドから「RetroWave」といってよいだろう。

CoronaVirus（Stay Home）

👤 TubhaniMuzik
📍 アセンション島　　　　　　　　🎵 ヒップホップ
🌐 https://www.facebook.com/Tubhani

南大西洋、アンゴラとブラジルの中間地点に浮かぶアセンション島の DJ を自
称。ワン切り詐欺で有名な地だが、人口 1100 人ではだれがやっているのかわ
かりそうだ。

Coronavirus（The Truth About）

👤 Dj Sex
📍
🌐

🎵 ダンス

洋ピンポルノからサンプリングした女の喘ぎ声をミックス。単なるネタ DJ だ。
あえてコロナに便乗する意味は目立ちたいだけであろう。過去作品も同じ作り
でワンパターン。

Coronavirus Apocalypse

👤 Luz
📍 アメリカ　ニューヨーク　　　　🎵 ヒップホップ
🌐

ヒスパニック系の女性ラッパー。アルバム『Postcards from the Hood,
Vol. 2』より。アルバム自体は様々なテーマの曲が収録されているが、最後に
わざわざこの曲を持ってきている。

Coronavirus Beat

👤 Sensor Heads
📍 アメリカ　　　　　　　　　　　🎵 ヒップホップ
🌐 https://www.facebook.com/thesensorheads

異形頭の二人組、マインクラフトに影響を受けたらしく、ゲームそのままの四
角い箱を被っている。サウンドも古いゲーム音楽を思わせるが、当然ながらト
ランスやハウスもできる。

Coronavirus Breaks

👤 Kewk
📍 アメリカ　ロサンジェルス　　　🎵 ヒップホップ
🌐

イントロが野郎のハァハァいうサンプリングで、変態からの電話の様だが、静
かなブレイクビーツ作品。カバーワークはなぜか日本語でアジア系女性の写真
だ。Lo-Fi ヒップホップもこなすベテラン。

Coronavirus Covid-19

👤 RachaSea
📍 タイ　　　　　　　　　　　　　🎵 ヒップホップ
🌐 https://www.facebook.com/RachaSea

タイの人気ラッパー。アルバム『State of Emergency』より。シングル『Take
Over』のジャケットに写っているクルマは、トヨペットコロナ RT40 クーペ
だろうか。

Coronavírus É um Plano do Google Maps para Tirar Fotos das Ruas Sem Ninguém - Change my mind

👤 z 📍　　　🏁 ロック

◎

アルバム『O Show』より。狙ってやっているのだが、変調、変拍、バイオリンが気持ち悪い、そしてボーカルがヘタ。ほかの曲もすべてこんな感じだ。

Coronavirus E.P.

👤 COVID-19

📍　　　🏁 ダンス

◎

E.P. とあるがフルアルバム、全 13 曲収録。タイトルはすべて「Corona Virus」で 1 から 13 がナンバリングされている。トランス、ハウス。大量に発生した便乗ネーム。

Coronavirus Latest

👤 Covid

📍　　　🏁 ダンス

◎

便乗名義、8 曲入り 54 分のフルアルバム『Covid』より。ハードテクノだが、あえてコロナネタに便乗するまでもなく良い出来だ。本名義の曲も聴いてみたくなる。

CORONAVIRUS ON THE STREET

👤 NeFreeX

📍 フランス　　　🏁 ヒップホップ

◎

TIGIDIM と共同名義。セリフのサンプリングがあるものの、ほぼインスト。あの 2017 年「パリ暴動」で思うところがあったのか活動開始、コロナも当然取り上げる。

Coronavirus ou grippe

👤 Jacques CROMBET

📍 フランス　　　🏁 ポップス

🌐 https://www.facebook.com/CrombetJacques

オールドスクールなフレンチポップ。歌うのもオールドスクールなおじさん。皮肉ったパロディソングが多いため、ほぼすべての作品に「Parental Advisory」マークが表示されている。

Coronavirus UK

👤 Cloud125

📍 イギリス　ノッティンガム　　　🏁 ヒップホップ

◎

カバーワークはコロナで緊急入院したジョンソン首相だ。ほかの作品ではヴェイパーウェイブ風の Lo-Fi トラック。グリッチした画像をカバーに使うなどイマドキの取り組みをしている。

Coronavirus, I Need Fuck, I Wanna Get

👤 Hey Santana

📍 ドミニカ共和国   🔳 ダンス

🌐 https://linktr.ee/heysantana

ドミニカ共和国の YouTuber、チャンネル登録 10 万とちょっとした有名人だ。動画以外にも数多くのトラックを発表している。自らプロデュースしたマーチャンダイズも販売中。

COVID-19 Theme

👤 ぬいぐるみクレヨン Lush Crayon

📍 アメリカ　ミズーリ   🔳 テクノ

🌐

様式美通り、カバーワークに謎日本語が踊る正統派なヴェイパーウェイブ。アルバム『CoronaWave: コロナウイルス』より、ほかに「ＷＵＨＡＮ」「Toilet Paper」収録。過去のアルバムもおススメ。

Craziest Thing (Official Corona Virus Song)

👤 Phil Watson

📍 アメリカ   🔳 カントリー

🌐 https://www.facebook.com/PhilWatsonMusic

コロナ便乗ソングには珍しいカントリー＆ウェスタン。まったく無名であるが、ライブハウス、バー、イベントなどで年間 200 ステージをこなす実力派だ。

Cucomongo Aka Corona Virus (Stay in the House)

👤 Intercontinental Kint

📍 アメリカ　ニューヨーク   🔳 ヒップホップ

🌐 http://intkint.com

別名義多数の実力派ラッパーだ。「家から出るな」とのメッセージを込めた作品。ほかの曲を聴いてみたが、サンプリングや音作りがおもしろい。

Cuídate del Coronavirus

👤 Merenglass Grupo

📍 メキシコ   🔳 ポップス

🌐 https://www.facebook.com/merenglassMG

アルバム『Tamo en Pelota』より。バンド名が示す通り、ドミニカ共和国のメレンゲの影響を大きく受けているサウンドだ。メンバーにはアフリカ系も。

Death to Corona (The Virus)

👤 Matthiace

📍

🌐

🔳 ヒップホップ

女性ラッパーをフィーチャリングした曲だが、本人のプロフィールを含め詳細は一切不明。曲自体はそれなりのクォリティーがあるので、誰かの別名義の可能性もある。

Death to Coronavirus 2020 - Radio Edit

👤 God's Son The Brave Prince of Life

📍
⊚
🔲 ヒップホップ

アルバム『Immaculate Verses (Radio Edit)』より。サウンドは完全にヒップホップだが、リリックが神への祈りや感謝という、クリスチャンヒップホップ。

Death World

👤 COVID-19

📍
⊚
🔲 メタル

このアルバムには「Death in Usa」「Blood China」など9曲収録、タイトルチューンはラストだ。便乗デスバンドだが、だれの別名義か気になるところ。同名ユニットが多い。

Der Anti Corona Song

👤 Glitzer Gischi

📍 ドイツ　ミュンヘン
🔲 ポップス

🌐 https://www.facebook.com/glitzergischi

元々フザケた歌ばかりで、アンチコロナウイルスをコミックソングに仕立てた。ほかにもコロナ関連の歌を発表。YouTube にアップロードしている MV もコミカルだ。

diamonds got coronavirus covid - Instrumental

👤 Foreign Drip Beats

📍
⊚
🔲 ダンス

コンピアルバム『King Of Diamonds, Droppin Bands On Women (Instrumental)』収録。Lo-Fi ヒップホップナンバー。タトゥーだらけの女性トラックメイカー。

Die Corona Virus

👤 Lanivogue

📍
⊚
🔲 テクノ

フュージョンっぽいキラキラキーボード。同じカバーワークのアルバム『Metro-Gnome』もあるが、こちらは普通のテーマ。Lo-fi アルバム『May Flower』がイイ。

Do You Want Coronavirus or Do You Want the Truth

👤 U-Turn

📍
⊚
🔲 ロック

アルバム『Piece of Fucking Shit Garbage』より。この曲はセリフによるアコースティック・パンクナンバー。ラモーンズ並みに短い曲多数だが、曲のバリエーションは豊富だ。

Don't Let Coronavirus Drag You Down
👤 Corona Kings
📍
🔘

■■ ロック

ブラジルの有名パンクバンドとはまったく別の便乗バンド、おそらく一人でトラック制作しているぼっちバンドだ。作品はこちら唯一。50's を思わせる古臭いロックンンロールナンバー。

Don't Panic（In the Midst of the Coronavirus）
👤 RT Clan
📍
🔘

■■ ヒップホップ

コロナ関連で同時に検査機関をテーマとした「PFT Labs & Values」、血液検査がテーマの「Ph Paco2 Bicarb PaO2 (Abgs)」もリリース。

Don't Touch Your Face - （artyfact vs coronavirus）
👤 artyfact
📍
🔘

■■ テクノ

アルバム『Get with it』のラストに収録、ディープフュージョン風味。収録曲のそれぞれバリエーションはあるので、ドライブ BGM にも最適。

Duniya Bachali Ye Baba Corona Virus Se - Single
👤 Ramji Raja
📍 インド
🔘

■■ ポップス

『コロナウイルスから世界を救う』というタイトルだが、カバーワークにはヒンドゥー教の神様の姿が。やはり神頼みソングなのだろうか？　そして鉄板の速すぎ BPM。

El Coronavirus
👤 Get A Better Beat
📍
🌐 https://www.facebook.com/Get-A-Better-Beat-104377537862032

■■ レゲエ

50 曲ぐらい収録して 2 時間半越えのアルバム『Reggaeton Type Beats. Vol 1』より。カバーワークに描かれた野菜のビーツは名前の「Beat」と掛けているのか。

El Mal, el Corona Virus
👤 Luis Moreno El Ruisenor
📍 メキシコ
🌐 https://www.facebook.com/luismorenoelruisenor

■■ ポップス

稲川淳二みたいな風貌のおじさんが歌うメキシコ民謡。歌はそれほどうまくはない。カリフォルニアでのイベントにも出演しているようだ。

El Virus
👤 Los Coronavirus
📍
🎵 ロック

パンクナンバー。クレジットに「Dead Whiskey」とあるので、イギリスの
パンクバンドの別名義と思われる。ジャケットのカバーワークだけでサウンド
がわかる。

Fighting Coronavirus
👤 Circus Gaga
📍
🎵 ダンス

収録曲タイトルは「Social Distancing!」「Stay Home」「Stop
Stockpiling」などメッセージ性を重視したものが多い。全編インスト。

Foda-Se o Corona Vírus
👤 FimDeSemana
📍 ブラジル
🎵 ヒップホップ

レーベル「FRE$H」の共同設立者。ほかの作品を聴いてみたが「Refém」
「Michael」など、なかなか出来のよいラップバラードがある。

Fu..Coronavirus
👤 Panick
📍
🎵 ダンス

トランスナンバー、ミニアルバム『Collective Anxiety』より。ほかにコロ
ナテーマとしてシングル『CoronaEffect』『Infection』。フルアルバム『Extinct
Dimensions』も。

FUCK CORONA VIRUS 2020
👤 Big Baby Scumbag
📍 アメリカ
🎵 ヒップホップ
🌐 https://bigbabyscumbagstore.com

咳のサンプリングから始まる。ジャケットのカバーワークはスーパーでカート
いっぱいに商品を積んだ買い占めの写真。NASCAR レーサーと同名なので最
新アルバムはレーシングイメージの大物ラッパーだ。

FUCK CORONA: THE BEATTAPE
👤 $Pharoah
📍 アメリカ
🎵 ヒップホップ
🌐 https://www.facebook.com/Pharoah-578667145872437

タイトル通り昨今流行りの「BeatTape」インストヒップホップアルバム。
15 曲 42 分と聴きごたえも十分だ。『ATX BOY』というラップアルバムも
リリースしている。

Fuck the Corona Virus
👤 Maria Jetchu
📍 チリ　　　　　　　　　　　　　🎵 ヒップホップ
🌐 https://www.facebook.com/lapalolarrain/

男前なお姉さんマイナー女優 Paloma Larrain Alveal の別名義。「fuck」連発リリックのためか「Parental Advisory」。YouTube にほか 2 曲あり。

Fuck the CoronaVirus N All Viruses
👤 Taenoale
📍 アメリカ　ロサンジェルス　　　　🎵 ヒップホップ
🌐 https://www.facebook.com/noaletae

このミュージシャンも、原稿を書いている途中で配信から消え、さらには Facebook も消えてしまった。サブスクリプション・サービスの弱点でもある。

Gegen Coronavirus
👤 Manuel Giron
📍 スイス　　　　　　　　　　　　🎵 ダンス
🌐 https://www.manuelgiron.ch/home.html

ラウンジチューンのインスト曲。写真、文学、ビデオとさまざまなメディアを使いこなすマルチアーティスト。美しいアルバムジャケットに酔いしれてみよう。

Go-Go Corona Virus Song
👤 Rishika Das
📍 インド　　　　　　　　　　　　🎵 ヒップホップ
🌐

「I am very happy on Corona Virus」MC は小学生の女の子。英語とヒンディー語が混じっているように聞こえる。「尊師マーチ」のようになぜか癖になるヤバさ。

Hamra Maugi Ke Corona Virus Dhaile Ba
👤 Ajay Ashik
📍 インド　　　　　　　　　　　　🎵 ダンス
🌐

ヒンディートランスといってもよい速さ。このシングルのほか、神頼みソング「Corona Virus Se Bachai Hey Maiya」も。アイドルっぽいルックスの兄ちゃんだ。

Heating Body Core Is How We Stop Corona Virus
👤 Solid State of the Unicorn
📍
🌐

ストーナーっぽい音をさらにチープにしたヒップホップだ。シングルのみ 50 曲近くリリースしているが、ジャケットのカバーワークが全作品同じ自撮りという手抜きっぷり。

Hold On (corona virus victims)

👤 Chyna Icon

📍 アメリカ　　　　　　　　　　　　　　🔲 ヒップホップ

🌐 https://www.facebook.com/CHYNA-ICON-2209446732646900/

アルバムタイトルチューン「Hold On」はボーカルトラックをLo-FiにアレンジしたR&Bナンバーだ。アルバムの曲はアレンジのバリエーションも多い、女性ラッパー。

Hope (Stop Coronavirus)

👤 Rod Nosti

📍 スペイン　マドリード　　　　　　　　🔲 ロック

🌐 https://www.facebook.com/Rodnosti

エレキギターインスト、ジャズ出身なので上手い。スタジオミュージシャン、トレーナーの仕事のほか、バンドHot Rocks、Sinfonity、そして自身のROD NOSTI projectと掛け持ちだ。

Human Survival (Corona Virus)

👤 Is'real Benton

📍 アメリカ　ロサンジェルス　　　　　　🔲 ヒップホップ

🌐 https://isreal-benton.ueniweb.com/#header

アルバム『M.A.N. Uncensored 999+』のラストを飾る曲。なぜかアルバムタイトルの最後に「999+」をつけるのが恒例のようだ。プロモーター業務もやっている。

Human-Virus Utopia

👤 Ōil Nature

📍 アメリカ　　　　　　　　　　　　　　🔲 テクノ

🌐 https://junyaozhang.com

前衛芸術家Alejandro Junyao Zhangによる音楽作品、曲のタイトルが「Quarantine Hysteria」「Corona Utopia」と斜に構えている。

I Got the Coronavirus

👤 Keith Crystals

📍 アメリカ　カンザス　　　　　　　　　🔲 テクノ

🌐 https://www.facebook.com/keith.crystals.98

アルバム『After Dark』より、ノイズアンビエント。タイトルはなぜか愛知県でも流行りの「俺コロナ」だ。2014年ごろからの活動ということだが、ノイズっぽい割に聴きやすい。

I Just Want You/Coronavirus Blues

👤 Matt Rozman

📍 アメリカ　　　　　　　　　　　　　　🔲 ポップス

🌐

一人バンド、アルバム『Corona 6-Pack』より。腹筋のことを「6-Pack」ともいうが掛けているのだろう。この曲と「Disease Song」それぞれ3つのMixが収録されたミニアルバムだ。

I Think I Got Coronavirus

👤 Youth the Rich

📍 アメリカ　　　　　　　　　　　　　　🎵 ヒップホップ

🔘

名前通りに「Rich」にはとても見えない風貌だが、実際稼いでいるのだろうか。ミニアルバム『Bedroom Tapes, Vol. 1』より、「俺コロナ」ラップ、作風はダーク。

I Wish I Had Immunity to Coronavirus

👤 c.rsn

📍 アメリカ　セントルイス　　　　　　　🎵 ヒップホップ

🌐 https://www.facebook.com/Crsn-1188751337952990

アルバム『Transitions』よりアンビエントチューン。このトラックメイカーの作風は Lo-Fi ヒップホップとギター、ピアノ弾き語りを合わせたサウンドだ。

Il paese dei farlocchi (il corona virus)

👤 Gianluca Simonelli

📍 イタリア　　　　　　　　　　　　　　🎵 ポップス

🔘

この曲はヒップホップ風だが、本来はアコギのニューエイジ。ほかのシングルの演奏を聴いてみたが、もしかしたらジャズギタリストかもしれない。

Just One Plague Corona Virus (Covid-19)

👤 Esther Igbekele JP

📍 ナイジェリア　　　　　　　　　　　　🎵 ポップス

🌐 https://www.facebook.com/ESTHER-IGBEKELE-112659182091282

恰幅のよいおばさんゴスペルシンガー。ゴスペルといいつつ、メロディはレゲトン風味のアフリカンサウンドだ。コスチュームもナイジェリアの民族衣装やアクセサリーでエスニック。

L'amore ai tempi del coronavirus

👤 Alberto Nemo

📍 イタリア　　　　　　　　　　　　　　🎵 ポップス

🌐 https://www.facebook.com/albertonemomusic

アルバム『Astratto』より。自称「Hypnotic Trip Hop」ということらしい。スキンヘッドに髭もじゃという怪しいルックスだが、甲高いファルセットを多用する。

Lávate las Manos (#Coronavirus)

👤 Musicornios

📍 チリ　　　　　　　　　　　　　　　　🎵 ポップス

🌐 https://www.facebook.com/musicornios/

手洗い啓蒙ソング、5 頭のユニコーンキャラ。女児向けアニメのアニソンだが、YouTube 以外番組がない模様。実際テレビ放映されたのか気になる。

Lol Corona Virus Is Tite but Have You Heard of Aids?
👤 Lil Boodang
📍 アメリカ　テキサス　　　　　　　　🎵 ヒップホップ
🌐

どの作品もカバーが『GTA』モチーフのヴェイパーウェイブ風だが、グリッチ多用とか Lo-Fi チューンになっているわけでもない。ヒップホップ系ではあまり曲のイメージと結びつかない。

Lost My Job Unemployed Waiting on Coronavirus Check
👤 Matt Moran's Contra Band
📍 アメリカ　オハイオ　　　　　　　　🎵 ポップス
🌐

アルバム『Tt Trims - Chicken Edition』より。もともとジャズサックス奏者だったが、YouTube デビューで様々なスタイルのサウンドを披露、人気となる。

Love in the Time of Coronavirus
👤 Infinity-1
📍 フィンランド　ヘルシンキ　　　　　🎵 テクノ
🌐 https://www.facebook.com/johnproducer

EP タイトルチューン。リズムはトライバルだが、鐘の音のようなサンプリングがオカズのメロディライン、9 分と長めの曲だ。外出禁止期間をテーマとしている。

Love in the Time of Coronavirus
👤 Krazy Kyle Lapointe
📍 カナダ　モントリオール　　　　　　🎵 ロック
🌐 https://www.facebook.com/KrazyKyleLapointe

アコースティックアルバム『Pandemic Love』より。アルバムカバーワークは昔のハードコアパンクのようなチープなイラストだが、サウンドは静かそのもの。

Love in the Time of Coronavirus
👤 The Fire and the Rose
📍
🌐　　　　　　　　　　　　　　　　🎵 ロック

17 曲収録、1 時間 13 分のアルバム『Love in the Time of Coronavirus』より。アコースティックでも歪ませてある、ストーナー系のサウンドだ。

Maai Corona Virus Ke Vinash Ka Di
👤 Dj Vikas Yadav
📍 インド　　　　　　　　　　　　　　🎵 ダンス
🌐

カバーワークにはトラに乗ったヒンドゥー教の女神「ドゥルガー」が。コロナウイルス退治を神頼みということであろうか。ヒンディー・ダンスナンバー。

Misteryous Life Corona Virus Lamentation

👤 MisteryousMusic

📍 ベルギー　　　　　　　　　　🔲 メタル

🎧

アルバム全編インストのダークアンビエント、「Coming from Nowhere」「Chinese Corona Endourance」（ママ）は 11 分以上の大曲だ。コンセプトアルバム。

Mundo Em Alerta - Corona Virus

👤 Rey Fagulha

📍 アンゴラ　　　　　　　　　　🔲 ポップス

🌐 https://www.facebook.com/Rey.fagulha

クセになるクドゥーロの軽快なサウンドでコロナソング。ステイホームがバカらしくなる明るさ。他の作品も底抜けに軽快で陽気な雰囲気があるので、気分が落ち込んだ時にぜひ。

Musica da Corona Virus

👤 Oniro

📍　　　　　　　　　　　　　　🔲 ヒップホップ

🎧

フリースタイル感あふれる、その場でレコーディングしたような雰囲気のEP。3曲目はズバリ「Stuntman Freestyle」というタイトル。

No More Coronavirus

👤 INNOCENT BLUE BIRDS

📍 日本　　　　　　　　　　　🔲 ロック

🌐 https://innocentbluebirds.jimdofree.com

アラフォー・グランジロッカーの一人バンド。チープな機材を駆使して、パンクロック精神 DIY の如く、アナログでややローファイな音作りが特徴的とのこと。

No Salgas de Casa por el Coronavirus

👤 Blanco Y Negro

📍 メキシコ　　　　　　　　　　🔲 ポップス

🎧

アルバム『Éxitos Blanco y Negro』より、アップテンポで軽快なメキシカンサウンドだ。バンダ（楽団）として、1985 年から活動しているという超ベテランだ。

Nonna Maledetto Coronavirus

👤 Roy Rocco Mustaca

📍 オーストラリア　　　　　　　🔲 ポップス

🌐 https://www.facebook.com/roymustaca

シドニーの映画館チェーン、ユナイテッドシネマ公式歌手そしてチェアマンということだ。シナトラとか 1950 〜 60 年代の歌い方で古臭い懐メロ風だ。

Ogene Corona Virus

👤 Ecoo Nwamba
📍 ナイジェリア　　　　　　　　🎛 ポップス
🌐 https://www.facebook.com/Ecoonwamba_ogene-Master-128524891144789

7人組のグループ、アルバムカバーはマスク姿だ。『Ogene Hip Hop Master』というシングルもリリースしており、何を目指しているのかよくわからない音楽性だ。

Oh Wow Coronavirus

👤 Jayo From Cpt
📍　　　　　　　　　　　　　　🎛 ヒップホップ
🌐

サンプリングの「Oh」「Wow」「Coronavirus」をひたすらリフレイン。ミニマルミュージックに通じるものがある。他の作品はフツーに下品なヒップホップ。

Pandemic

👤 TirasJ
📍 アメリカ　シカゴ　　　　　　🎛 ヒップホップ
🌐

エピローグから始まるコンセプトアルバムっぽい構成。「Corona Tiras（Be the Virus）」「Febuary（ママ）（Ignorance Is Bliss）」どちらかといえば雰囲気重視だ。

Pandemica

👤 Skyler Meany
📍 アメリカ　フロリダ　　　　　🎛 ロック
🌐 https://www.facebook.com/skylermeanyband

アルバム『Coronavirus Sessions』より。アルバムカバーワークの通り、出てくるサウンドは何とも言えないノイズメタルラップ。他作品も複雑なサウンドだ。

Peligro llegó El Coronavirus

👤 Seom O-dawg
📍 アメリカ　サンフランシスコ　🎛 ヒップホップ
🌐 https://www.facebook.com/lincoln.subterraneo

スキンヘッド白人のラティーノヒップホップ。アルバム『Bienvenidos a La Realidad』より。この曲はフリースタイルっぽいアレンジだ。

Prarthna Maa.. (Save The World From Corona Virus)

👤 Surbhi Kumola
📍 インド　デリー　　　　　　　🎛 ポップス
🌐

インドの有名歌手ミーナ・ラナの娘。急遽コロナメッセージソングを発表。サウンドはいかにもインドなヒンディーポップにハイトーンボーカル。

Quarantined with You (The Coronavirus Love Song)

👤 Bosco & Whiteford

📍   🎵 カントリー

🌐 https://www.facebook.com/boscoandwhiteford

アコースティックベース＆ギターの夫婦、オルタナカントリー。人気オーディ
ション番組『American Idol』のデュエット版『Can You Duet』に出演し
た実力派。

Quentin Quarantino

👤 Dr. Itchycunt

📍 アメリカ   🎵 ロック

🌐 https://www.facebook.com/idohousecalls

名前で出オチ、配信サブスクリプションはこのような一発ネタミュージシャン
に出会える確率が非常に高くなった。レコード屋の dig と併用したい。作品
も下品なものばかりで好感が持てる。

RAISE YOUR HANDS - PRAY FOR THE CORONA VIRUS

👤 John Toso

📍 イタリア   🎵 ダンス

🌐 https://www.facebook.com/johntoso.it

全 10 曲収録、それぞれゲストを迎え、一つの曲を様々にアレンジし、収録し
たアルバム。ジャズっぽいのからオールドスクールなリミックスまでバリエー
ション。

Regain Yourself

👤 CoronaVirus

📍   🎵 ニューエイジ

🌐

アルバム『Reduce Stress From Corona With Calming Music』より。
仏教ヒーリング。ほかに数枚出ている。この界隈も多くのバンドが便乗した。

Reggae Against Coronavirus

👤 Dessydinho

📍 イギリス　グラスゴー   🎵 レゲエ

🌐 https://www.facebook.com/Dessydinho

不協和音、エコーなどのエフェクトを多用したレゲエナンバー。ボーカルははっ
きりいってヘタクソなうえ音痴だが、これによって独自の世界観を構築してい
る。

SARS-CoV Virus

👤 Pimptronot

📍 アメリカ　ニューヨーク   🎵 ダンス

🌐

ゲホンゲホンといきなり咳のサンプリングで始まるアルバム『Corona
Virus』。別名義で古くから活躍するプロデューサーで、トレードマークはフー
ドを被ったガイコツ。

Severe Acute Respiratory Syndrome Coronavirus Two: Italy's Death T

👤 Zippy Kid
📍 ウクライナ　　　　　　　　　　　　　🎛 ヒップホップ
🌐 https://www.facebook.com/zippykiditunes

自称「king of abstract hip-hop」。イタリアのコロナ禍をテーマとしたこの曲は、変なフリージャズを思わせるベースとドラムのインスト。

Sonate Corona Virus

👤 Aden-Z
📍 ベトナム　ホーチミン　　　　　　　　🎛 ダンス
◎

この曲はピアノスローナンバーだが、EP『Mers-COV』では「Coronavirus」のDrop、Slowバージョン2曲収録。ベトナムの有名EDMトラックメイカー。

Stay Away From Me（The Coronavirus Song）

👤 Marlowe
📍
🎛 ポップス
◎

子供にヘタクソな歌を歌わせている、本来はまともなソングライター。同名のテクノ系トラックメイカーがおり、作風の違いに困惑し、一瞬混同してしまった。

Techno Kills Coronavirus

👤 Duck Sandoval
📍 メキシコ　　　　　　　　　　　　　　🎛 テクノ
🌐 https://www.facebook.com/DuckSandovalPro

メキシコのローカル音楽の影響を受け、ラテン・ゴーヴと完璧なアンデス・パーカッションを得意とするトラックメイカー。聴きこめばメキシカンサウンドが押し寄せるのがわかる。

Tequila（Coronavirus Remix）

👤 Disco Virus
📍 アメリカ　　　　　　　　　　　　　　🎛 ダンス
◎

誰もが一度は耳にしたことのあるオールディーズナンバーの「Tequila」。この曲を懐かしのピコピコキーボード70年代ディスコサウンドにアレンジ、そして合いの手に「Corona」。

The American Dream Is Dead - Corona Virus Club Mix

👤 DJ Residance
📍 アメリカ　　　　　　　　　　　　　　🎛 ダンス
🌐 https://www.facebook.com/DJResidance

悲観的なタイトルのEP『The American Dream Is Deads』より。同時収録に「Trump The Donald Radio Mix」「Chill House Mix」と別Verも。

The Corona Break EP

👤 9 A.M.

📍 アメリカ　ウィスコンシン　　　　　　🎵 ロック

🌐 https://www.facebook.com/Pdthecliche/photos

録音が悪いのか、狙っているのかよくわからないが、結果ローファイ・オルタナロックンロールとなっている。アジア系の現役学生シンガーソングライターだ。

The Corona Virus

👤 AK Bandamont

📍 アメリカ　　　　　　　　　　　　🎵 ヒップホップ

🌐

緊急リリースしたアルバム『Bandaholic』トップを飾る曲。警告音のような暗いリフに、かなり速いリリックを乗せたフリースタイルっぽいフロー。

The Corona Virus

👤 Barritraxx

📍 アメリカ　　　　　　　　　　　　🎵 ヒップホップ

🌐 https://www.facebook.com/Barritraxx-100264645000074

リリース曲のタイトルからするといかにもなギャングスタラップっぽい。この次に『CoronaVirus Volume 2 Quarantine Flow』をリリース。

The Corona Virus

👤 DJ.Fresh

📍 イギリス　　　　　　　　　　　　🎵 ヒップホップ

🌐 https://www.facebook.com/djfresh

アルバム『The Virus Vibes（Beat Tape）』より、（Beat Tape）とあるとおり、Lo-Fi インスト作品だ。UK トラックメイカー界隈では大物 DJ。

The Corona Virus Blues

👤 Mads Jacobsen

📍 アメリカ　シアトル　　　　　　　　🎵 ブルース

🌐

カターニア／シチリア島の街「コロナ・クアランティーネ」滞在中に制作。「The Astronaut Remix」と「Acoustic Ver」がある。

THE END IS NEAR（COVID-19）

👤 Coronavirus

📍 メキシコ　　　　　　　　　　　　🎵 ロック

🌐

Draconiansの女性ボーカルAsh Montagのプロジェクト。一緒にレコーディングした Henne は行方不明となってしまった。プロフィールに中国武漢とあるがフェイク。

They Know (Corona Virus Episode I)

👤 Deals in The Dark

📍 イタリア　　　　　　　　　　　　　　🎛 ダンス

🌐 https://www.facebook.com/dealsinthedark

ディープハウス、覆面で素性不明。本人の Facebook によればテックハウスとテクノが得意ということだ。コンピレーションアルバムへの参加も多数。

This Is A Corona Virus

👤 Dr. House

📍

◎　　　　　　　　　　　　　　　　　　🎛 ダンス

有名ドラマタイトルと同じネームだ。「This Is A Corona Virus」のサンプリングを数パターン使ったディープハウス。ほかにコロナ関連では「Techno Virus」「Dr Code」。

This Too Shall Pass (Corona Virus Hope Song)

👤 The Light

📍 アメリカ　　　　　　　　　　　　　　🎛 ポップス

◎

巨漢女性二人組だがユニット名は「The Light」。ゴスペルシンガーによる神頼みソング。バックコーラスのテノール男性シンガーは同じ教会の合唱団だろうか。

Virus

👤 Dj Kolya Rash

📍

◎　　　　　　　　　　　　　　　　　　🎛 ダンス

別のアルバム『Coronabimbus』を紹介するつもりであったが、配信から消えてしまった。この『Virus』収録曲はそれぞれ微妙にタイトルが意識高い系。

Virus

👤 Sasha Waltz

📍

◎　　　　　　　　　　　　　　　　　　🎛 ダンス

コロナのくせにピアノトリオ、ストリングスの Jazzy アルバム。ほかの作品もすべてインストだ。2020 年一気に 8 枚アルバムをリリース。同姓同名に有名な振付師がいる。

Virus Corona - (Pop Version)

👤 Rhoma Irama

📍 インドネシア　　　　　　　　　　　　🎛 ポップス

◎

伸びたパンチパーマのヤクザを思わせる風貌のオッサンだが、じつは偉い人。インドネシア伝統のダンドゥット音楽大御所によるスローナンバー。ヘッドレスギター愛用。

Virus Corona 2020

👤 RockVolution Indonesia

📍 インドネシア　　　　　　　　　　🎵 ロック

🌐 https://www.facebook.com/dzra.genjrengcair

デスメタル大国インドネシアよりメタルラップ。コーラスにデス声、ノイズの
サンプリング、分厚いギターリフなど、ひとことで説明するには複雑なサウン
ド。

Virus Mortal

👤 Chabelos

📍 ペルー　　　　　　　　　　　　　🎵 ロック

🌐 https://www.facebook.com/chabelosoficial/

ミニアルバム『Corona-Testa』より、ペルーの大物パンクバンド。当然だが、
あまり品はよろしくない。アルバムジャケットのカバーワークはおケツやチン
ポをモチーフとしたものが多い。

We All Got the Coronavirus

👤 American Time Machine

📍 アメリカ　　　　　　　　　　　　🎵 ロック

🌐 https://www.facebook.com/American-Time-Machine-1125698560940087

アルバム『Listen to This on Shrooms』より、サイケ、ストーナーロック
だがあまり重さはない。同アルバムの「Bad Trip」など悪酔いしそうなサウ
ンドばかりだ。

We Are Not Gonna Die from Corona Virus

👤 DeanIsHome

📍 ブルガリア　　　　　　　　　　　🎵 ヒップホップ

🌐 https://www.facebook.com/deanishomeofficial

この曲はパンクっぽいが、作品全体はつかみどころがないミュージシャンだ。
ヒップホップ、ブルーグラス、サーフパンクから影響を受けているとのこと。

We Are One (A Corona Virus Song)

👤 Vaida

📍 ドイツ　　　　　　　　　　　　　🎵 ポップス

🌐

ピアノ弾き語りのイケオジがリリースしたシングル。白人男性にありがちだが、
見た目老けてるだけで実年齢は若いかもしれない。意識高い系のメッセージソ
ングだ。

We Fighting Corona Virus

👤 Ferre Gola

📍 コンゴ民主共和国　　　　　　　　🎵 ポップス

🌐

コンゴ民主共和国の大物歌手によるシングル、スローバラードだ。コロナ関連
では StayHome をテーマとした EP『Home Acoustique Gold』も。

Wuhan

- Coronavirus
-
-

ヒップホップ

アルバム『Covid-19』より、一応「Pray for Wuhan」と武漢応援も。ほか に『Quarantine』『Pandemic』といったアルバムも急遽便乗発表。

Wuhan Virus

- Sonido Blanquito
-
-

ニューエイジ

ピアノソロ、インストアルバム『Coronavirus（Antidoto）』より。こちらも 1分少々の曲を50曲ほど収録最多アルバム。ニューエイジ界隈では流行って いるのか。

Yasama Direndik（Coronavirus）

- Sirhot
- トルコ　アンカラ
- https://www.sir-hot.com

ヒップホップ

トルコの人気ラッパーによるシングル作品。ほかの作品もリリックはトルコ語 だが、意外とラップに合ううえ、売れ線フローなので聴きやすい。トルコ音楽 入門にもよさそうだ。

You Can Stick Coronavirus up Your E***

- Tartan Specials
- イギリス
- https://www.tartanspecials.com/

ロック

「聖者の行進」カントリーチューンの歌。こちらはスコットランドサッカーが テーマのバンド。よってメロディは日本人にも聴きなれたスコットランド民謡 風なものが多い。

Zusammenstehen（Corona Virus Lied）

- Sebel
- ドイツ
-

ポップス

ドイツの著名プロデューサーによるピアノ弾き語りコロナソング。あの名曲 「Black Magic Woman」で知られるサンタナのドイツ公演サポートをするほ どの人。

ガイシューツはやめろ

- Sho
- 日本
- https://www.sho-official.com

ヒップホップ

あの「ヤクブーツはやめろ」で有名なラッパー。コロナ関連では「アビガン」 に続く第2作。YouTuberとしても活動中で、コロナ関連の動画も発表して いる。

Home　　Our Merch Store ⌄

Custom Logo Design & Tee Package - Turn Me Metal!

Coronavirus 2020 World Tour - Official Tour Shirt with Updated World Tour Back Print

$29.00

Size

S

Quantity

1

ADD TO CART

The official Coronavirus World Tour T-Shirt.

架空バンド「Croronavirus」Tシャツまで登場、そしてワールドツアーへ

武漢のデスメタルバンド⁉

　　──武漢のデスメタルバンド「コロナウイルス」が新曲「The End is Near」を披露。早速ワールドツアー開始へ

　世界中がパンデミックとなりつつあった2020年3月上旬、ツイートを集約するサービス「Togetter」にこのようなまとめが登場した。まとめの内容は当初「デスメタルでコロナをぶっとばせ」といったツイートが中心であったが、「武漢出身メタルバンド、コロナウイルスが新曲発表」「ワールドツアーTシャツもあるよ！」といった ツイートが掲載された。

　実のところ、このまとめにはいくつか誤認がある。紹介された デスメタルバンド「Coronavirus」であるが、メキシコのバンド「Draconian」(スウェーデンのゴシック・ドゥームメタル・バンドとは別)と関係の深い Ash Montag(Vo,B)とHenne(Instrument)のユニットで、プロフィールの「Wuhan,China」は盛ったもの。また本人たちは「black doom metal/DSBM」と言っており、正確には「デスメタル」ではない。この

界隈の外側からするとなかなかわかりにくいが、デスメタルとブラックメタルは仲が悪いのだ。

パロディTシャツ

　上記のまとめに対し、もう一つ指摘しておきたい点は、「World Tour」Tシャツの部分。まとめでは、あたかも上記「Coronavirus」のバンドTシャツであるかのように表現されているが、こちらはデスメタルをはじめとするメタルフォント専門のオリジナルTシャツをオーダーできる通販サイト「turnedmetal.com」が、コロナウイルス騒ぎに便乗してリリースしたTシャツのラインナップのうちのひとつ。「Toilet Paper Apocalypse」「The Beginning of the End」「Reaper Says "No" to Social Distancing」といった、コロナウイルス関連で起きた事件を題材とした、さまざまなデザインのTシャツがある。パロディ、カウンターといったTシャツ界隈でよく見かける不謹慎テーマの商品だ。

実際に購入

　そこで、この話題となった「World Tour」Tシャツを購入してみた。送料を含めると日本まで$36。相場的にはセレクトショップなどで売っているTシャツと同程度だ。3月上旬、ちょっと高いかなと思いつつも「Coronavirus」ロゴの魅力に負け、ポチり、到着を待つだけとなった。

　「turnedmetal.com」はオーストラリアの企業、工場がバルト三国のラトビアにあるため、少々心配になる。中国よりもヨーロッパ大陸からの通販の方が、経験上紛失事故が多いためだ。さらにラトビア自体がパンデミックで完全封鎖、集荷自体は動いていたようだが、日本への発送は空港便が再開された注文3週間後、4月に入ってからとなった。

　実物は標準的な4.5 ozTシャツで、素材やプリントに特に問題はないクオリティだ。やはり前面プリントの「Coronavirus」ロゴがめちゃくちゃカッコいい。フツーには判読不能なデスメタルフォントなので「不謹慎警察」にも気づかれないというところもポイントだ。バックプリントには2020年ワールドツアー予定エリアの一覧が。

　「turnedmetal.com」のサイトには、実際に購入した、タトゥーだらけのセクシーなお姉さんや腹の出たヒゲオヤジの着用写真が掲載されてい

るとおり、着る人を選ばない万能Tシャツだ。バンドTシャツの奥深さとも言える。

パチモノも登場、しかし……。
　中国系の通販サイト「DHgate」「AliExpress」などでも、早速商魂たくましい中国人セラーが似たような「Coronavirus World Tour」Tシャツを大量に出品していた。ただし前後プリントではなく前面だけのものであるが、送料込み$10-15前後とかなり安い価格で並んでいた。ところが、3月後半になると、一斉にそれらの通販サイトから姿を消してしまった。全人民が抗「疫」で奮闘しているなか、こういった不謹慎グッズが中国政府に目をつけられたためであろう。同じくハロウィンパーティーの仮装で使うような「コロナウイルス」を模したラバーマスクも姿を消してしまった。
　一方で本家「turnedmetal.com」では、さらにラインナップが充実。「World Tour」Tシャツはバックプリントに日付と具体的地名が入るなどバージョンアップ、「Gone Viral...」「14 Days in the Hole」といった新しいデザインの他に、「Coronavirus」オリジナルマスクも登場。さらにはアメリカで問題となった殺人蜂の「Murder Hornets MC」、過激な主張が物議を醸しているヴィーガンをパロった「Vegan Collection」といった新しいシリーズも展開中。仲間内でウケること確実なので、おひとついかがだろうか。

coronavirusロゴのマスク

ヴィーガンTシャツ、これ着てBBQしたい

参考文献

小松輝之『興和の秘密とワルツの悲劇』AJCC 研究会報告 2017 年 7 月 8 日

川越守『日本音楽小史』北海道文教大学論集 第 11 号

生明俊雄『２０世紀日本レコード産業史』勁草書房

生明俊雄『昭和初期における欧米メジャーの本格的攻勢と日本のレコード産業の発展』広島経済大学経済研究論集

大久保いづみ『第二次世界大戦以前の日本レコード産業と外資提携』『経営史学』第 49 巻第 4 号、2015 年

ダイワボウレーヨン㈱ 機能原料部『「e：CORONA（エコロナ）TM」の海洋生分解性について』2019 年 8 月プレスリリース

株式会社 フカシロ『対談『Made in Japan もの作りにかける想い』』株式会社 フカシロ冊子（201607）

モーターファン『新型コロナのすべて』三栄書房

モーターファン『モーターファン 日本の傑作車シリーズ 第 14 集 トヨペット・コロナ』三栄書房

佐藤秀彦『新蒸気波要点ガイド』DU BOOKS

十名直喜『近代化産業遺産と文化的街づくり：愛知製陶所から生まれた「芸術家横丁」とポーセリン・ミュージアム』名古屋学院大学論集 社会科学篇 39 巻

日本政策金融公庫総合研究所、三菱 UFJ リサーチ＆コンサルティング株式会社『中小地場スーパーの生き残りをかけた取り組み～地域の「要」として愛され続ける中小企業の経営戦略とは～』日本公庫総研レポート　No.2015-5

宮川大介（一橋大学）ほか『コロナショック後の人出変動と企業倒産：』（独）経済産業研究所（RIETI）スペシャルレポート 2020 年 4 月 13 日

村井潤一郎『社会心理学における嘘研究』心理学ワールド (71)、5-8, 2015-10. 日本心理学会

小林哲郎、竹中一平、森辰則『デマと真実の狭間で、社会的リアリティはいかにして形成されるか』ISSN 1883-1966 国立情報学研究所ニュース No.53Sept.2011

柳澤さおり『うわさが流れる - 流言の心理学』高校生のための心理学講座シリーズ、心理学と社会-こころの不思議を解き明かす - 平成 26 年 9 月 27 日（土）

竹中一平『類型別にみたうわさの伝達に関連する要因』武庫川女子大学紀要（人文・社会科学）61、43-52

佐藤達哉『うわさとパニック』立命館人間科学研究 (7) 193-203, 2004-03.

大畑晃一『世界トホホ映画劇場〈2〉』小学館

村上了太『日本専売公社の成立過程 :1945-1949』大阪市立大学経営研究¦The business review¦47¦4¦1997-02¦紀要論文

WHO『新型コロナウイルス感染症（COVID-19）と喫煙に関する WHO 声明』WHO statement: Tobacco use and COVID-1911 May 2020

日本呼吸器学会『新型コロナウイルス感染症とタバコについて』2020 年 4 月 20 日

厚生労働省『旅館業の実態と 経営改善の方策』第 33 回 厚生科学審議会生活衛生適正化分科会令和元年 11 月 27 日

高橋佑輔・平岳彦『旅館・ホテル業の付加価値向上のための科学的マーケティング手法の研究』未来基地株式会社

尾崎正峰『オリンピックと SP レコード：戦前におけるスポーツ、オリンピックの「受容」に関する一視点』一橋大学スポーツ研究、38: 3-18　2019-12-27

藤本草『アーカイブとしての戦前 SP 盤』東京外国語大学大学院　日本伝統文化振興財団との協働事業報告 2018.3.9

李莉薇『1930 年代日本人学者の京劇観』九州大学 QR プログラム「人社系アジア研究活性化重点支援」「新資料発見に伴う東アジア文化研究の多角的展開、および国際研究拠点の構築」

中塚 亮『青木文庫所蔵 SP 盤レコード目録稿』名古屋大学附属図書館研究年報、8、51-66 (2010-03-31)

木村源知『戦時期における代用材料としてのレコード盤 - 画鋲の実物資料を用いた実証的研究 -』日本生活学会第 45 回研究発表大会 2018、道具学論集 . 2019. 24. 14-26

『続・碑の周辺 (11) 東海林太郎 VS 上原敏』あきた（通巻 191 号）1978 年（昭和 53 年）4 月 1 日発行

脇田、松本、小見山、伊藤、山川、岡本『名古屋人気質に関する調査研究』愛知学院大学 流通科学研究所　所報「流通研究」第 24 号（2018 年 3 月）

船越理沙、潮村公弘『関係流動性ならびに文化的自己観と集団表象の関連が内集団他者に対する自己謙遜表出に及ぼす影響』多文化関係学 2013 年 10 巻

国立劇場近代歌舞伎年表編纂室編『近代歌舞伎年表京都篇　第 10 巻　昭和 11 年～昭和 17 年』八木書店

江口雅彦『セレン光電池の表面組織について』電子顕微鏡 1950 年 1 巻 2 号 p.124-127

星野妙子『メキシコ大企業の所有構造 -- 同族支配のメカニズ ム』日本貿易振興機構アジア経済研究所 2003-06 アジア経済 44 巻 5/6 号

一般社団法人 中小企業組合総合研究所（組合総研）『企業訪問「大阪コロナホテル」』提言第 173 号　2020 年 6 月 1 日発行

食品産業新聞社『酒類飲料日報』2020 年 5 月 29 日付、2020 年 6 月 8 日付、2020 年 8 月 11 日付

あとがき

　まずは、世界各国の、新型コロナウイルス感染症によりお亡くなりになられた方々に、謹んで哀悼の意を表し、ご冥福をお祈りいたします。また、未知のウイルスと最前線での戦いに赴いた医療従事者のみなさま、そして生活インフラを支えた行政、産業従事者の方々に敬意を表すとともに感謝申し上げます。

　そもそものきっかけは。愛知県西部をさまよっている途中、偶然「喫茶コロナ」を発見したこと。クルーズ船ダイヤモンド・プリンセス号の感染が騒ぎになった頃、ここから、一連の「コロナ」コレクションが始まり、各地へ出向いたり、グッズ購入を始めることとなる。

　そうこうしているうちに、我が国でも感染者が増加、重苦しい空気が立ち込め始める。名古屋のサブカルに強い本屋「特殊書店 Bibliomania」鈴村純氏より、この空気感に対するカウンターイベントをなにかできないか、という相談を受けた。そこで、YouTube 配信というコロナ時代にふさわしいスタイルで「コロナナイト」というトークイベントを開催した。

　こういった状況の中、『中国抗日ドラマ読本』でお世話になった出版社パブリブのハマザキカクこと濱崎誉史朗氏より「これ、まとめましょう」という話が持ち上がり、書籍化に向けての作業が始まった。原稿を書き進めるうち、改めて感じたのはマインドの持ち方とデータを正しく読み取るということ。また、何度も書いたが人々の善意は捨てたものではないということだ。

　最後に謝辞を。

　突然の申し出にもかかわらず、多忙の中、快く取材に応じてくださいました「愛知西洋磁器美術館（ポーセリンミュージアム）」加藤高康様、「加藤スポーツ店」加藤徳太郎様、「味蔵コロナ食堂」須賀仁志様、「大阪コロナホテル」藤井康平様に改めて御礼申し上げます。そして、非常に知的好奇心に刺さるコラムを寄稿してくださいました秋山知之様、御礼申し上げます。

　また、きっかけとなったイベントを用意していただいた「特殊書店 Bibliomania」鈴村純様、そして、出版のお声掛けをいただき、本書完成まで二人三脚でご一緒した「パブリブ」濱崎誉史朗様、どうもありがとうございました。これからも引き続きよろしくお願いします。

　前作からまったく方向違いのテーマを取り上げたが、また明後日の方向に興味深いものがあれば、Dig 活動する次第。読者の皆様におかれましては、今後とも生暖かく見守って欲しいと思います。

岩田宇伯 (いわた・たかのり)

「俺コロナ」が名物の愛知県在住。セミリタイアプロ
無職。そして、コロナコレクター。

2018年4月、中国で話題の書となった『中国抗日
ドラマ読本』上梓。局地的に抗日ドラマの人と認識さ
れているが、本人はオールラウンダーを目指している
らしい。そのため多ジャンルにわたり、わけのわから
ないグッズをコレクション。

得意分野としては、抗日ドラマに代表される、現代
中国における表象文化およびメディア研究、民間風俗。
また、日本におけるサブカルチャー、移民文化など。

日々集めたネタをツイッター（@dqnfr）で発信、
おもしろいと思ったらフォロー、RTを。また定期的
にそれらをまとめ、トークイベントに出演し披露して
いるので、機会があればぜひご覧を。

ブログ https://chinadrama.info
Twitter https://twitter.com/dqnfr
メール admin@chinadrama.info

コロナマニア

「ウイルス以外のコロナ」一大コレクション

2020年11月1日　初版第1刷発行
著者：岩田宇伯
装幀＆デザイン：合同会社パブリブ
発行人：濱崎誉史朗
発行所：合同会社パブリブ
〒103-0004
東京都中央区東日本橋2丁目28番4号
日本橋CETビル2階
03-6383-1810
office@publibjp.com
印刷＆製本：シナノ印刷株式会社